U0465346

"十四五"职业教育国家规划教材

酒店管理信息系统教程

——Opera系统应用（第三版）

HOTEL MANAGEMENT INFORMATION SYSTEM TEXTBOOK:
OPERA SYSTEM APPLICATION（3RD EDITION）

陈为新 黄崎 杨荫稚 主编

中国旅游出版社

序　言

　　党的二十大报告指出，"加快发展数字经济，促进数字经济和实体经济深度融合，打造具有国际竞争力的数字产业集群。"在此背景下，数字技术在各个领域的应用，会加快推进。随着我国数字经济的全面拓展，酒店行业也在数字化平台上转型发展。作为酒店业重要的数字化运营工具，酒店管理信息系统（HMIS）在管理着庞大企业动态运营数据的同时，不断采集更多提升客人体验的各类数据，并将数据通过数字技术处理融入酒店的数字化运营之中。本教材以目前国内国际高星级酒店集团使用最多的Opera系统为例来介绍酒店信息管理系统的应用。Opera系统就是一个设计好的、包含酒店管理信息系统的软件和网络技术硬件的计算机网络系统。与酒店经营管理运营相关的各种用户，例如客人、酒店的一线员工、酒店各级管理者等，利用这个系统进行酒店数字化运营，例如：预订、客史编辑、入住记录、服务信息传递、客人信息查询、消费记账、离店结账、经营信息查询、管理控制等工作。酒店管理信息系统可以和物联网技术、云技术、运营平台数据对接，实现更多的数字化应用。酒店管理信息系统是酒店数字化高新技术的基础，其系统已经从最初的前台结构化管理系统扩展到酒店的中央预订、经营、结算为一体化，并逐步成为集合大数据、物联网、云计算、移动互联网＋新技术为一体的新平台。

　　该教材创新地从系统使用者的角度，系统、完整、清晰地阐述了酒店管理信息系统在酒店前厅与客房等经营部门以及财务、市场营销等管理部门的前场运用与后台设置，并进行了理论总结。在教材最后，特别介绍了正迅速发展的智慧酒店，对其基本架构、原理及应用前景进行了讨论。本教材从使用者的角度，设计了从实践到理论的完整环节，培养学习者能由浅入深地透视酒店管理信息系统在酒店行业中的作用，学习者将不仅学会操作，在系统实践的情境中分析问题和解决问题，也知道其理论背景，即知其然，也知其所以然。这将为学习者的酒店职业生涯发展打好基础，为酒店业培养理解管理信息系统，并会用好管理信息系统的管理后备力量。本教材主要帮助旅游院校在校学生学习掌握酒店管理信息系统的操作；理解领会系统如何发挥其在酒店管理中的作用；

如何利用系统来实现管理者的经营策略和管理思想。本教材也可以用于酒店员工的管理信息系统操作培训及信息化管理培训。

  该教材在第一版、第二版后，得到了旅游教育和业界的高度认可。但随着酒店专业教学改革的推进、酒店数字化技术应用的融合以及编写小组在不断的教学实践中总结经验，我们不断提升本教材的教学方法、途径和理念，来完善和提升本教材的教学内涵和应用领域，继续修订第三版。对于广大师生的厚爱，我们编写小组由衷感谢！在本教材付梓之时，现任责任编辑谯洁女士对书稿做了大量的文字审校工作。在此，笔者对社会各界的支持和帮助表示衷心的感谢。也恳请多提宝贵建议和意见，共同为酒店行业数字化转型发展而为之。

编者
于上海

前　言

中国酒店业随着中国旅游业的发展正以迅猛的势头快速向前推进。信息化管理已经成为酒店管理不可或缺的基本管理手段，酒店的运营都依靠和使用管理信息系统。

本书主要针对旅游高等院校的在校学生，使其学习掌握酒店管理信息系统的操作；理解领会管理信息系统在酒店管理中的作用；利用管理信息系统来实现管理者的经营策略和管理思想。本书也可以作为酒店员工进行管理信息系统操作培训及信息化管理培训的教材。

本书以目前在国际国内高星级酒店广泛使用的 Opera 系统为操练学习酒店管理信息系统的标准。一方面可以使主要面向国际国内高星级酒店就业的旅游高等院校学生学以致用；另一方面，作为国际最先进的酒店管理信息系统，可以让学生在学习操作的过程中，体验酒店管理的先进理念。

本书的结构分为三部分。第一部分为 Opera 系统的运营操作，主要针对将来从事酒店一线服务的学生进行系统操作的学习和操练。第二部分为 Opera 系统的初始化设置，是在第一部分学习的基础上，通过对系统初始化设置的学习，理解一家酒店管理的全貌及如何利用酒店管理信息系统来完成和实现酒店的运营和管理，以帮助将来有可能成为管理者的学生学会利用管理信息系统进行酒店管理。第三部分为管理信息系统的理论知识，是在学习了前两部分、有了对酒店管理信息系统感性认识的基础上，来系统学习理解信息管理的理论。而信息管理是中高层管理者所必须具备的管理知识。另外这样一种学习的安排，可以使学生联系实践来学习理论，这种学习方法更科学高效。

教材三个部分的主要内容和适应的酒店业岗位如下表：

教材各部分内容及适应的酒店岗位

序号	主要内容	酒店业岗位
第一部分	系统的基本操作	一线员工
第二部分	系统的初始化设置	管理层
第三部分	信息管理理论	管理层

本书不是仅就系统学系统，而是将学习系统操作与学习酒店实务结合起来。通过系统的流程化的结构，让学生对酒店业务的全过程有较为清晰的了解。

这门课程主要帮助学生自己上机操练，并设计了学习考核方法，以督促学生自学完成操练工作。由于这是一门实践性较强的课程，且 Opera 系统是针对酒店业运行业务及管理要求设计的，这就要求教师不仅要会操作系统，还要有酒店运行业务的实践经验。只有这样才能在教学中结合实际讲解清楚。这门课程的学习对学生而言，不止于学会一个系统的操作，另一个很重要的方面是让学生了解酒店的运行业务和经营理念。所以，有酒店业工作经历或者有酒店挂职实习经历，应是任课教师的必备素质。

为使学生更好地学习本书的第一部分 Opera 系统的运营操作，我们编写了配套的《酒店管理信息系统教程实训手册》。这本实训手册主要帮助学生自己上机操练，并设计了学习考核方法，以督促学生自学完成操练工作。建议课上和课下至少以 1∶1 的课时比例安排学生自己上机训练。

这门课一般可以安排在二、三年级上。课时安排：第一部分 54 学时；第二部分 18 学时；第三部分 18 学时。学生课后上机操练时间不计在内。

在本课程的开发过程中，我们得到了北京中长石基信息股份有限公司、万豪酒店管理集团、开元酒店管理集团、宁波喜来登大酒店、上海宾馆等企业的支持和帮助。北京中长石基信息技术股份有限公司的教育部项目经理吴少勇先生及培训师安雪女士为本书做了大量的文字加工工作。开元酒店管理集团傅全勇先生、宁波东港喜来登酒店工程部娄永明先生、锦江国际酒店管理公司业务部营运审计组杨作昂先生为本书提供了帮助。在此，笔者对上述企业及同志的支持和帮助表示衷心的感谢。

本课程的开发和本教材的编写得到上海旅游高等专科学校多位教师的积极投入和支持。杨荫稚副教授进行了课程开发和教材编写的总体框架设计。陈为新副教授编写了本书第一篇，并负责本书的统稿工作。黄崎副教授编写了第二篇和第三篇。卢文芳副教授、施蓓琦讲师、施旭瑛讲师参加了第一篇初稿的编写工作。施蓓琦讲师提供了第二篇编写的素材。梁峥讲师为课程开发提供了有效的系统维护工作。

本教材及配套实训手册（《酒店管理信息系统教程实训手册》，许鹏主编，中国旅游出版社出版）属新创，难免有不足的地方，希望得到学界同仁和业界专家的批评指正，使酒店信息管理的教学能真正推动中国酒店业人才的培养和中国酒店业的发展。

陈为新　黄　崎　杨荫稚

目录 CONTENTS

序　言 ··· 1
前　言 ··· 1

第一篇　运营操作篇

绪　言 ··· 2

第一章　Opera PMS 基础 ··· 5
第一节　Opera 系统简介 ··· 6
第二节　Opera PMS 界面一览 ·· 11
第三节　杂项模块（Miscellaneous）的基本功能 ······························ 14
练习题 ·· 20

第二章　客史（Profiles） ·· 21
第一节　客史简介（Profiles） ··· 23
第二节　个人客史（Individual Profiles） ······································· 28
第三节　公司客史和旅行社客史（Company and Agent Profiles） ······· 39
练习题 ·· 45

第三章　预订（Reservations）模块 ·· 47
第一节　预订的基本步骤 ·· 48
第二节　预订模块的基本功能 ··· 52
第三节　团队（Blocks） ··· 74

练习题	....	85

第四章　前台（Front Desk）模块 ·········· 88

第一节	办理入住登记的基本步骤 ································	89
第二节	前台模块的主要功能 ······································	92
练习题	··	109

第五章　收银（Cashiering）模块和夜审（End Of Day）模块 ·········· 111

第一节	结账的基本手续 ··	112
第二节	收银模块的知识点 ···	114
第三节	夜审管理模块的基本功能 ································	129
练习题	··	135

第六章　客房管理（Rooms Managemnt）模块和应收账款（AR）模块 ·········· 137

第一节	客房管理模块的基本功能 ································	139
第二节	客房部经常使用的快捷键及报表 ·····················	155
第三节	应收账款模块的基本功能 ································	158
练习题	··	164
附　录	关于 Opera PMS 系统中的英语简写形式 ··········	168

第二篇　系统初始化设置篇

引　言	··	172

第七章　酒店预订模块设置（Hotel Reservation Configuration） ·········· 175

第一节	酒店预订模块代码设置（Reservation Codes） ·····	176
第二节	酒店客房分类设置（Room Classifications） ······	185
第三节	酒店客房床的类型设置（Bed Types） ··············	187
第四节	酒店销售津贴设置（Sale Allowance） ·············	188
第五节	酒店商务团队的设置（Business Blocks） ········	189
第六节	酒店楼层图设置（Floor Plans） ·····················	193

| 第七节 | 存货清单设置（Item Inventory Setup） | 194 |
| 练习题 | | 195 |

第八章　酒店客史设置（Profiles） 197

第一节	客人偏好倾向设置（Preferences）	198
第二节	客人的地理区域数据库设置（Geographical Data）	200
第三节	客人称谓建立（Titles）	205
第四节	关系种类代码设置（Relationship Types）	206
第五节	会籍会员设置（Memberships）	207
练习题		218

第九章　酒店价格策略模块设置（Rate Management） 219

第一节	房价代码设置（Codes）	220
第二节	房价分级设置（Rate Classifications）	224
第三节	包价销售设置（Packages）	228
第四节	价格策略设置（Rate Strategy）	230
第五节	酒店活动日程表设置（Property Calendar）	233
第六节	促销设置（Promotions）	234
练习题		237

第十章　酒店收银模块设置（Cashiering） 238

第一节	收银交易代码设置（Codes）	239
第二节	收益管理代码设置（Revenue）	242
第三节	外币兑换设置（Foreign Currency）	245
第四节	酒店收银员设置（Cashiers）	247
第五节	账页代码管理设置（Folio Grouping Codes）	248
第六节	分账代码设置（Routing Codes）	249
第七节	调账代码设置（Adjustment Codes）	250
第八节	付费方式种类设置（Payment Types）	251
第九节	收入批处理类型设置（Bucket Types）	251
第十节	财务（阿拉伯数字）数据字符设置（Number To Words）	253
练习题		253

第十一章 酒店应收账款模块和佣金模块的设置 ································· 255
- 第一节 酒店应收账款模块的设置（Accounts Receivable）············· 256
- 第二节 酒店佣金管理模块的设置（Commission）····················· 258
- 练习题 ··· 260

第十二章 酒店其他模块设置 ·· 261
- 第一节 外接设置（External）··· 262
- 第二节 定义输出报告的模板（Define Records）························· 264
- 第三节 系统初始化（Setup）·· 265
- 第四节 酒店业主设置（Property）·· 267
- 练习题 ··· 269

第三篇 理论篇

第十三章 酒店管理信息系统（HMIS）原理和应用 ····························· 278
- 第一节 酒店管理信息系统原理··· 279
- 第二节 酒店管理信息系统应用··· 284
- 练习题 ··· 322

第十四章 智慧酒店 ··· 323
- 第一节 智慧旅游与智慧酒店·· 324
- 第二节 智慧酒店工程技术架构··· 328
- 第三节 智慧酒店的应用··· 330
- 第四节 酒店高新技术应用·· 337
- 练习题 ··· 348

第一篇

运营操作篇

绪　言

一、什么是酒店管理信息系统

　　酒店管理信息系统，通俗地理解，就是酒店管理的事儿，是酒店信息的事儿，是对酒店的信息进行管理的事儿，且通过系统的方法来完成这件事儿。

　　酒店管理信息系统对酒店各项工作进行信息管理。图1是一个酒店最基本的信息管理的图示，即对入住酒店客人的服务工作流程，以及作为酒店管理基本手段的信息处理或管理流程。在酒店规模不大、信息技术不成熟的时候，一般采用手工处理的方法（现在在一些小旅馆还可以看到手工处理的方法），现在绝大多数酒店利用信息技术来完成这些信息的处理或管理。

　　从客人入住开始，预订部要记录客人预订的相关信息；客人入住时，前台要记录客人入住的相关信息；客人在酒店消费，相关营业部门要记录客人消费的相关信息；客人离店时，前台收银要记录客人结账的相关信息。此外，还要记录客人的特殊服务信息，以便提供良好的服务。

　　在手工处理年代，酒店从业者在每一个环节都要用笔和纸记录下每一次信息；而在当今信息技术年代，这些手工工作被电脑所代替。

二、酒店管理信息系统的作用

　　现在一家酒店要使用酒店管理信息系统，其费用少则几万元多则上百万元，但为什么现在绝大多数酒店会使用它呢？

　　第一，效率高。使用电脑，可以提高信息记录的工作速度，从而提高工作效率。对熟练的操作者来说，电脑输入快于手写。另外，在手工处理年代，有些信息我们会在不同的环节反复输入，如客人姓名，预订时在销售部或预订部写一遍，入住时到前台又要写一遍等。而用信息技术，一项数据一次录入系统，以后就可以在不同部门、不同工作环节共享，减少了重复的工作。

图 1　客人入住酒店全过程

绪 言

第二，查询快。不论是查询客人信息还是查询经营信息（如收入、出租间夜数、空房数等），在手工处理年代，工作人员要去翻看各种记录本，然后还要人工汇总等。而在信息年代，这种查询可能只在几秒钟之内就准确地完成。几秒钟时间的差异可能就决定了管理的有效性，管理者若能及时获得信息，就能及时做出正确的决策，例如能立即查询酒店是否还有空房可以出租，能在一分钟内（甚至更短的时间内）回复电话那头的想要预订房间的客人。

此外，酒店管理信息系统还有很多其他的功能是手工处理年代没法做到的，如房价的控制，以防止一般员工随意卖便宜房价等。

在所有企业都在进行数字化转型的今天，相较于制造业，服务业很难进行数字化转型。但是现在，借助于技术，人与人之间的互动也已经越来越数字化了，这是服务业组织数字化转型的一个巨大机会。酒店管理信息系统就是这样一个工具，可以把我们的服务记录下来，帮助我们收集尽可能多的数据，进行数据的分析、挖掘、改造。反过来，再指导企业更好地为顾客提供服务。我们在学完第一部分和第二部分之后，就会讨论酒店管理信息系统在目前酒店数字化转型过程中对酒店经营管理中的作用。

Opera PMS 基础

第一章

本章导读 Opera 系统是目前国际、国内高星级酒店最常使用的酒店管理信息系统。我们将通过了解 Opera 系统来了解酒店管理信息系统在酒店中的应用。本章是酒店管理信息系统课程的导入部分，重点介绍了 Opera 系统的基本情况、Opera 系统在线帮助手册的内容和用途、Opera PMS 界面的功能键、Opera PMS 的快捷键、Opera PMS 报表内容等。

通过本章的学习和实训，让学生对 Opera 系统有初步的了解，并了解了 Opera 系统与酒店其他部门的有机联系，这有利于学生理解和领悟酒店管理信息系统在整个酒店中的地位与作用，并概要性地了解酒店管理信息系统基本工作内容，为后续学习打下基础。

知识和能力目标

1. 能登录 Opera PMS 系统，熟悉 Opera 系统的界面。
2. 理解 Opera PMS 各个模块的主要功能。
3. 熟练使用 Opera PMS 系统快捷键查询各项信息。
4. 能调用 Opera PMS 系统的各种报表。
5. 能熟练使用 Opera 系统的在线帮助手册。

第一章　Opera PMS 基础

导入案例

学习 Opera 系统的必要性

一个管理者需要掌握多少计算机知识才可以去操作一台计算机？

回答是：这大体上相当于一个驾驶员学开车需要学会的汽车知识。

驾驶员并不非要掌握内燃机的机械原理才去开车。他要学习的只是如何操作汽车，学会如何转点火钥匙，如何踩油门、踩刹车等知识。不过，从长远来看，如果驾驶员了解汽车机械知识并掌握一些基本的汽车维护技能，他的车将运行得更好，他的驾驶也将更得心应手。

同样地，要把计算机作为一个运作信息系统的高效手段，管理者并不非得学会蚀刻在硅片上错综复杂的电路。他需要掌握的只是那些用来指示计算机完成相应功能的命令。不过，同样道理，如果管理者具有计算机系统如何运行的基本知识，就能更高效地使用计算机这一工具，去完成信息系统的管理工作。掌握计算机系统的基本知识使管理者能够为自己的业务挑选更符合信息需求的计算机系统，或是拓展现有计算机系统的数据处理功能。学会一些"计算机行话"（Computerese）在识别计算机系统需求和掌握系统功能方面是非常有用的。

因此，对于正在从事或以后想从事酒店业的人来说，了解并掌握在国际、国内高星级酒店广泛使用的 Opera 系统的基本功能是必需的。

——资料来源：Michael L. Kasavana，John J.Cahill
酒店业计算机系统（第三版）[M]．北京：中国旅游出版社，2002.

第一节　Opera[①] 系统简介

一、Opera 系统的主要组成部分

Opera 系统主要有 11 个子系统，分别是 Opera 物业管理系统（Opera Property Management System，Opera PMS）、Opera 宴会销售系统（Opera Sales & Catering，Opera S&C）、Opera 中央预订系统（Opera Reservation System，Opera ORS）、Opera 客户信息系统（Opera Customer Information System，Opera OCIS）、Opera 渠道管理系统（Opera Channel Management，Opera OCM）、Opera 电子分销套件（Opera Electronics Distribution Suite，Opera OEDS）、Opera 分时度假系统系统（Opera Vacation Ownership

---

① 本书使用的 Opera 系统是 Opera V5 版本。

System，Opera OVOS)、Opera 外接接口系统（Opera Xchange Interface，Opera OXI)、Opera 商务智能系统（Opera Business Intelligence，Opera OBI)、Opera 收益管理系统（Opera Revenue Management System，Opera ORMS）和 Opera 客户营销管理系统（Opera Customer Marketing Management，OCMM)。具体如图 1-1 所示：

PMS OPERA Property Management System
S&C OPERA Sales & Catering
ORS OPERA Reservation System
OCIS OPERA Customer Information System
OCM OPERA Channel Management
OEDS OPERA Electronic Distribution Suite
OVOS OPERA Vacation Ownership System
OXI OPERA Xchange Interface
OBI OPERA Business Intelligence
ORMS OPERA Revenue Management System
OCMM OPERA Customer Marketing Management

图 1-1　Opera 的 11 个子系统

在这 11 个子系统中，Opera 物业管理系统（Property Management System）是其核心部分。"Property"一词狭义指物业、建筑物，广义指所有权。物业管理的含义是私有制下的所有权管理，不是业主管理。物业管理有三大要素：物业的保值增值；在保值增值的前提下为业主创收；物业维护。酒店（Hotel）是专用物业的一种。Opera 系统已经不仅仅只为酒店设计，而是扩大了适用范围，适用于旅游接待业中多种不同的专用物业形态，故而改称物业管理系统（Property Management System），以下简称 PMS。Opera PMS 系统在设计上迎合不同规模酒店以及酒店集团的需求，为酒店管理层和员工提供了全方位系统工具，以便其快捷高效地处理客户预订、入住退房、分配房间、房内设施管理、入住客户膳宿需求，以及账户账单管理等日常工作。Opera PMS 可以根据不同酒店之间运营需求的多样性，来合理设置系统以贴合酒店的实际运作。除单体酒店模式外，它还提供多酒店模式，即通过一个共享的数据库，为多个酒店进行数据存取甚至相互访问。Opera PMS 和其他子系统可以实现完美结合，共同构成 Opera 企业级软件解决方案。例如：Opera 宴会销售系统、Opera 分时度假系统，以及 Opera 中央预订系统和 Opera 中央客户信息管理系统。

Opera 渠道管理系统是在 PMS 与外界之间设立一个门槛，将自己的房间存量资源对直销网站与各个分销系统进行再分配管理，以便控制定价与分配利益。Opera 分时度假系统是将产权式度假酒店管理独立成单独的系统。Opera 商务智能系统是数据挖掘模块，用于将不同的库、表中的数据获取后进行再加工形成自己所需要的管理报表的工具。Opera 收益管理系统是在收购的 Opus II 收益管理系统的基础上进行改造，并与 Opera PMS 有接口，实现数据共享。

二、Opera PMS 的主要功能[①]

（1）客房预订功能。Opera PMS 房间预订模块具有客户客史管理、收银、定金管理等多种功能，可进行新建、查询、更新客人预订、团队订房，以及商务团体预订等操作，并提供了控制用房量、取消预订、确认订房、等候名单、分配房间、收取押金以及共享房间等功能，有助于为客人提供个性化的服务。

（2）房价管理功能。Opera PMS 中的房价管理模块，可以便捷地设置和控制房价，可以对房价以及不同房间类型的销售进行管理、实时监控和策略调整，并在系统中提供收入预测以及统计分析等功能。Opera PMS 系统可以和 Opera 收益管理系统实现无缝链接，并向其他主流收益管理应用软件提供接口。

（3）客户资料管理功能。Opera PMS 同样提供客户资料记录功能，记录统计包括客户、商务合作伙伴、联系人、集团、旅行社以及来源等资料。客户资料包括地址、电话、会员信息、会员申请、住店历史信息及收入详情分析、客户喜好以及其他相关数据，使预订及其他操作更快捷、更精确。

（4）前台服务功能。Opera PMS 中的前台服务功能，用于为到达的和已入住的客户提供服务。此模块不仅可以处理个人客户、集团客户以及未预约客户的入住服务，而且设有房间分配、客户留言管理、叫醒服务、电话簿信息，以及部门间内部沟通跟进服务等功能。

（5）收银功能。Opera PMS 的收银功能包括客人账单录入、账单金额调整、押金管理、费用结算、退房以及账单打印。收银功能可以支持多种支付方式，包括现金、支票、信用卡和应收挂账。在多酒店模式环境下，该系统还可以支持各营业场所跨酒店相互入账。

（6）客房管理功能。Opera PMS 中的房间管理功能能够有效监督房态，包括：可用房、正在清洁房、维修房，以及房间设施的管理。同时该系统可以管理客房打扫人员的区域分配、用工统计以及客房用品，并且可在房间排队的功能中，有效地协调前台和客房清洁工作，针对已分配给客人的特殊房间，通过系统通知，安排优先打扫次序。

---

① 资料来源：http: //www.shijinet.com.cn/cn/ProductDetail.aspx？m=20091228104725403117&n=200912281137502 17137。

（7）应收账款功能。Opera PMS 系统集成了应收账款功能，包括：直接挂账、账单管理、账户账龄、支付账单、催款信及周期结算对账单，以及账户查询等功能，并可以在系统切换时，将原系统中处于各账龄期的应收账款余额，按账龄手工录入到新系统中，作为新系统的期初余额。

（8）佣金管理功能。Opera PMS 系统同时支持佣金管理功能，用于计算、处理、追踪旅行社及其他形式的佣金数据收集、计算以及支付管理，可以支持支票打印或电子资金转账（Electronic Funds Transfer，EFT）的方式支付佣金。

（9）报表功能。Opera PMS 提供了超过 360 个标准报表，可以根据酒店的需求调整报表设置，并在系统中提供内置报表模块，依据客户要求，创建全新格式的报表。

（10）设置功能。Opera PMS 可以根据酒店需求，对系统作出功能选择，参数设置以及缺省代码。严谨的用户权限设置可以限制系统中的用户组甚至用户的操作权限，并且可根据客户的要求更改系统屏幕布局。

（11）地域支持功能。Opera PMS 系统支持多货币及多种语言功能以满足全球运营商的需求。房价和收益可以由当地货币按照酒店需求换算成任何货币。Opera PMS 系统可以依据客户中的语言代码，选择、控制打印相应语言的账单、登记卡等，而且支持多国地址和多种文字的输入、保存、打印，并提供多种语言的屏幕显示和信息提示。

（12）后台接口功能。Opera PMS 可以非常方便地按照相应的格式将收入、市场分析、每日分析、应收账等数据输出，传输至酒店后台财务系统。

（13）系统接口。Opera PMS 系统与上百个第三方系统设有接口，如收益管理、电话、房控系统、电视及音响娱乐、电子锁、酒店销售点系统（POS–Point of Sales）、客房小酒吧和叫醒服务、磁卡门锁系统（Vincard）、前台 BMP 支付卡系统（BMP payment card system）、公安局公共安全系统（PSB–Public Security Bureau）、网络安全监控等系统。

该系统可以借助强大的数据库功能更好地评估服务质量。例如，对该系统进行一定的设置，能够计算出每一项流程所占的时间。通过汇总、整理时间数据，就能够大致判断出员工的工作状态和工作效率。这样能帮助酒店找到差距，进而弥补自身服务质量方面的不足。通过整理 Opera 系统的数据、评估信息、形成评估报告、反馈给酒店各部门、并监督落实等工作，将大大有助于提升酒店人员素质与服务品质、更好地维护客户关系。

综上所述，Opera 系统能够满足不同规模酒店以及酒店集团的功能需要，很好地为酒店高管层和员工提供全方位的系统工具，方便快捷地处理客户资料、顾客预订、入住登记、离店退房、客房分配、房内设施管理以及账户管理等日常工作。同时可以将分布在世界各地本集团的下属酒店通过 Opera 网络化的信息系统进行信息交流共享，集团通过系统即时掌握下属各酒店的经营动态。因此,由于 Opera 强大的功能,其成为目前国际、国内高星级酒店最常使用的酒店管理信息系统。

小资料

雅高达加盟"国航知音"常旅客计划

  世界酒店管理集团 2000 年排行第一位的 Cendant Corp 美国圣达特集团,在全球有 6255 家酒店,该集团在总部建有一个客户中心数据库,这些数据是从世界各国各家属下的酒店采集来的,都是有关顾客信息的。这些数据很普通,包括顾客停留天数、平均房价、在酒店有哪些消费、在餐厅有哪些消费。在采集了这些数据的基础上,圣达特集团采用了人口统计学的统计原理,对这些数据进行处理,从而有了顾客的全息图像。根据处理出来的顾客全息图像,圣达特集团的市场部门就开始做使普通信息变成有效信息的工作。这些工作包括对各酒店的信息进行分析,而各酒店又按照不同地区进行划分、归类。把各个酒店采集来的顾客按两大类:一类是入住酒店次数少,且除了房费没有其他消费的顾客,另一类是每年入住酒店在 10~12 次,除了房费,还在酒店的餐饮和其他方面有诸多消费。同样是顾客,但后一类的顾客明显地比前一类顾客对酒店的贡献大得多。如何为这一类顾客设计一系列有附加值的服务内容,以不断吸引和留住这部分对酒店有价值的顾客,以达到在这类顾客身上得到更大产出的目的。新设计的带有附加值的服务内容、要求全球范围的酒店采纳和推广,这就是集团市场部在做的工作。经过处理、分析的数据、信息,集团总部分发到各国、各地区,让集团所属酒店全部分享。这种方法花费成本最小,使用的有效率最大。资源、信息的共享在圣达特得到了充分的体现。这些数据和信息,只在圣达特集团内共享,不允许对外泄露。圣达特集团通过不断地对数据的处理、信息的共享、新的服务内容的推广,使其集团的声誉和效益带来系列的、整体的、连锁的有利反应。

(资料来源:袁学娅. 中外酒店管理比较——入世后我国酒店管理如何同国际接轨[M]. 沈阳:辽宁科学技术出版社,2002.)

评析

  目前国内酒店的计算机化已经十分普及,对顾客数据的采集和分析、整理工作逐渐提上议事议程。相信当我们把市场做到跟着顾客的感觉走的时候,我们的市场会比现在更广阔,我们对顾客提供的服务会更有效。

第二节　Opera PMS 界面一览

一、Opera 系统登录界面

在 IE 浏览器中输入相应的网址，可以出现 Opera 系统的登录界面，如图 1-2 所示。

图 1-2　Opera 系统登录界面（Login）

（一）Opera 系统登录框

在图 1-2 输入"用户名（Username）"、"密码（Password）"和"库（Schema）"，然后点击"登录（Login）"就能进入 Opera 系统了。在该界面，能看到 Opera 系统的 10 个子系统的图标，若想登录 PMS 模块，直接点击图中"PMS"图标即可（图 1-3）。

图 1-3　Opera PMS 登录界面

(二)Opera 在线帮助手册

在 Opera 系统中,可以直接使用 F1 快捷键或在 Opera PMS 登录界面(图 1-2 或图 1-3)上点击"Opera 在线帮助手册(Opera Online Help)",即打开相关界面(图 1-4)。"Opera 在线帮助手册"对 Opera 的 11 个子系统的每个部分、每个功能键都有相应的详细说明,这可以帮助使用者快速地掌握 Opera 系统操作。例如,想了解 Opera PMS 部分,就直接点击图中的"PMS"图标即可。还可以使用界面上方的"搜索(Search)"按钮,输入想查找的内容。

图 1-4 Opera 系统在线帮助手册(Online Help)

二、Opera PMS 界面一览

在图 1-4 界面点击"PMS"图标后,即出现 Opera PMS 界面,如图 1-5 所示。

(一)系统版本与时间显示区

Opera PMS 主界面的左上角为系统版本,如图 1-5 显示"Opera PMS [Version 5.0]",表明系统是 Opera V5 版本。

Opera PMS 主界面的中间为使用该系统的单位名称,如图 1-5 显示是"Opera1-Shanghai Institute of Tourism",表明该系统的使用单位为"上海旅游高等专科学校"。

若是酒店,则显示的是酒店名称。

图 1-5　Opera PMS 界面

Opera PMS 主界面右上角部分为 Opera 系统时间显示区域。如图 1-5 显示"06/03/19",表明这套 Opera PMS 系统时间为 2019 年 6 月 3 日,这就意味着在这套 Opera PMS 系统中,客人当日入住的时间就是系统右上角的日期,即 2019 年 6 月 3 日。酒店一天经营结束后,酒店管理人员会在系统上进行夜审的操作。顺利通过夜审后,Opera PMS 的系统时间就会顺延到第二天。

(二)菜单显示区和功能按键区

如图 1-5 所示,系统版本显示区下方是 Opera PMS 菜单显示区,从左至右依次是退出系统(Exit)、预订(Reservations)、前台(Front Desk)、收银(Cashiering)、客房管理(Room Management)、应收账款管理(AR)、夜审(End of Day)、杂项(Miscellaneous)、设置(Setup)、帮助(Help)。在菜单显示区的左上方显示的是当前登录的用户,如图 1-5 显示"SUPERVISOR",表明现在登录系统的用户名为"SUPERVISOR"。

Opera PMS 的菜单界面中,上方横轴是主功能按键,主功能按键和菜单显示区的按键一致。左面纵轴为子按键,其内容随上方主功能按键的点击而变化,如点击预订(Reservations)图标后,左边纵轴的图标将相应地变成预订(Reservations)模块的子图标。

（三）用户权限

酒店不同员工的工作职责和权限是不同的。相应地，员工在操作酒店信息系统中的权限也有很大差异。不同权限用户功能差异明显，以预订（Reservations）功能为例。如客房部的普通员工登录，预订菜单可能仅有一项功能可用，即客史（Profiles），其他的功能按钮都是灰色的，处于不可点击的状态，但预订部员工就有权限可以看到预订模块的所有功能。

第三节　杂项模块（Miscellaneous）的基本功能

Opera PMS 系统中的杂项模块是一个很重要的部分，包括报表（Reports）、员工更改密码（Change Password）、快捷键（Show Quick Keys）等。

一、报表

Opera PMS 提供了超过 360 个标准报表，可根据酒店的需求调整报表设置。同时在系统中提供内置报表模块，依据客户要求，创建全新格式的报表。打开报表，可点击主菜单中杂项（Miscellaneous）按钮，再点击右边的报表（Reports）按钮，如图1-6所示。

图1-6　报表（Reports）界面

Opera PMS 系统中的报表具有如下特点：①可以通过报表名字进行搜索，并根据用户群分组；②可以根据报表结果设定所有的参数及选项；③可以通过屏幕预览、打印或下载到电脑中存档。

在酒店中前台所有生成的数据都会经过系统处理形成报表，而这些报表也是 Opera 系统中最精华的部分。每天各个部门都会根据各自的需要打印出相应的报表。管理层也可通过这个系统搜索到自己想要的报表，从而制定相应的决策。如应到未到客人（No Show）的报表，每天每月都有预订但未能来的客人，作为管理层要了解这些客人的预订渠道。几个月下来，应到未到客人报表的统计数据就会给管理层提供非常有用的数字，可以计算各个渠道的预订数与应到未到客人的比例。有了这个数据，管理层就可以适当地进行超额预订，有效地避免因应到未到客人而给酒店带来损失。有了这个数据还可以控制某一渠道的预订，甚至在用房紧缺时，关闭它，从而有效地降低应到未到客人的数量。

二、更改员工密码与退出系统

员工在接到酒店电脑房设置的用户名和密码后，应及时登录 Opera PMS 系统，更改密码。如图 1-7 所示，点击杂项（Miscellaneous）左方的更改密码（Change Password）按钮，即可更改密码。

图 1-7　Opera 系统用户更改密码界面

Opera PMS 系统在使用结束后，用户要及时退出当前的登录状态。在酒店实际工作中，这一操作对防止其他员工的误操作非常重要。更改用户或退出系统可以点击左上角

第一章　Opera PMS 基础

"退出（Exit）"按钮。

三、快捷键

在 Opera PMS 系统中，用户可以使用快捷键快速调用各种功能，如查询酒店房价和酒店的出租率等情况等。可以点击主菜单中杂项（Miscellaneous），再点击右边的快捷键（Show Quick Keys）按钮。也可以直接使用 Control + F4（Dashboard），调出快捷键菜单，如图 1-8 所示。

图 1-8　快捷键（Quick Keys）界面

用快捷键的好处在于不需要用户退出当前使用的功能，并且大幅度地减少了员工使用鼠标的频率，这样员工就可以将精力更多地投入到对客服务中，有助于提高酒店的对客服务质量。如使用快捷键 Shift+ F7，就可打开酒店电话号码本（Phone Book），即图 1-9。酒店员工，特别是前厅部员工必须掌握大量的信息以便向客人提供问询服务。客人常见的问题有值得推荐的当地餐馆、出租车公司、附近购物中心、药房和加油站、附近的宗教场所、附近的银行或自动取款机、本地剧院、体育场或售票处、大学、图书馆、博物馆或其他当地名胜景点、国家和政府办公大楼、国会大厦、或法院或市政府办公楼、酒店的有关政策（如离店退房时间、有关宠物的规定）、有关店内娱乐设施或附近娱乐设施的介绍。这些信息都可以输入到 Opera PMS 系统的电话本（Phone Book），不仅可以输入电话号码，还可以在"备注（Remarks）"中输入景点的地址、介绍等。

图 1-9　电话本（Phone Book）界面

例如，使用快捷键 Control+ F4，就可打开快捷界面（Dashboard），即图 1-10。该界面包括搜索、预订、客史等多项功能。在这个界面上，使用者可以完成以下任务：①取消、编辑客人的预订；②给客人做入住登记手续；③搜索、查看所有的预订及住店客人情况；④搜索、查看所有客人客史；⑤查看酒店日历、快速查询报表；⑥分账、给客人办理结账离店手续；⑦快速进入客房管理界面等。

图 1-10　快捷界面（Dashboard）

17

又如，使用快捷键 Shift+ F5，可以打开酒店各个楼层的楼层图（Floor Plan），即图 1-11。该图可以清楚地显示每个楼层的布局，包括会议室、电梯、客房的分布情况，以及每个楼层各种房型与是否住客等各种房态。这为前台员工清楚了解房态、及时销售客房提供了极大的便利。

图 1-11 楼层图（Floor Plan）界面

表 1-1 Opera PMS 快捷键一览表

快捷键	英文	功能说明
F1	Opera Help	在线帮助（详细说明各按钮用途）
F3	Room Search	具体可卖房查询
F5	Rate Query	房价查询
F7	New Resv.（New Reservations）	新建客人预订
F8	Logout	用户切换
Shift + F1	Occ. Graph（Occupancy Graph）	酒店出租率表
Shift + F2	Ctrl. Panel（Control Panel）	控制面板
Shift + F3	House Status	酒店状态
Shift + F4	Inquiry	查询
Shift + F5	Floor Plan	楼层图

续表

快捷键	英文	功能说明
Shift + F6	Quick Book	快速建立团队
Shift + F7	Phone Book	系统电话黄页
Shift + F8	IFC. Menu	接口菜单
Shift + F9	Diary	宴会厅使用情况表
Control + F1	Show Keys	快捷键
Control + F2	Det.Avail	显示每个房型在将来几天的可卖房情况
Control + F3	Room Plan	房间使用情况表
Control + F4	Dashboard	快捷界面（包括搜索、预订、客史等界面）
Control + F5	GRC	团队客房使用情况表
Control + F7	Operator	总机
Control F8	Maximum Availability	最多可卖房数

小资料

酒店管理智能化

随着互联网技术和全社会信息化进程的加快，以电子信息技术为代表的现代科技逐步进入酒店业，酒店的智能化程度不断提高。酒店利用新科技加强信息管理和服务能力。现代化的管理手段可以提高酒店的管理效率。科学技术还可以提高员工的工作效率，使其适时适当地为客人服务，如服务人员只需坐在楼层的工作室外注视红外线感应即可知道客人进出房间的情况，无须敲门、按铃或者查看有无"请速打扫"等信息牌。

酒店可将电视与计算机联为一体，实现前台和后台的多向传播，如有客人在前台办理好登记入住手续。一进房间，电视上即显示"欢迎某某先生／小姐"等字样；客人外出归来，电视屏幕能自动显示留言、到访、天气等信息。酒店设备智能化是从方便客人出发的，比如现在的门锁不是用钥匙开，而是用磁卡，甚至是指纹，用大拇指一按门就开了。还有的是感应门锁，只要把卡片拿出来，向门一指，门就开了。客房温度也是人体感应，自动调温，适合住店客人的需求。酒店开发智能卡，加强客人的安全控制；也可利用各类多功能化的IC卡，方便客人在吃、住、行、娱、购等方面的消费。日本还生产设计出一种采用集成电器控制的小冰箱，能自动记录冰箱内每一种物品的存取，一旦客人结账离房，冰箱就会自动锁上。

——资料来源：http：//www.zjhotels.org/expertcolumn/ArticleInfo.aspx？
ExpertArticlesID=f59a97a4-5d63-4293-bcb5-79a18429c356

行业新知 🔍

一般酒店中，中高层酒店管理人员常用的报表如下：
- 各种类型的账龄报表（Aging Summary by All Types）
- 抵达客人明细报表（Arrival Details）
- 离店客人明细报表（Departures）
- 财务收益报表（Financial Payments and Revenue）
- 试算平衡表（Trial Balance）
- 收银分类账（Journal by Cashier and Transaction Code）
- 经理一览表（Manager Flash）
- 团队预测报表（Block Forecast）
- 提前四周预测报表（Four Week Forecast）
- 提前三个月预测报表（Three Month Forecast）
- 年度预测报表（Yearly Forecast）
- 客房报表（Rooms）
- 客人客史信息报表（Profile Production Statistics）
- 重复客史报表（Duplicate Profile）

❓ 练习题

在 Opera 系统中，查询以下信息：

1. 今天我们预计有多少入住客人？（房间、人数、重要客人等）
2. 哪个快捷键可以打开系统中的电话本？
3. 意大利餐厅的电话是多少？
4. 找出酒店二楼的所有远离电梯的已清扫的空房。
5. 哪个快捷键可以找出已清扫的空房？
6. 目前酒店中有多少客人住的未清扫的房间？用哪个快捷键可以找出这条信息？

客史（Profiles） 第二章

本章导读 Opera PMS 中的客史（Profiles）是整个 Opera 系统工作的基础，也是系统中大多数数据的来源。一份信息丰富的客史，是酒店对于客人个人习惯和财务资讯的记录。酒店不仅能从中了解客人的个性化信息，而且会对酒店的市场和销售发挥作用。这样酒店在此基础上进行"一对一"的亲情化服务，不仅能真正做到"以客人为中心"，赢得客人的"忠诚"，而且也有助于提高酒店的经济收益。

本章阐明了客史的概念、分类和重要性，分别介绍了个人客史、公司客史和旅行社客史的使用方法。通过本章的学习，有助于学生理解 Opera PMS 系统中客史的概念、分类、重要性以及操作方法等。

知识和能力目标

1. 了解各种不同类型的客史之间的关系（个人客史、公司客史、旅行社客史）。
2. 了解客史界面中的各种信息。
3. 了解客人的喜好代码，能添加客人喜好。
4. 能新建、编辑客人、公司和旅行社客史。
5. 能搜索、修改客人、公司和旅行社客史。
6. 理解客人客史的重要性。

第二章 客史（Profiles）

导入案例

泰国曼谷东方大酒店有120年的历史了。该酒店的大堂很漂亮，是一个很美的酒店。我在泰国待了三年，在这个酒店住过好几次，给我的感觉就是他们非常强调服务。

去吃早饭时，进入电梯后，偶遇一个泰国小姐，穿着一身红色的纱笼，挂一个绿色的披肩，"早，余先生"。叫早不稀奇，叫余先生很稀奇，她怎么知道我姓余？"余先生，昨天晚上你们睡觉的时候，我们每楼层每班的小姐要记住每个房间客人的名字！"厉害吧！她帮我按了电梯，我就下去了。

我住在十楼，到了楼下电梯一打开，有个泰国小姐已经站在外面了："早，余先生。""你也知道我姓余，你也在背客人的名字？""不是，余先生，上面有电话告知你下来了。"原来她的腰上插了一个对讲机。

她带我去吃早餐，把我带到早餐厅的时候，他们规定要人接人，她对接我的另外一个小姐说，"这先生姓余，记住了。"然后那位小姐马上说："早，余先生。"

从那一刻起开始她们给我上点心，拿早餐，统统叫我余先生，这种细节他们做得很周到。后来我点了一个点心，上来后，我就问这中间红红的是什么。那位小姐上前来看了一眼，后退了一步说那个红红的是××。那外面这一圈黑黑的又是什么。那位小姐又上前看了一眼，又后退一步说那个黑黑的是××。请问她为什么后退一步？因为她要避免说话时口水溅到我的菜。厉害吧！这就是细节服务。

后来我退房了，记得当时是刷卡，服务员把收据折好，还给我的时候和我讲了这么一句话，"谢谢您，余先生，真希望第七次看到您。"真希望第七次看您，原来她的计算机记录上面显示我是第六次住店。计算机发明到今天这个地步，要知道一个客人是第几次来，难不难呢？

这么厉害，还记得我第几次来，我下次偷偷地来，看她知不知道，结果他们还是知道了，这么搞了十几次，每次都知道了。其实一点都不困难，没那个心就是没有用心做事。

我离开这个酒店以后三年，收到一封信，是这个酒店寄来的。"亲爱的余先生：自从三年前的4月16号您离开以后，我们就没有再看到您，公司全体上下都想念得很，下次经过泰国一定要来看看我们，祝您生日快乐！"厉害吧！后面那句"祝您生日快乐"，原来是故意在我生日那天发出来的信。

我看了这封信有什么感觉，当然是冲到卧室去哭了一场。我发誓下次去泰国一定去看看他们，其实这个酒店很贵的，为了让他们看一眼，我宁愿再去一次泰国。各位，那封信的信封才贴了六块钱的邮票，却"骗"了我一颗心，真是用心啊！这就是用心做事，所以不愧是五颗星的酒店。

——资料来源：余世维.职业经理人常犯的11种错误（VCD）[M].
北京：北京大学出版社，2009.

案例思考

通过上面的案例，我们进一步认识到，有了一个全面丰富的客史，酒店就能从中了解客人的个性化信息，并在此基础上进行"一对一"的亲情化服务，即根据不同的客人建立不同的联系，并根据其特点和需求提供不同的服务，从而真正做到"以客人为中心"，赢得客人的"忠诚"。

案例中提到，不同的服务员都能知道客人的姓名、送别客人时能知道客人是第几次在酒店住宿、在客人生日时能给客人寄上生日祝福等，这些看似复杂的功能都可以在酒店的管理信息系统上完成。那让我们看看 Opera PMS 是如何完成这些功能的吧。

第一节　客史简介（Profiles）

四季的创始人伊萨多·夏普曾说过：我从客户的角度开始涉及酒店业，我是主人，客户是我的客人。在建造和运营酒店时，我这样问自己：客户认为最重要的东西是什么？客户最认同的价值是什么？因为如果我们给予客户最有价值的服务，他们就会毫不犹豫地为他们认为值得的东西掏腰包。这就是我一开始的策略，直到今天仍然如此。[①]

对系统使用者来说，了解客史的概念很重要。Opera PMS 中的客史资料（Profiles）是 Opera 系统中大多数数据的来源，是整个 Opera 工作的基础。Opera PMS 提供客户资料记录功能，全面记录并统计包括客户、商务合作伙伴、联系人、集团、旅行社以及来源、财务资讯等资料。客户资料包括客人的地址、电话、会员信息、会员申请、住店历史信息及收入详情分析、客户喜好以及其他相关数据。当客人再次住店时，酒店就能根据客人客史在线预订或登记入住。酒店管理信息系统按既定程序可以根据入住登记资料自动为每位客人安排一种类型的客房和价格。这样可以更快捷、更精确地完成预订及其他操作。

在 Opera PMS 系统中，每个预订必须有一个客史：一个预订会形成一个客史下的一条客史记录。一个预订可能对应多个客史。例如，按照关系，吴某是石基信息的员工，CWT 是石基信息的差旅服务公司，那么吴某的一个预订，可能对应着三类客史（Profiles），即吴某的个人（Individual）客史、石基信息的公司（Company）客史和CWT 的预订源（Source）客史。因此，理解客史对于掌握 Opera 系统至关重要。

一、客史的概念及分类

客史（Profiles）是描述某类客户对象所有特征的数据集，包含基本的不变信息和动态收集的可变信息。不变信息主要是一段时期内或永久性相对固定的基本资料，如性别、国籍、居住地、兴趣、合约价格、护照或人像照片等。可变信息主要是客人过去住店消费记录（History）和未来住店预订资料（Future）。

---

① 伊萨多·夏普.四季酒店：云端筑梦 [M].海口：南海出版公司，2011.

第二章 客史（Profiles）

按照酒店业技术集成标准划分，总共有八大类客史，即个人（Individual）、公司（Company）、预订源（Source）、团体（Group）和旅行社、旅游代理商（Agent）、联系人（Contact）、旅游零售商（Vendor）和旅游批发商（Wholesaler）客史（如图2-1所示）。

这些客史有各自不同的用途。在客人客史管理模块中，可以保存所有客人和公司、旅行社等客户资料，以及统计相关的入住历史记录，并可根据客人的各种特殊要求进行有针对性的个性化服务，如是否吸烟，对房间楼层、朝向等要求。酒店可以使用这些客史资料更好地为客人服务，提高对客服务质量，进一步提高客人满意度。

图2-1 客史类型

管理小知识

Opera系统中为何有这么多种客史呢？

在酒店经营管理中，酒店必须能回答这样一个问题，"谁是我的客人"，也就是要确认自己的目标市场。目标市场是指企业的服务对象。其实酒店的客户目标市场由三个部分构成。一是酒店的消费目标市场，即实际来酒店吃饭、住宿、开会和进行其他消费的个人或团体，这是酒店产品和服务的直接使用者。二是购买目标市场，是酒店确定的目标市场中真正需要酒店的产品和服务并有能力购买的个人或团体。三是沟通目标市场，即接收酒店产品和服务沟通、宣传和广告信息的个人或团体。后两种目标市场不一定会在酒店中消费。例如，老王到北京出差，需要住酒店。他公司的秘书从朋友处听说贵宾楼酒店不错，就打电话让旅行社给贵宾楼酒店给老王订了一间房。在该例子中，老王是实际到酒店消费的人，是消费目标市场。老王的公司就是购买目标市场，因为公司来支付费用。老王公司的秘书是听到关于贵宾楼酒店产品和服务信息的人，属于沟通目标市场，她在是否预订贵宾楼酒店的房间的决策中起到关键的作用。旅行社的职员则是完成订房的人，也是起到沟通和桥梁作用。[①]

在这个案例中，老王对应是个人客史，老王所在的公司就对应的公司客史，老王公司的秘书对应的就是联系人客史，旅行社对应的就是旅行社客史。

---

① 胡质健.收益管理——有效实现饭店收入的最大化［M］.北京：旅游教育出版社，2009.

第一节 客史简介（Profiles）

当然如果老王自己完成订房，那消费目标市场和沟通目标市场，那这二种市场可以同为一体。通过上面的分析，我们进一步认识到，不仅个人客史重要，而且全面丰富的公司和旅行社客史是极为重要的，因为公司和旅行社同样也是酒店的目标市场，而公司和旅行社的联络人亦是酒店不容忽视的服务对象。因此酒店对不同的公司、旅行社及其联系人建立客史，并根据其特点和需求提供不同的服务，以赢得他们对酒店的"忠诚"。

二、客史模块的基本功能

客史模块的基本功能是查询、新建并修改客史等。

（一）查询客史

在新建客史之前，一定要先查询客史，确认每位客人只有一个客史。点击预订（Reservations）按钮后，点击左边一列中的客史（Profiles）按钮，出现客史查询界面（Profile Search），即图2-2。客史可以有很多种查询方式，在客史查询界面（Profile Search）中的黄色区域即为查询区域，可以输入客人的姓（Name）、名（First Name）等多种方式进行查询。还可以在姓（Name）中输入"%"，就可以出现系统中所有客人的客史信息或输入需要查找的客人的姓或名，如图2-2所示。"%"是Opera系统中的查询通配符。使用者可以直接输入"%"代表全匹配，或输入"%"加部分查询条件。

图2-2 客史查询（Profile Search）界面

（二）新建客史

要给客人新建客史时，可点击预订（Reservations）按钮后，点击左边一列中的客史（Profiles）按钮，出现客史查询界面（Profile Search），右下角选择新建（New）按钮即可。

管理小知识

Opera 系统中建立客人客史时，要注意"一位客人只有一个客史"。当一位客人对应多个客史时，会产生客人信息分散的情况，影响酒店的统计数据。如一位客人入住酒店10次以上，若同一位客人的客史，即可作为重要客人（VIP）接待，但若分散到不同的客史中，则仍为一般客人，也不利于为客人提供个性化服务。如这位客人第一次住店时候就要求安静房，但是接下来每次住店时，都要重复同样要求，客人会觉得很不耐烦，从而容易产生更换其他酒店住宿的想法。对系统来说，由于生成了许多不必要的客史资料，形成大量垃圾数据，会造成系统速度变慢，这样也降低服务员在前台服务客人的效率，给客人留下不好的印象。因此，使用者掌握必要的查询方法是十分重要的。在新建客人客史之前，都必须先根据客人资料进行查询。若无，则新建客史。若有，则使用已有客史。

（三）修改客史

先在图2-2中查找并选定需要修改客史的客人信息条，在右下角选择编辑（Edit）按钮即可。收集到的客人信息，应及时推广应用到一线工作中去。但是世界上唯一不变的就是变化，客人所需的服务不是一成不变的，而是会随着时间的推移有所变化或适当增加。因此，酒店应适时修改客人客史，增加或修改客人新的喜好或要求等，以便更好地为客人提供个性化服务。

小案例

值得注意的是，在实际工作中，酒店服务员利用客史信息进行服务时，一定不要忘记服务程序。有这样一个例子：陈先生是某酒店的忠诚客人，每次来到酒店，他都习惯去大堂吧坐坐，约见几位好友聊聊天。第一次来，陈先生点了一壶红茶；第二次来，他依然点了红茶；第三次来的时候，有心的服务员小沈微笑地征询陈先生道："请问陈先生今天还是喝红茶吗？"陈先生开心地对朋友说："这儿的服务就是不错，服务员很用心，我来过两次，服务员就知道我爱喝红茶了，但是我今天想换口味喝咖啡了。"此案例中，服务员小沈很细心，捕捉到了陈先生的喜好信息，但是没有擅自决定为客人泡上红茶，因为客人的喜好也会改变。所以，服务员在服务中要处处做个有心人，熟悉客人而不忘尊重客人。

行业新知

记录和了解客人喜好

客史信息来源于日常的对客服务细节，决不是少数管理者在办公室内就能得到的资源，它需要全体员工在对客服务时有意识地去收集。著名的丽思·卡尔顿酒店（Ritz Carlton）有一个客户认知部，专门收集和满足客人喜好，来帮助酒店"认可"客人，预见客人的需求，为客人带来意想不到的惊喜并因此感到倍受礼遇，以吸引客人再次回到丽思酒店。同时，在丽思酒店的信条中，有一条专门写到：向客人提供最好的亲身服务，每位员工都应负责了解和记录客人的喜好。

在记录客人喜好的时候，丽思酒店要求员工记录有质量的客人喜好。有质量的客人喜好包括以下几个标准：准确（Accurate）、可付诸行动（Actionable）、个性化（Personalized）、特殊（Specific）、详细（Detailed）。员工可以通过观察、聆听和交谈获得客人的喜好，立即记录在客人的喜好卡上，并投入前厅部后台办公室或员工餐厅门口的客人喜好收集箱。

客人的喜好（PREFERENCE）具体包括以下几个方面：

P：Personal Information（个人信息），包括家庭、孩子、年纪、宗教信仰、生日、纪念日、习惯等，如马林先生有两个女儿（分别是14岁和7岁）。

R：Routine（日常事务），包括每日清扫客房的时间、入住登记的时间、了解客人的日常生活习惯有助于我们预见客人的需求等，如约翰先生经常搭乘6:30的东航航班到上海。由于客人习惯于办理入住登记手续后小睡一会，客人抵达前必须做好客房的夜床服务。

E：Events（大事记），包括生日、纪念日、蜜月、特殊的日子、久别重逢的日子、结婚纪念日等。酒店就是在这些特别的日子里给客人以惊喜，使得客人以后每年都会回到丽思酒店，从而形成一种传统。

F：Favorites（爱好），包括酒精饮料的品种、小吃、餐馆的桌号、客房用品的摆放等。例如，王方小姐很喜欢鲜花，特别是红玫瑰。每次在她抵达前，酒店都会在其房间内准备9朵红玫瑰。

E：Employee Involvement（员工的参与程度），每位员工都应负责了解和记录客人的喜好。

R：Room Assignment（分配房间），包括房间的位置和类型等。例如，刘兰女士只喜欢高楼层（36层或38层）的大房间。

E：Entertainment（娱乐活动），包括喜欢的音乐、喜欢的歌手、喜欢的运动、喜欢的电影、喜欢的音乐剧等。例如，阿林顿博士非常喜欢古典音乐，莫扎特是他的最爱。

N：Needs（特殊需求），包括客人的过敏症、蓬松枕头、由于健康问题只能住低楼层、任何意想不到的客人需求等。例如，丽蓓卡女士喜欢明亮的房间，因此在她抵达前，要更换她房间的灯泡，这样房间会更亮些。

C：Challenge（挑战），要多看、多听、多学，永远不要直接询问客人的喜好、要善于观察、及时记录。

E：Each and Every Guest（每位客人），希望所有的客人都能成为酒店的回头客，从而成为酒店的忠诚客户。必须平等对待所有的客人，得到他们期望的服务和照顾。

——资料来源：作者收集整理

第二章　客史（Profiles）

第二节　个人客史（Individual Profiles）

一、个人客史界面

在客史查询（Profile Search）界面右下角点击"新建（New）"按钮，选择"个人（Individual）"，出现个人客史界面（图2-3）。

图2-3　个人客史（Individual Profile）界面

（1）在输入客人名字时候一定要遵守英文的输入法习惯，即姓（Last Name）和名（First Name）中首字母一定要大写。中国客人的名字也同样如此，需要输入中文名字的汉语拼音，可以在别名（Alternate name）中输入客人的中文姓名。在处理各国姓名时，均应采用英文名的形式输入。这样处理的原因在于 Opera 系统是英文软件，数据库在处理英文姓名时候速度最快、可靠性最高。当为客人做预订或将登记卡输入电脑时，可参考以下格式输入电脑（表2-1）。

表 2-1 各国客人姓名输入格式一览表

国别或地区	姓名	姓	名	备注
中国	Zhang Yuan Yuan（张媛媛）	Zhang	Yuan Yuan	客人的中文姓名可输入在别名（Alternate name）中
中国香港、中国台湾、新加坡、韩国等	Leong Ka Min Irene	Leong	Ka Min Irene	
日本	Yamamoto Yurico	Yamamoto	Yurico	这只适用于无法识别客人的姓与名的情况
英国或其他欧洲、美洲、大洋洲等国家	Michael Smith	Smith	Michael	

（2）一定要输入国籍（Nationality），这样生成的报表可以根据客人的国籍，而不是来源国，进行分类。

（3）在输入客人的地址时，要注意以下事项：在地址（Address）那一栏内，有四行，如图 2-4 所示。一般在第一行输入街道/街区或邮政信箱，在第二行输入客人地址中的楼宇的名称或区域的名称，如金茂大厦（Jing Mao Tower）或新加坡工业园区（Singapore Industrial Park），注意不要在这行输入城市或国家的名称。城市的名称必须是在"城市（City）"那一栏中输入。接下来输入邮政编码（Postal Code）、国家（Country）、州或省（State）。

首要地址（Primary）打勾后，表示该地址将被设置为该客人的首要地址，即第一联系方式。若客人有好几种联系地址，如公司地址、家庭地址，则最好确认哪一个地址是客人的首要地址，这样方便和客人联系，特别是便于销售部联系客人，如给客人寄生日贺卡或促销资料等。

图 2-4 地址（Addresses）编辑界面

（4）在"邮件（Mail Action）"选项中，可以勾选，如图 2-5 所示，表示系统会自动递送给客人的邮件，如圣诞节的卡片、酒店举行各类活动的宣传单（当然客人有意向收到的某类宣传单）、生日贺卡等。本章的导入案例中提到的给余先生发送的生日贺卡，就是在这里设置的。

图 2-5 邮件（Mail Action）界面

（5）在输入联系方式时，要注意本地的电话不需要输入国家代码或区号，例如本地电话 8888 8888；国内长途电话（021）8888 8888；国际长途电话：+62（21）8888 8888，这里 21 代表区号，+ 代表国家代码，如新加坡（+65）、美国（+1）。

（6）点击"数据和信息（Statistics & Info.）"的"数据（Statistics）"界面，这张图表可表示该客人的过往入住历史及给酒店带来的营收（图 2-6）。

图 2-6 数据与信息（Statistics & Info.）的数据（Statistics）界面

第二节 个人客史（Individual Profiles）

在"数据与信息（Statistics & Info.）"的"信息（Information）"界面，如图2-7所示。在该界面中，在"状态（Status）"一栏，点击"受限制（Restricted）"，就会出现"规则（Rule）"，即需要注明该客人受限制的理由，如该客人是犯罪嫌疑人，那么就在"规则（Rule）"输入相关内容。这也可以用作酒店的"黑名单"，用来限制不适合住店的客人住店。

图2-7 数据与信息（Statistics & Info.）的信息（Information）界面

二、选项功能

在个人客史界面右下角点击"选项（Options）"按钮，如图2-8所示。

图2-8 个人客史（Individual Profile）的选项（Options）界面

（1）"快速复制（Add On）"可以通过勾选该界面中的全部或部分选项（图2-9），快速复制一个和之前完全或部分一样的客史。

（2）在"附件（Attachment）"界面点击右下角"新建（New）"按键，就可以上传一个和客人相关的附件，例如与客人签订的销售协议等，如图2-10所示。

图2-9 快速复制（Add On）界面

图2-10 附件（Attachments）界面

（3）在"变更（Changes）"界面（图2-11），可以看到何人、何时新建、修改了该客史的所有记录。

图2-11 变更（Changes）界面

（4）在"信用卡（Credit Cards）"界面（图2-12），系统中虽然可以输入客人的信用卡号，但是一般大的酒店管理公司出于安全考虑，在系统中把客人的信用卡号中间大部分数字隐去，用星号表示，只有一定级别以上的员工，如部门经理才有权限可以看到客人完整的信用卡号。

图 2-12 信用卡（Credit Cards）界面

（5）在"注册信息（Enrollment）"界面（图 2-13），可以看到客人在该酒店的注册信息。

（6）在"未来预订（Future）"界面（图 2-14），可以看到该客人在未来一段时间内的预订信息，包括抵离日期、房型、房号、房价代码等信息。

图 2-13 注册信息（Enrollment）界面

图 2-14 未来预订（Future）界面

（7）在"住店历史（History）"界面（图 2-15），可以快速了解客人以往的住店消费情况。同时若客人需要，则可以在这里打印他们以前的住店账单。

图 2-15 住店历史（Profile History Details）界面

图 2-16 查询（Lookup）界面

（8）在"查询（Activity Lookup）"界面（图 2-16），点击"OK"，可以在与系统相连的客户关系系统（CRS）中查找到相应的客人资料。一般大的国际酒店管理公司都有自己独立于 PMS 之外的客户关系系统，可以更详细地记录客人的信息。

（9）在"会籍会员卡号（Memberships）"界面（图 2-17），可以输入客人在酒店的会员卡号，如万豪酒店集团的客人若有万豪礼赏会员俱乐部的会员卡，则可在这里输入，便于酒店统计、兑换客人的积分等。

图 2-17 会籍会员卡号（Memberships）

（10）"合并（Merge）"功能可以把相同或重复的客史合并成一个客史，这样不仅便于统计，而且可以节省数据库空间。一般来说，每位员工做预订时，需要查询客人历史客史，如果遇到客人客史相同的情况就需要合并。在客史查询栏里输入客人姓名，会显示出客人的历史客史，假如出现多个客史，则要看哪个客史的资料更加完整，如证件种类、证件号码、出生年月、备注等。将资料不全的客史合并到资料相对完整的客史中去。

具体操作步骤如下：

第一步，选中资料相对完整的一个客史，点击"选项（Option）"中的"合并（Merge）"按钮，输入需合并的客人的姓名，查找到需要合并的客人，再点击 OK，如图 2-18 所示。

图 2-18　合并（Merge）第一步

第二步：这时会出现客史比较的界面，提示是否将资料不全的客史合并到资料完整的客史中去，确认后，就可以点击右下角的"合并（Merge）"按钮。出现两个以上的客史，再按上述方式作合并，如图 2-19 所示。

图 2-19　合并（Merge）第二步

（11）在"协议价（Neg. Rate）"界面（图 2-20），点击下方的"新建（New）"按钮，就可添加客人和酒店签订的协议价。协议价一般针对酒店的长期住店客人。该协议

第二章　客史（Profiles）

价往往比门市价要优惠。

图 2-20　协议价（Neg. Rate）界面

（12）在"备注（Notes）"界面（图 2-21），点击右下方的"新建（New）"按钮后，就能添加客人的信息。

图 2-21　备注（Notes）界面

在这个界面中，还可以输入 Profile 界面中无法输入的信息，如客人备注万圣节信息及报价、账单使用日文等，以及酒店需要对客人进行特别关注等信息。大多数酒店都制定了备注的输入标准和流转流程。在跨国酒店或连锁酒店的经营中，备注就成为各酒店传递客人信息的工具。

第二节 个人客史（Individual Profiles）

（13）在"客人的喜好（Preferences）"界面（图2-22），专门记录客人的喜好，如喜欢"吸烟房"还是"非吸烟房"、喜欢入住哪一个楼层、喜欢哪种报纸、是否素食等。

图2-22 喜好（Preferences）界面

（14）"关联（Relationship）"功能是指客人和其他人、公司、旅行社等之间的关系，例如客人刘红女士是美国苹果公司的雇员，那么刘女士和苹果公司之间存在雇员和雇主之间的关联，则可以在这里输入。

具体操作步骤如下：

第一步：在"关联（Relationship）"界面的右下角点击"新建（New）"按钮，选择"公司（Company）"后，点击"OK"，即出现客史查找界面，如图2-23所示。

图2-23 关联（Relationship）第一步

第二步：在客史查找界面输入需要查找的公司，点击OK后即可建立关联，如图2-24所示。

图 2-24　关联（Relationship）第二步

第三步：建好的关联界面，如图 2-25 所示。

图 2-25　关联（Relationship）第三步

行业新知

随着酒店数字化运营的到来，智慧酒店的发展、客房智能设备的改造升级丰富且优化了客房部员工的服务工具。收集客人喜好不仅仅依靠酒店员工来完成，也可以通过酒店智能服务系统的升级改造完成。目前酒店客房内的智能化设备越来越多，例如，门锁系统可以使用 NFC（近场通信）卡锁钥系统甚至人脸识别系统。客房内的自动控制系统，使用感应器控制，顾客进房间自动激活照明系统，自动煮水，打开电视以及拉开窗帘等，顾客离开房间自动关闭照明系统以及电器设备等。此外，客房内的无线网络以及智能通信设备将允许顾客自由查看其在酒店内的消费记录，预订客房用餐服务、订购酒店商品以及信息查询等服务极大地提升了顾客体验。酒店还可以允许首次入住的顾客通过特定的 App（应用软件）提前定制自己的入住需求，并据此为顾客提供个性化的服务。这样通过智能设备对顾客在住店期间新增的服务需求进行搜集，并与顾客提前定制的需求做比对分析，以期为顾客提供更为完善的定制服务。①

但是顾客在酒店内的某些行为可能并未总是能够被智能设备记录，但这些未被记录的行为可能正是顾客需要被个性化服务的需求，也正是为顾客提供个性化服务中最需要被收集的信息。例如，顾客可能并未通过智能设备要求增加房间中的软枕，但是客房部员工在查房时如果发现顾客将硬枕都放置在沙发上，而床上只剩下软枕，并且将客房内衣柜中的软枕也拿出来放置在床上的时候，这时员工需要有敏锐的洞察力发现这些细节，并将这些细节记录到临时的客史上。之后在与顾客聊天沟通的时候，委婉地向顾客确认是否在晚上入睡时更偏向于使用软枕。在确认后，将收集到的客户喜好信息录入正式的客史。当顾客再次入住本酒店或者酒店集团旗下其他品牌的酒店时，即可调出客史为顾客房间内配备更多的软枕，而无须顾客提出。

因此，在酒店数字化运营的趋势下，酒店服务质量不再局限于传统的标准化、程序化和规范化，而是如何更好地为顾客提供个性化的服务。这要求酒店员工需要掌握如何利用智能化设备来满足顾客需求，并收集顾客的偏好，建立完善的客史，并能够根据顾客的需求不断调整服务程序和标准。这需要使员工既掌握酒店管理和服务的相关知识，熟悉酒店日常经营与管理运作，又能运用相应的信息技术、掌握大数据方面的知识，能够对从智能设备导出的数据信息进行简单的分析，充分有效利用相关数据。

第三节　公司客史和旅行社客史（Company and Agent Profiles）

一、公司客史（Company Profiles）

（一）公司客史（Company Profiles）界面

（1）在公司客史（Company Profiles）界面（图 2-26）在输入"公司名称（Account）"时一定要遵守英文的输入法习惯，即首字母一定要大写，可以在"别名（Alternate name）"（小地球的标志）中输入公司的中文名称。

---

① 林赟. 基于酒店数字化运营的客房服务与管理课程教学改革研究［J］. 教育观察，2021，10（26）：3.

图 2-26　公司客史（Company Profile）界面

（2）"销售经理（Owner）"中一定要输入和公司客户联系的酒店员工，以方便酒店和公司保持联系。

（3）"关键词（Keyword）"一般由销售部制定，用于寻找相关的客史。

（4）"企业编号（Corporate ID）"可以输入诸如国际航空运输协会（IATA，International Air Transport Association）等协会的会员号。

（5）在"数据信息（Stats.&Info.）"中，可以比较该公司当年与上一年的年度用房间夜数、营收信息等。在"信息（Info.）"的界面上也有"受限制（Restricted）"一栏，实际上就是给一些公司设置黑名单，如总是拖欠酒店房款的公司等。

（6）在"销售信息（Sales Info.）"界面（图 2-27），可以看到有关该公司销售方面的一些信息，如类型、来源、业务范围等。

图 2-27　销售信息（Sales Info.）界面

第三节 公司客史和旅行社客史（Company and Agent Profiles）

（7）"联络人（Contact）"是指代表公司和酒店联络的公司员工，一般是公司办公室或总经理秘书等。新建联络人，具体步骤如下：

步骤一：点击"公司客史（Company Profile）"的右上角的"联络人（Contact）"，即出现图2-30，可新建联络人。

图2-28 新建联络人（Contact）第一步

第二步：点击"Yes"后，就出现"联络人客史（Contact Profile）"界面，输入联络人的姓名、地址等基本信息后，点击"OK"，如图2-29所示。

图2-29 新建联络人（Contact）第二步

第三步：输入联络人信息后，点击"OK"后，就建好了联络人，如图 2-30 所示。

图 2-30　新建联络人（Contact）第三步

（二）选项功能

公司客史的选项功能和个人客史的选项功能大部分是相同的，操作方法也是相同的，如"附件（Attachment）、变更（Changes）、信用卡（Credit Cards）、删除（Delete）、未来预订（Future）、历史（History）、查找（Lookup）、合并（Merge）、协议价（Neg. Rates）、备注（Notes）、偏好（Preferences）"等，如图 2-31 所示。

图 2-31　选项（Options）界面

（1）在"概览（Overview）"界面（图 2-32），可以看到该公司员工入住酒店的情况，还可以选择时间段来查看取消的预订数、实际给酒店带来的营收等。

第三节 公司客史和旅行社客史（Company and Agent Profiles）

图 2-32 概览（Overview）界面

（2）"选项（Options）"中的"关联（Relationship）"可以建立该公司与其总公司或子公司或雇员之间的联系，这样方便查找。在新建与总公司或子公司的关联时，只要"新建（New）"后，在"客史类型（Profile Types）"中选择"公司（Company）"就会出现"关联类型（Relationship Types）"界面。在该界面中，"Company Master"是总公司，"Company Subsidiary"是子公司。可以根据具体情况进行选择，如图 2-33 所示。

图 2-33 关联（Relationship）界面

二、旅行社客史（Travel Agent Profiles）

旅行社客史是为与酒店有经营往来的旅行社制作的客史，使酒店更好地与旅行社进行合作。旅行社客史界面上的按键在功能上与酒店客史大致相同，可参照公司客史的操

43

作方法。旅行社客史如图 2-34 所示。

但是旅行社客史与公司客史最大的不同是在系统的佣金模块中可以输入佣金。具体可见图 2-34 的 Information 模块。这是 Opera 为旅行社设计的计算佣金的模块，所有与酒店有佣金协议的旅行社及其产生的订单和返佣信息都进入佣金模块进行管理，包括审核旅行社订单、查看订单消费和返佣明细等。

图 2-34　旅行社客史（Travel Agent Profile）界面

小资料

酒店管理智能化

国际性的大酒店集团常加入一些行业相关的大型组织，如国际航空运输协会（International Air Transport Association，IATA）或和一些大型的航空公司签订常客旅行计划。如雅高达（Agoda）加盟"国航知音"常旅客计划。通过该合作，国航知音会员会通过雅高达酒店预订平台专署页面预订酒店可获得里程奖励。雅高达在全球范围内拥有 155000 多家酒店资源，在国航各大航线目的地城市也拥有众多合作酒店，仅在中国境内就拥有 4000 多家酒店，并可提供一系列的特价酒店以及限时优惠酒店。通过雅高达预订酒店的国航知音会员可享受即时确定服务，此外还有 24 小时全天候中英文客服。同时，雅高达客户还可以参与雅高达回馈项目，从而获得更多折扣和免费住宿。与其他酒店回馈方案不同的是，雅高达回馈项目不限制于某个单一连锁酒店，而是能在预订世界各地的酒店时兑换回馈积分。

练习题

1. 建立一个你自己的客史，留下你的姓、名、家庭地址、电话号码、手机号码和电子邮件，要求接受圣诞节活动信息。

提示：在练习中，会用到以下功能按钮。

（1）Individual Profile-Name/Addresses/Communications

（2）Mail Action.

2. 替你最喜欢的电影明星建立一个客史，留下他/她的家庭地址、电子邮件和手机号，注明他/她有过敏性鼻炎、喜欢苏打水和一小篮新鲜水果，并保留客人每次入住的记录。

提示：在练习中，会用到以下功能按钮。

（1）Individual Profile-Name/Addresses/Communications

（2）Profile Notes

（3）Preferences

（4）History

3. 记录客人王然先生的手机134787899×，家庭地址为广西省桂林市闸北区工贸大厦6层603，国籍为中国，工作城市为桂林市，客人的生日为1994年3月1日，不吸烟。客人使用万事达卡作为每次预订担保卡，卡号为：5201 5213 7193 2386，有效期为：12/26，客人为American Airlines公司雇员。

提示：在练习中，会用到以下功能按钮。

（1）Individual Profile-Name/Addresses/Communications

（2）Nationality，City，Birth

（3）Preferences

（4）Credit Cards

（5）Relationship

4. 建立两个个人客史，客人名字为黄光先生，一个将题目信息全部输入，另一个只输入客人名字，广东广州人，联系电话：18611984918，邮箱：hg@hotmail.com，家庭地址为：广东广州海珠区海珠社区8层801，单位地址为：广东广州市朱岛开发区，现在将两个客史合并，保留信息完整的客史。

提示：在练习中，会用到以下功能按钮。

（1）New Reservation

（2）Shares

5. American Airlines在上海市有办事处，与本店有销售协议并建立应收账户，享有协议价格代码（可以随意选择），但公司挂账只接受房租。所有预订均通过该公司秘书王小美小姐申请、变更和结算。要求此公司所有员工入住本酒店全部安排高楼层。

提示：在练习中，会用到以下功能按钮。

（1）New Reservation

（2）Add on

6. 建立一个名为"Travel"的旅行社客史，有公司电话、地址、电话号码、传真号码和网页，并有IATA会员号：91828876。

提示：在练习中，会用到以下功能按钮。

（1）Accounts Profile（Travel Agent）—Name/Addresses/Communications

（2）Memberships

7. 建立BMC公司客史，但由于BMC公司已停业，故酒店暂时不再与此公司有业务联系。请按照题目要求将信息录入PMS系统。

提示：在练习中，会用到以下功能按钮。

（1）Accounts Profile（Travel Agent）—Name

（2）Stats.& Info.

8. 建立TP总公司及其分公司TP1，联系人为吕海宝，有协议价。

提示：在练习中，会用到以下功能按钮。

（1）Accounts Profile（Company）—Name/Contacts

（2）Options—Neg.Rates

（3）Options—Relationship

预订（Reservations）模块

第三章

本章导读 本章介绍了散客预订的基本步骤和相关的功能按键，以及团队做预订、入住和结账的全过程。通过本章的学习，使学生了解对客服务的基本要求，掌握散客预订的基本步骤和相关的功能按键，了解和掌握如何给团队做预订、入住和结账的全过程。

知识和能力目标

1. 了解散客住店的操作流程。
2. 理解和掌握预订模块管理的基本知识。
3. 理解系统中团队的意义。
4. 熟练使用系统为客人办理预订手续。
5. 掌握系统中团队预订、入住登记和结账离店等流程。

第三章 预订（Reservations）模块

导入案例

酒店客人的住店流程简介

中国籍客人刘红女士，打电话到酒店预订一间大床间，将于2019年3月6日入住，住一晚，23日结账离开。

我们应该如何处理该客人的需求呢？联系我们所学过的酒店管理方面的知识，是不是想到了酒店的预订、前台登记入住、结账离店等流程呢？客人实际的住店流程如图3-1所示：

图3-1 酒店客人的住店流程图

这个案例中，刘女士住店主要涉及三个任务：即需要办理预订、前台办理入住手续和结账手续。接下来我们将在第三章至第五章分别讲述Opera PMS系统中的预订、前台、收银模块，看看在系统上如何完成这些任务吧。

第一节 预订的基本步骤

在客人打来电话预订时，作为预订员的你该做哪些事情呢？我们先简单地了解预订服务时所需的知识吧。所有订房都应包括以下内容：

（1）问候语。铃响3声内接起电话。英文用语：Good morning / afternoon/ evening，Reservation Center. How may I help you？中文用语：您好，预订部，我可以帮助您吗？

（2）做预订。询问客人的信息：客人姓名、到店/离店日期、抵店时间、公司/旅行社名称、房型和其他特殊要求。向客人重复一遍订房的具体信息。

（3）结束语。①谢谢您的来电或谢谢您的预订。②我们欢迎您届时光临。③如果您需要我的帮助，我将非常乐意为您服务。

在明确前面的步骤后，让我们来看看在 Opera PMS 系统中是如何做到这些的吧。

预订的基本步骤包括：

第一步：在图 1-5 Opera PMS 主界面，点击 F5 快捷键，即出现图 3-2 界面。

图 3-2　价格信息（Rate Information）界面

第二步：点击"Rate Query"按钮，输入抵达日期（Arrival），如图 3-3 所示。

图 3-3　询价（Rate Query）界面

第三章　预订（Reservations）模块

第三步：点击图 3-3 右下角"OK"按钮，就出现图 3-4 界面，确认酒店有客人所需的房型和房价，然后点击右下角"OK"按钮。

图 3-4　询价（Rate Query）界面

第四步：在预订界面，在"姓（Name）"和"名（First Name）"输入刘女士的姓名，然后点击"姓（Name）"旁的灰色按钮，打开并查找或新建刘红女士的"客史（Profile）"（查找或新建客史具体可见第二章）。确认客人后，在预订界面确认客人的抵离店日期、所需房间数、房型、房价和需要进行营销统计的一些必填项目，如预订类型、市场、来源、预订方式和付款方式。在这些内容都填好后，点击预订界面右下角的"保存（Save）"按钮，即在预订界面的最上方生成了刘女士的预订号"34348"，这样客人的预订就建好了（图 3-5）。

第五步：复核或更改客人的预订信息。点击"预订（Reservations）"模块中的"更新预订（Update Reservation）"按钮，则出现查询预订界面（图 3-6），在该界面的上半部是查询界面。对酒店来说，最容易查找的是预订确认号，即"预订号/取消号（Conf/Cxl No.）"，如刘女士的确认号是 34348，我们输入后，点击右上角"搜索（Search）"按钮，这样就在该界面的下方中出现"刘红"的预订信息，双击该条信息，则出现我们刚输入的刘女士的预订资料，若信息无误，则说明我们刚做的预订是成功的，还可以继续完善或修改客人的客史或预订信息。

图 3-5 新建预订（Reservations）界面

图 3-6 更新预订（Update Reservation）界面

第二节　预订模块的基本功能

Opera PMS 预订模块结合客户客史管理、收银、定金管理等多种功能。此模块包括了新建预订、查询预订、更新预订、生成报表等基本功能，并提供了用房量控制、取消预订、确认订房、等候名单、房间分配、押金收取以及房间共享等功能，这些有助于为客人提供个性化服务。

Opera PMS 预订模块有十大子模块，分别是新建预订（New Reservation）、更新预订（Update Reservation）、等候名单（Waitlist）、团队（Blocks）、客史（Profiles）、房间列表（Room Plan）、楼层图（Floor Plan）、确认信（Confirmation）、入住登记卡（Registration Cards）和日历（Calendar）。其中客史（Profiles）由于其特殊的重要性，已经在第二章详细阐述了。团队（Blocks）将在本章第三节进行详细阐述。接下来我们将介绍新建预订等一些重要子模块。

一、新建预订（New Reservation）

在预订（Reservations）模块，点击"新建预订（New Reservation）"，即出现如图3-7所示的界面。在该界面上，可以查询客史、根据客人抵店日期查询房价等，为客人

图 3-7　预订界面

新建预订。新建预订包括客人个人信息（姓名、地址和电话号码等）、抵达时间、预订类型（即有担保预订还是无担保预订）、预订编号、预订者信息、特殊要求（如残疾人设施、婴儿床、无烟区等）等。

该界面的上半部分和客人的客史是一致的，点击"姓（Name）"旁边的灰色方块（ Name　　　　　　　　　　），即可进入客人的客史界面。以下我们就该界面下半部分的一些重要按钮做一些解释。

（一）预订界面上的知识点

1. 接送机（More Fields）

"More Fields"中指接送机，"Pickup"接机，"Dropoff"送机。"Transport Type"指客人要求接送机时的车辆类型，如奥迪（Audi）。"Station Code"指机场的国际代码，例如 PVG（上海浦东国际机场）；"Carrier Code"指客人乘坐的航班号，例如，CA1202 from Beijing（来自北京的中国国航 1202 次航班）；"Transport No."指接送客人的车牌号；"Arrival/Departure Date 指客人抵店/离店的日期；"Pick up/Drop off Time"指接送客人的具体时间，如图 3-8 所示。

图 3-8　接送机（More Fields）界面

2. 房型和房价

点击预订界面的"价格代码（Rate Code）"，即出现价格查询（Rate Query Details）界面（图 3-9）。在图 3-9 中，横轴表示"房型（Room Types）"，纵轴表示"价格代码（Rate Code）"。

第三章 预订（Reservations）模块

图 3-9 房价查询（Rate Query Details）界面

（1）房型的设置。在 Opera PMS 系统中，对酒店所有房间的分类是先分房间等级（Room Classes），再分房间类型（Room Types），最后再到具体房间（Room）。具体如图 3-10 所示。

以 Opera 系统的房型为例。

图 3-10 房型分类图

表 3-1 Opera PMS 房型

酒店代码	1st 房间等级	2nd 床型	3rd 是否吸烟
Z	S：Standard 标准	T：Twin 双床房	S：Smoking 吸烟
	D：Deluxe 豪华	K：King 大床房	N：Non-Smoking 无烟
	E：Executive 行政	X：Suite 套房	

序号	房型代码	中文含义
1	SKN	标准无烟大床房
2	SKS	标准大床房
3	STN	标准无烟双床房
4	STS	标准双床房
5	DKN	豪华无烟大床房
6	DKS	豪华大床房
7	DTN	豪华无烟双床房
8	DTS	豪华双床房
9	EKS	行政大床房

（2）无障碍客房。酒店除了上述的一般房型，还有一种常见的特殊房型，即无障碍客房。酒店必须时常提防可能发生的对客人身体的伤害。美国残疾人协会要求新建酒店都要做到无障碍设计。无障碍的意思是在设计住宿设施和设备时必须有方便残疾人的理念。一些专门设计的无障碍客房，进门（客房和浴室门）通道更宽，可以方便轮椅进出，增大的浴室、马桶边和浴缸内装有把手。轮椅可直接进入淋浴房，降低了洗脸台，还有不高于膝盖的洗脸盆。房门和浴室门上安装把手而不是旋钮，烟感器通过闪光灯和枕头震动仪来报警（专为聋人设计）。

（3）有关价格代码的设定。房价就是酒店对使用住宿设施的收费。成本的构成决定了房价的最低水平，竞争的态势决定了房价的最高水平。一家酒店常常会为每间客房制定一个标准价格。这个价格就称为门市价（Rack Rate）。一般来说，房价类别与房型的可比较面积和家具陈设相对应（套间、双床间、单人间等）。区分的标准在于房间的大小、位置、景观、家具以及舒适程度。酒店的房价是根据酒店的客源市场划分的。有关客源市场，具体可见之后要介绍的"市场代码（Market Code）"。

这些价格代码也并不是一成不变的，而是根据市场情况及时调整。例如，可以通过调整客源结构提高收益，如某临近苏州新区的经济型酒店，原协议客户比例高达60%，因为协议价比门市价低40元，所以居高不下的协议客户严重影响了收益，而比例较低的上门散客，也在一定程度上影响了酒店收入。于是酒店进行了一次调整。协议客户由原来60%减少到43%，上门散客由原来的15%增加到了23%，中央预订由原来的5%调整到了9%，会员客人由原来的20%调整到了25%。调整后一年多收入25.22万元。

酒店在给房间定价时，也可以根据房间的位置不同等，把相同房型的房价差异化。若房间窗外景色优美，可以做成景观房，可以稍高价出售。如锦江之星重庆鹅岭公园店有56间江景房，面向长江，因为不沿马路，白天非常安静，晚上可以眺望美丽的山城夜景。每个来住过的客人，都选择江景房，而不愿住价格一样、声音嘈杂的沿马路的房间。可以通过调节房价的方法来解决这个问题，即把江景房的价格提高10~20元。

（4）几个特殊的价格代码。酒店除了上述提到的常用价格代码，还有几个常用的特殊的价格代码。

①免费房（Complimentary Use）。免费房不包括婚房（婚房本质上不是免费房，只是婚宴的打包产品之一）。酒店必须严格规定免费房的签发权限，例如只有总经理、销售总监有权签发免费房，其他任何人均无权使用免费房等。免费房超过期限，应及时联系签发人，确认是否让其继续延住。免费房房费全免，但其他费用自理。对其他需自理的费用，需收取一定的定金，如200元/间夜（婚房1000元/间夜）等。其他登记入住手续与散客一致。

②酒店内部用房（HOUSE USE），即酒店内部工作人员入住客房，这是一种特殊的

酒店免费房。免去入住登记手续，但应在电脑中输入员工姓名。只有总经理室成员才有权签发内部用房通知单，前台员工不可为任何人开内部用房。当日酒店总值班可使用内部用房。

③日用房（Day Use）。日用房是指客人在同一天登记和退房的房间。日用房的客人按照普通客人的登记程序进行，但必须在电脑内留言：当日用房。客人客史连同离店日期必须按规定的时间要求及时输入完毕，例如在客人入住的15分钟内等。日用房的房价按各酒店的房价政策而定。事先在系统里设置日用房房价代码。定金政策与其他散客一致。客人退房后立即通知客房部打扫，以便房间再次出售。

3. 用于营销统计的几个必填项目

（1）预订类型（Reservation Type）。预订有许多方式，通常分为有担保预订和无担保预订。所谓有担保预订（Guaranteed Reservation，GTD）是指向客人保证酒店将预留房间直至客人计划抵店当天的某个时间为止。这个时间可能是规定的离店时间，或酒店新的一天的起始时间（前厅审计完成之时），或是酒店管理公司自行决定的时间。客人方面保证支付预订客房的房租，即使最后没有使用也同样支付，除非根据酒店取消程序作了取消预订。有担保预订确保了酒店的营业收入，即使订了房的客人没取消预订或者没抵店

图 3-11 预订类型 Reservation Type 界面

入住。有担保预订可以分成预付款、信用卡、预付定金、旅行社、收费凭证或多项费用汇款、公司有担保预订等（图3-11）。

对有担保预订房，还需要以下资料：

①信用卡信息。这包括信用卡种类、号码、有效期、持卡人姓名。在线订房系统可能会接通信用卡自动验证系统来获取信用卡信息。

②预付款或定金信息。这个信息来自于客人与酒店之间的合约，规定客人在一定时间前要向酒店缴纳定金。

③公司或旅行社账务信息。这包括订房公司的名称及地址、订房人姓名、经酒店认定的公司或旅行社账号。

对保证类订房，要注意提示一些有担保预订的要点。客人应该知道他们的客房会保留至他们计划抵店时刻以后的某个时间。客人也必须知道如果他们未能在这一时间前取消订房，就会丧失已支付的定金。

无担保预订是指酒店同意为来客保留客房至某个规定的时间（通常是18:00）。这

类预订不能保证酒店因客人未抵店又未取消而收取费用。如果客人在规定时间前未能到达，酒店可以把预留房出租，就是说把预留房纳入可租房之列。如果事后客人到了酒店，酒店可根据可租房情况予以安排。按照国际惯例，没有预付定金的预订只保留到18:00，超过18:00就代表自动取消。因此，每天18:00要做一次清理，把保留到18:00而未到的预订取消。对于18:00以后到达的客人，要密切关注，保持联系。18:00以后的预订，一定要按时清理，以免错失出售的良机，一般来说，对晚于18:00抵达的客人，不再做进一步的保留。

实际操作中，如果生意好，基本客满的情况下，可以拒绝没有支付保证金的预订，除非客人有特殊情况，如飞机晚点、航班在21:00以后到达、长途汽车晚点等。如果客人21:00仍未出现（No Show），酒店就有可能蒙受损失。超过预订时间的话，客人要支付保证金。大批量预订一定要预付保证金。

（2）市场代码（Market Code）。市场代码是用来对酒店客户进行分类的代码，其目的在于酒店能够更好地把握客人需求。在Opera PMS系统中，对客源市场首先分为市场大类（Market Group），再分为具体的"市场代码（Market Code）"，如表3-2所示。

表3-2 客源市场分类

市场大类 （Market Group）	市场代码 （Market Code）	具体描述 （Description）
旅行类（Travel，TRA）	LR	休闲散客（Leisure Rack）
	LD	休闲折扣价（Leisure Discount）
	LP	休闲包价（Leisure Package）
	LW	休闲批发（Leisure Wholesale）
公司（COR）	CN	无合约公司（Corporate Non-Contract）
	CC	有合约公司（Corporate Contract）
	CI	国际公司（Corporate International）
团队（GRO）	GV	政府团（Government Group）
	GD	国内团队（Group Domestic）
	GI	境外团队（Group Inbound）
	CV	会议团队（Convention Group）
	AC	机组团队（Air Crew）
免费房（CMP）	CO	免费房（Complimentary Use）
	HU	内部用房（House Use）
宴会（BAN）	WED	婚宴（Wedding Feast）
	SCO	社会宴请（Social Banquet）

（3）客人的预订来源（Source）。这是用来对酒店客户来源进行分类的代码，其目的在于酒店能够更好地把握客人需求。在 Opera PMS 系统中，对客人的来源首先分为来源大类（Source Group），再分为具体的"来源代码（Source Code）"，如表3-3所示。

表3-3 客源市场分类

来源大类（Source Group）	市场代码（Source Code）	具体描述（Description）
直接预订（DI）	GD	散客直接预订（Guest Direct）
	CD	公司直接预订（Company Direct）
	WI	门市客（Walk In）
旅行社（TA）	TD	国内旅行社（T/Agent Domestic）
	TI	国际旅行社（T/Agent International）
	IN	境内运营商（Inbound Operator）
HT（酒店）	SL	销售部（Sales Office）
	CT	宴会部（Catering Office）

（4）订房方式（Origin）。客人的订房方式有很多种：中心订房系统（如连锁酒店集团预订网、非连锁酒店集团预订网、世界一流酒店组织、Preferred hotel、Distinguished hotel 等）、全球分销系统（Sabre、Galileo International、Amadeous、World Span 等）、多项销售代理商、酒店直接订房（电话、邮件、电报和传真等）、互联网（图3-12）。

（5）付款方式（Payment Methods）。无论客人打算采用现金还是支票、信用卡或其他可以接受的某种方式付款，酒店都应该采取防范措施以确保付款的最终实现（图3-13）。结账的效率取决于入住登记阶段确定的客人付款方式，在入住登记时，确定的结账方法和核准的信用额度会大大减少结账时出现未经认可的结账授权以及随后发生的欠款收回等问题。

图3-12 订房方式（Origin）界面　　图3-13 付款方式（Payment Methods）界面

3. 其他一些重要按钮

（1）打折金额（Discount Amount，Disc. Amt.）。酒店对给客人房价打折都有很严格的规定。一般来说，酒店中有权为客人打折的人员有销售部、前厅经理、大堂经理等。在打折对话框中，除了在"打折金额（Disc. Amt.）"中输入具体的打折金额，而且一定要在"Discount Reason"中输入"打折理由"（图3-14）。

（2）特殊要求（Special Code Values）。指客人本次入住的特殊要求，如客人要提前抵店（Early Arrival）、在住店期间要送红酒（Red Wine）、送巧克力（Chocolate）等，如图3-15所示。客史中的Preferences中的Specials会自动与该功能保持同步。一

图3-14 打折理由（Discount Reason）界面

般来说，客史中的Specials是客人相对永久的喜好，如不吸烟，需要酒店在客人每次入住时都需要注意的。但是预订界面中新的Specials，则需要根据具体情况分析，是否是客人相对永久的信息还是此次预订才有的一次性要求，如此次入住要求送玫瑰花。如果是相对永久性的喜好，则可以根据系统提示，同步到客史中的喜好中。

图3-15 特殊要求（Special Code Values）界面

（3）备注（Comments）。"Comments"指客人本次入住的备注说明，如说明客人支付定金用的是美元等。在该界面上，可以对备注进行新建、修改、删除等操作，如图3-16所示。

图 3-16　备注（Comments）界面

（4）Packages（套餐），指包含在房价中的其他费用，如早餐、洗衣、上网等。如图 3-17 所示，除了对应的价格代码中包含项目外，也可以手工添加，即点击 Packages 旁边的下拉箭头。

图 3-17　套餐（Packages）界面

（二）预订界面上的选项功能

预订界面上的选项中有很多功能，如图 3-18 所示。下面将介绍一些预订过程中经常会用到的功能按钮。

1. 二人合住一房（Share）

在"合住（Share）"界面（图 3-19），"Entire"指把两人的房费合并到一个人的身上；"Split"指房费由两人均摊；"Full"指两人都付全价房费；"Combine"把两人合并到一间房间;"Break Shr."指要把合住的两人分开来。一般"合住(Share)"的客人的界面上会有"星号(*)"提示。

在接待合住的客人时,需要注意以下事项:

(1)房费由一人支付,在输入电脑中切记另一人的房费为0。

(2)登记手续与普通登记手续相同,但需注意房费输入的准确性。第一位客人入住时一定要先付定金。

(3)若两位不是同时入住,第二位客人要合住时,需征得第一位客人的同意,方可办理入住手续。否则,不可安排。

(4)其他入住手续与散客入住相同。

(5)结账时,也要记得给合住的客人结账。

图 3-18 预订选项(Reservation Options)界面

第一步:打开刘红女士的预订界面,在 Options 中选择 Share。第二步:进入 Share 界面后,在右下角点击"Combine",选择需要合住的客人,确认即可点击"OK"。如图 3-19 所示。

图 3-19 两人合住一房(Share)界面

2. 聚会预订 Party

"聚会预订（Party）"指多位散客（一般 2~7 位散客一同住店），预订者申请了多房间的预订，但预订时并未确认每个房间的客人姓名，或者还来不及指明其关系，暂时以预订者的名义记录预订。等各位客人确认或入住时，再分别形成独立的预订。这些客人之间必然存在某种关系，比如亲友、商务、会议等。

假设刘红女士想邀请张艺、李而、王珊三位女士共度周末，那么在 Opera PMS 系统中预订界面做"聚会预订（Party）"的步骤如下：

第一步：在刘红女士的预订界面（图 3-20），在"房间数（No. of Rms.）"中输入"4"，然后点击"选项（Options）"中的"聚会按钮（Party）"按钮。

图 3-20　聚会预订（Party）第一步

第二步：在"聚会预订（Party）"界面（图 3-21），点击右上角的"全部分开（Split All）"，则之前预订的 4 间房立刻分成 4 个独立的预订，但同时生成了一个"聚会预订（Party）"号，这也说明"聚会预订（Party）"做好了。有了该号码，就可以在"更新预订（Update Reservation）"中查找到这 4 间房。另外，可以点中这 4 个预订中的任何一个，然后点击右边的"预订（Resv.）"按钮，就可以直接进入其预订界面，进行修改客人名字等操作。

图 3-21　聚会预订（Party）第二步

第三步：查找"聚会预订（Party）"。打开"更新预订（Update Reservation）"界面，在黄色搜索区域的"聚会预订（Party）"中输入"Party号"，然后点击"查找（Search）"，即同时出现4间房，如图3-22所示。

图 3-22　聚会预订（Party）第三步

第四步：在图3-22中，点中任何一个预订，然后点击右下角"客史（Profile）"，打开后，就可以更改客人的姓名。但要注意的是，更改客人姓名时，一定要在"客史（Profile）"界面，点击"新建（New）"按钮，才能成功更改客人姓名。

3. 分账（Routing）

客人在住店期间可能会产生许多不同类型的费用，如餐费、房费、洗衣费等。很多客人出于各种原因，会有多种不同的支付方法。如商务出差客人，通常住宿费由公司支付，而餐费与洗衣费则由个人自付。为了便捷高效地完成结账，在客人预订时，预订员便可根据客人要求在 Opera 系统上进行分账处理。

分账是指客账由公司、旅行社或团队假房支付，不需要由客人自己支付房账等费用。分账有两种方式，一种是"窗口分账（Window Routing）"，即客账由其所在公司或旅行社支付；另一种是"房间分账（Room Routing）"，即一个房间的客账由另一个房间支付，一般团队中使用较多，即客账由其所在的团队假房支付，这会在本章第三节中具体讲。

例如，之前做过预订的刘红女士的房费餐费以及电话费将由其所在的美国航空公司（American Airlines）支付且公司担保预订，其他费用自付。具体步骤如下：

第一步：在刘红女士的客史（Profile）中要建好和美国航空公司的雇员和雇主的"关联（Relationship）"（相关内容可参加第二章，这里不再重复）。

第二步：在刘红女士的预订界面，右上角"公司（Company）"中输入美国航空公司的英文"American Airlines"，然后点击右下角的"选项（Options）"按钮，打开"分账（Routing）"的界面，如图 3-23 所示。在该界面上，选择"窗口转账（Window Routing）"，然后在"名（Name）"中右边下拉箭头中选择"American Airlines"，"交易

图 3-23 转账的过程

（Transaction）"中选择"房费和电话费"的代码。"Window No.2"表示公司支付的界面会在客账的结账页面的第二个窗口显示。最后点击"OK"即可。

第三步：若客账所在的公司与酒店是有协议价的，那么还要在客账的预订界面上把"价格代码（Rate Code）"上改成酒店与公司之间签订的协议价。

4. 随行人员（Accompanying）

很多重要客人，如著名影星、政界要人，出行时都会带上随行人员。那么随行人员就可以在"随行人员（Accompanying）"界面上进行设置，如图 3-24 所示。

图 3-24　随行客人（Accompanying Guests）界面

5. 复制预订（Add On）

"Add On"是复制预订，其作用是在现有预订记录基础上再生成一个新的预订。常见的情形是另一个客人的预订信息与当前客人的信息雷同，或者当前客人在离店后的某个日期段会再度返回并下榻本酒店，如过境旅客。在复制预订界面上，可对支付方式、特殊要求、转账方式、备注等进行选择，如图 3-25 所示。

图 3-25　复制预订（Add On）界面

6. 旅行社/公司（Agent/Company）

这是指客人所在的旅行社或公司。如刘红女士是美国航空公司的员工，那么在该界面就会显示客人所在的公司，如图 3-26 所示。

图 3-26　旅行社/公司（Agent/Company）界面

7. 提示（Alerts）

"提示（Alerts）"是指客人预订、办理入住、结账时需要让员工知晓的事项，例如该客人抵达时要告诉总经理；该客人是重要客人，入住时要员工引领进客房等，如图 3-27 所示。

图 3-27　提示（Alerts）界面

8. 取消预订（Cancel）

当客人因计划改变、天气原因等原因，取消预订时，就可在该界面办理（图 3-28）。

图 3-28　取消预订（Cancel）界面

9. 变更记录（Changes）

在"变更记录（Changes）"界面（图3-29），用于记录和跟踪员工操作内容。这一般有一定级别的员工才有权限看到。

图3-29 变更记录（Changes）界面

10. 确认信（Confirmations）

当客人做好预订后，就可以在"确认信（Confirmations）"界面上进行设置，如图3-30所示，点击"发送（Send）"按钮，系统就会自动把确认信发送至客人的邮箱。

图3-30 确认信（Confirmation）界面

11. 客人的住店记录（History）

在"客人的住店记录（History）"界面（图3-31），可以查询到该客人所有的入住记录（包括每次住店的抵离日期、房型、房价和房号等）和每次入住时给酒店带来的收益。

图 3-31　客人住店记录（History）界面

12. 客房（Housekeeping）

在"客房（Housekeeping）"界面，可以输入客人对房间的要求，还可以在该界面注明该客人是否需要"开夜床（Turndown）"服务，如图 3-32 所示。

图 3-32　客房（Housekeeping）界面

13. 包价（Package Option）

包价（Package Option）指客人的房价除房费外，是否包含其他服务内容，如含早餐等，如图 3-33 所示。

14. 优先权（Privileges）

在"优先权（Privileges）"界面（图 3-34），可以有勾选"是否可以转账"等。其中较常用的功能是否要"预约提前结账离店",若需要的话,可以注明预约几点结账离店。若勾选的话,则在客人结账界面上会显示,在本书第五章"结账"模块中还有说明。

15. 清扫房间排队顺序(Queue)

在"清扫房间排队顺序(Queue)"界面(图 3-35),可以给需要清扫的房间按轻重缓急进行排队,客房部将根据这个顺序安排打扫。在第六章"客房管理"模块中还有说明。

图 3-33　包价(Package Option)界面

图 3-34　优先权(Privileges)界面

图 3-35　清扫房间排队顺序(Queue)界面

16. 房价信息(Rate Info.)

在"房价信息(Rate Info.)"界面(图 3-36),可以看到客人房间的房价信息,是否有包价,总体产生的收益等。

图 3-36　房价信息（Rate Info.）界面

17. 预约等候名单（Waitlist）

由于并非每次客人预订房间，酒店都能满足其要求，如在满房日或客人要求的某种房型已满的情况下。这样可以把要求入住的客人安排在"预约等候名单（Waitlist）"（图3-37）上，一有满足客人要求的房间，就立刻通知客人。"预约等候名单（Waitlist）"按钮的功能是把未成功订房的预订变成预约等候的状态。

图 3-37　预约等候名单（Waitlist）界面

二、更新预订（Update Reservation）

在"更新预订（Update Reservation）"界面（图3-38），可以查询预订、更新预订、取消预订、确认预订、生成报表等功能。查询预订的功能可查询客人的抵达日期、所需房间类型与房间数、间夜数、价格代码、人数等多个信息。Opera有多种方式可查询客史（即客人信息），如可输入姓名或姓，或通过预订的旅行社等。这里值得一提的是Opera的模糊查询，如忘记客人姓名，则可在"姓（Name）"中输入%，就会出现所有客人信息，或"%+姓"，如姓"张"的客人，则在搜索界面中会出现酒店中全部姓

"张"的客人。

更新预订的功能是指若客人需要更改预订的某些要求，则可在查到客人预订后，点击右下角"编辑（Edit）"进行编辑修改客人的信息，如客人的姓名和地址、抵达时间和日期、间夜数、人数、预订级别、客人的特殊服务要求等。

取消预订是指当客人在遇到天气问题，造成计划更改等情况时要取消订房，则确认编号、保证金或预付费用要求；初始预订更新，即再确认、修改或取消；取消预订条款。

生成的报表包括预订事务记录；预计抵达和离开报表；代理佣金报表；预订拒绝统计报表等。

图 3-38　更新预订（Update Reservation）界面

三、等候名单（Waitlist）

预订模块的"等候名单（Waitlist）"子模块界面（图 3-39），可以查看所有的等候名单，也可以查看到某个等候名单的原始预订界面；可以点击右下角"接受预订（Accept Res.）"把一个等候的预订变为一个有效的预订；若实在无房，也可以取消这个预订；或者为了给客人提供住宿，更改一些预订要求，如房型等。

图 3-39 等候名单（Waitlist）界面

四、预订员需掌握几个快捷键及每日需打印的报表

（一）预订员需掌握的几个快捷键

（1）Ctrl+F4：快捷界面（Dashboard）界面，可以搜索、预订、新建客史等。

（2）Ctrl+F2：可卖房情况（Det.Avail）界面，可以显示每个房型在未来几天的可卖房情况。

（3）Shift+F2：控制面板（Ctrl. Panel）。

（4）F5/F7：房价查询（Rate Query）。

（二）预订员每日需打印的报表

1. 早班

（1）确定/未确定报表。

（2）出租率查询报表。

（3）失约客人（No Show）报表。

（4）取消预订报表（按日期查询）。

2. 日班

酒店预订报表（按姓名查询）。

3. 晚班

（1）第二天接机报表。

（2）酒店预订报表。

（3）客人特殊要求报表。

4. 中班

（1）升级销售（Up-selling）报表。

（2）第二天酒店预订报表（按姓名查询）。

（3）第二天预订分析报表（散客）。

小资料

预订员接听预订电话流程

在一般的高星级酒店中，预订员在接听预订电话时，除了按客人要求介绍合适房型外，还可以适当地根据客人要求对酒店的房间进行促销。

1. 礼貌问候

（1）电话铃响三声内接听电话。

（2）接听电话用敬语。

（3）英文用语：Good Morning/afternoon/evening, reservation center.How may I help you？

2. 询问客人预订

（1）询问客人姓名。

（2）询问抵店／离店日期。

（3）询问预订到达时间。

（4）询问公司／旅行社名称。

（5）询问预订客房类型。

（6）询问特殊要求。

（7）询问来电者姓名和联系方法。

3. 报价和促销

（1）多重报价，让客人选择房型。

（2）向客人说明各房间类型的特点以及相关的优惠条件。

（3）根据客人住店天数、心理价位和酒店平均房价、出租率给予适当折扣。

（4）说明预订保留时间。

4. 填写预订单

（1）客人信息要完全、清楚。

（2）须注明特殊要求。

（3）一定要填写联系电话。

5. 结束语

（1）结束语要礼貌、自然。

（2）英语用语：Thank you for your calling/booking.I wish you a pleasant stay with us.

6. 预订输入

（1）信息输入要正确。

（2）特殊要求需注明。

（3）输入信息需自查。

7. 预订确认

（1）电脑确认前需自查。

（2）预订确认必须在收到预订传真/电话2小时内完成。

8. 预订归档按日期按月份

（1）转账、特殊房价和VIP客人必须交接前台。

（2）交接必须要签收。

9. 预订检查

（1）第二天预订须由专人当日检查。

（2）当天预订交同事进行复查。

（3）错误输入必须告知当事人。

（4）每天例会须总结。

——资料来源：作者收集整理

第三节　团队（Blocks）

引 导 案 例

旅游团队的操作案例

客人电话预订，使用Opera系统完成旅游团队的预订工作。

资料：

团队名称：春秋旅行社CHQ-C-071228团，20人，女性8人，男性12人

客人名单：A、B、C、D、E、F、G、H、I、G、K、L、M、N、O、P、Q、R、S、T

房间：10个标准间，1间陪同房

抵离日期：6月3日入店，6月4日离店

用餐：在酒店用晚餐，晚上六点用餐（餐费标准30元/人）

陪同：张月（手机号：1391123537×）

付款方式：旅行社预付，支票结账。

要求：撤掉房间内小酒吧的饮料，关闭收费电视；早上6点叫早。

——资料来源：作者收集整理

一、团队预订要点

（一）预报团的锁房

（1）在有团队可供房的情况下，在电脑中建立团队客史。

（2）根据预报用房数进行最初的锁房。

（3）设定团队房价。

（二）客房保留时间及正式订单的处理

（1）将7天内抵店的团队用房进行清理，并联系旅行社传真团队正式计划书及团队名单。

（2）收到团队正式计划书，填写团队确认单并传真至旅行社。

（3）填写团队预订单。

（4）在电脑中的最初锁房数调整至实际用房数，并进行房间分配。

（三）预付团队

（1）将预付款总额分别登记于白板与专用文件夹中，以作提示。

（2）在团队抵店前7天督促旅行社将预付款汇款凭证传真至酒店。

（3）汇款凭证、预订传真和团队确认书一并存档。

二、团队登记入住要点

（1）当班主管必须在团队预抵前2小时确认房间为干净房并准备完毕。员工必须确认所有的房间为干净房后，才能让客人入住。团队登记入住需在15分钟内完成。

（2）团队房间必须在团队预抵2小时前准备完毕。团队应尽量排在同一楼层、同一区域。特别要避免两个团队安排在同一楼层、同一区域。

（3）团队抵达后，及时复印团队名单给礼宾部送行李。任何有关付费方面的疑问，必须在客人入住之前确认。

（4）团队登记必须高效专业。事先准备好装有团队房间钥匙和团队信息单的信封，将信封、登记卡以及团队预抵报表放在一起。若没有到达时间，必须在早上10点前做好一切房间安排准备（房号事先通知客房部）。

（5）如果房间有变动必须立刻通知礼宾部，保证行李的准确发送。必须保证排给团队的房间是已清扫房。若排房时为未清扫房，必须用笔在房号旁注明为脏房。当班主管随时关心，一旦变干净，立即将记号去除。团队抵达前，当班主管必须再检查一遍，团队的用房必须是已清扫的。

（6）必须与领队或陪同先确认下列信息：客房数量、房型、人数、居住时间、用餐安排地点及时间、叫早时间（每天）、撤行李时间和离店时间。一经确认，需由领队或陪同在团队名单上签字，酒店前台接待员才能将钥匙交与领队。（有地陪的，需由其缴消费押金；无地陪的，需由领队缴纳）。任何房号的变更，必须及时通知礼宾部、客房部。

（7）陪同与司机要准备餐券，团队成员凭钥匙就餐。团队成员不发房卡。客人对房间有特殊要求，如加床等，必须事先通知客房部，保证在客人入住前得到安排。

（8）收取团队领队转交的旅行社凭证，如有任何特殊要求必须立刻落实。例如，住宿日期超过一天的团队，应该每天确认次日的早餐和叫早时间。每天夜班接待员应检查所有入住团队的各项安排情况。

（9）如果有付款凭证必须复印放入团队信息夹中，以便团队结账时备用。将付款凭证原稿交给财务部收账。若团队入住时，发生入住日期与房间的变化，须及时通知销售部，得到同意后方可安排。

（10）保证登记信息准确，特别是境外团队的信息。

（11）将团队在电脑内登记，将一份团队房间名单放入团队登记单，并给团队领队复印没有房间价格的团队房间名单。

（12）将团体店内信息单和团队名单发给礼宾部负责送行李，发给服务中心负责团队叫早，发给餐饮部安排早餐。

三、团队结账要点

（1）团队结账以前，当班主管应整理并检查所有团队资料，核对付账方式，保证团队账单及所有客人散账必须准确无误地在团队离店前结清。

（2）保证总账单所有账目准确无误，并与团队预订单总额一致。

（3）有时由于某些原因总账不平，根据预订单做相应调整。

（4）如果所有费用都由团队领队、公司或旅行社结账，要将所有费用转到总账账单中。

（5）打印总账账单和客人散费账单。

（6）请团队领队确认总账账单并签字。

（7）如果团队散费由客人自付，可以按照普通客人结账程序进行。已付费的散账需及时从系统中去除。

（8）客人散费账单都结账后，将总账账单结账。如果有客人未结散费，必须通知团队领队。请团队领队通知客人结账。注意点清收回的钥匙总数是否有短缺，请领队协助收回短缺的钥匙。

（9）总账账单和相关凭证必须订在一起，做好收银报告后上交财务部。

（10）若团队结账中散客账有争议，请大堂副理协助解决。任何总账单付账方式的变更，必须得到销售部的认可，并在事后补书面变更单。

四、团队常用报表

（1）酒店团队客人报表（按房间分）（Group In-House by Room）。

（2）团队留言报表（Block Traces）。

（3）团队房号表（Group Rooming List）。

（4）实到团队报表（Actual Business Block）。

（5）团队预订记录（Booking Pace）。

（6）商务团队报表（按区域分）（Business Block List by Region）。

五、团队操作基本步骤

新建团队（Block）→ 占房（Grid）→ 预订（Reservation）→ 做PM假房 →P房（Room Listing）→ 分配房间（Room Assign）→ 整团办理入住登记（Check In Group）→ Check Out。

第一步：新建团队。打开"预订（Reservations）"界面，选择"团队（Block）"（该团队界面俗称"团脸"）。在团队搜索界面，直接点击"新建（New）"按钮（在该界面，也可以输入团队名称或团队号等查找现有团队），如图3-40所示。

图 3-40 团队搜索（Business Block）界面

第二步：填写团名、抵离日期、客源等相关信息，注意此时的状态为"暂时状态（Pending）"。完成填写后进行"保存（SAVE），系统会自动生成团队代码（Block Code）和团队号（Block ID，如图 3-41 所示）。

价格代码（Rate Code）应与市场（Markets）对应。提前约定日期（Cutoff Date）是指酒店给旅行社（Agent）或来源地（Source）等配额后，约定必须明确需求的提前量，要么指定某个日期，要么指定提前天数，作为预订申请的最后通牒时间点。Print Rate 表示是否打印房价。Suppress Rate 表示是否显示房价。Elastic 表示是否有弹性（这个一定要选，便于以后团队入住后改房间）。

值得注意的是，该界面中有两个联系人（Owner），第一个联系人（Owner），俗称"大 Owner"，指负责这个团队的销售经理，尤其指接到这单生意的销售经理；第二个联系人（Owner），俗称"小 Owner"，负责协助"大 Owner"完成该团队在酒店内的入住、用房等服务，一般"大 Owner"的级别要比"小 Owner"要高。在大酒店中，这两个联系人（Owner）可能是两个人，但在规模小的酒店中，这两个联系人（Owner）常为一个人。

图 3-41 团队（Business Block）界面

第三步：先把"团队状态（Status）"从"询价（INQ）"改为"暂时（Tentative）"状态，然后点击"Grid"进行占房。

在"占房（Grid）"界面（图 3-42），先点击下方的"优先排列（Priorities）"，可以选择将所需要的房型排在首位，然后点击"排列（Range）"，输入所需房间数，点击"OK"按钮即可。

图 3-42 占房（Grid）界面

第三章 预订（Reservations）模块

第四步：在团队（Block）界面改变"团队状态（Status）"为"确认状态（DEF.）"，并进行"保存（Save）"，如图3-43。

图3-43 团队（Business Block）第四步

第五步：在图3-44，点击"预订（Resv.）"，弹出是否建立假房，选择"YES"按钮，进入团队预订界面。

图3-44 建立假房

第六步：在团队预订界面，点击"团队选项（Group Opt.）"按钮，选择"房间列表（Room Listing）"进行分房（图3-45）。

图 3-45 预订列表（Reservation List）界面

第七步：进入"团队房间列表（Group Room Listing）"界面（图 3-46）后点击"快速分房（Quick Split）"进行分房。分房后，可双击客人的信息条，修改团队客人的姓名、性别等个人信息，并确认付款方式为支票（Check），然后点击"合住（Share）"按钮，确保一间房间住两位客人。在"合住（Share）"时，注意把房费"Entire"到一位客人上。

图 3-46 团队分房（Group Rooming List）界面

第八步：在图 3-45，进行 P 房，点击"排房（Room Assign）"，进入"排房（Room Assign）"界面（图 3-47），点击"开始（Start）"进行自动"P 房"。由于系统自动排房，同一个团队的客人可能会被分到不同的楼层，这样排房员可以进入到每一位客人的预订界面进行手动排房。

图 3-47　自动分房（Automatic Room Assignment）界面

第九步：把客人的房费转到假房，再把假房的房费转到旅行社。

在图 3-48，任意选择一位团队客人的信息条，点击"选项（Options）"按钮，选择"房间分账（Room Routing）"，在"Route to Room"选择转到该团队的假房，然后在"交易代码（Transaction）"中选择房费代码，点击"OK"按钮即可，如图 3-49 所示。并把此功能应用于所有的团队客人，把团队的所有客人的房费都转到团队的假房上。

图 3-48　团队客人转账界面

此后还需在假房的"选项（Options）"上选择"分账（Routing）"进行"窗口分账（Windows Routing）"，将假房的账转到公司账上。

图 3-49　团队客人转账界面

第十步：在团队（Block）界面（图 3-50），点击"选项（Option）"，选择"备注（Notes）"，将预订相关信息进行备注，如团队的餐费要求等，如图 3-50 所示。

图 3-50　团队备注（Business Block Notes）界面

第十一步：办理入住登记手续（Check In）。在图 3-51，"团队选项（Group Opt）"中，点击"团队入住（Check In Group）"进行操作，如图 3-51 所示。也可从前台（Front Desk）中选择当天抵店（Arrival）进入，一个个办理入住登记手续（Check In）。

图 3-51 团队入住（Check In Group）界面

第十二步：办理结账离店手续（Check Out）。在"收银（Cashiering）"，选择"结账（Billing）"，进入住店客人查询界面，输入团队号，即可找出整个团队，如图 3-52 所示。然后点击每位客人的信息条，点击右下角的"结账（Check Out）"按钮，如图 3-53 所示。要先结清客人的房账，团队所有客人的房账转到假房后，最后结清假房的房账。

图 3-52 团队结账界面

图 3-53 结账（Billing）界面

❓ 练习题

预订部分

1. 查询酒店下周一豪华大床房间、不吸烟房的可用房情况。列出你要用的快捷键。

提示：在练习中，会用到以下功能按钮：

（1）Checking Availability

（2）Rate Query

2. 列出明天酒店承办的宴会名单，并列出你要用的快捷键。

提示：在练习中，会用到以下功能按钮：Control Panel

3. 给你喜爱的影星做一个客房预订。他/她以 HP 公司的协议价住三个晚上，HP 公司将支付所有的房费。这位客人需要一个 VCD 播放机（VCD 播放机的租金每晚 20 元）。

提示：在练习中，会用到以下功能按钮：

（1）New Reservation

（2）Negotiated Rates

（3）Window Routing

（4）Fixed Charges

4. 为客人建立预订，刘艺小姐来自沈阳，王小尔小姐来自上海，两人同住一间高级双床房，两夜，使用门市价，无担保预订，房费两个人平均分摊，要求显示在各自的预订中。

85

提示：在练习中，会用到以下功能按钮：

（1）New Reservation

（2）Shares

5. 客人名为刘然先生，在哈尔滨工作，预订一间高级大床房，一晚，使用门市价。客人吸烟，五分钟后，客人又帮同事刘强先生预订了一间高级大床房，一晚，同样使用门市价。两人乘同一航班达到本市，到店时间为15：00。

提示：在练习中，会用到以下功能按钮：

（1）New Reservation

（2）Add On

6. 总经理批准为一位有特殊贡献的化学家提供免费高级双床房，客人名字为王知先生，上海人，一个间夜，其他费用自付。

提示：在练习中，会用到以下功能按钮：

（1）New Reservation

（2）Rate Code（Complimentary）

（3）Comments

7. 为客人唐果小姐预订一间大床房，上海人，一夜，门市价，使用日本JCB信用担保预订，卡号为3568 2901 3106 2677，有效期为12/15，由于出租率很高，现为客人免费升级到套间。

提示：在练习中，会用到以下功能按钮：

（1）New Reservation

（2）Room Type 与 RTC

（3）Credit Cards

8. 客人王静如预订一间大床房，香港人，一个间夜，门市价。现为客人升级销售（Upsell）房间到套房。

提示：在练习中，会用到以下功能按钮：

（1）New Reservation

（2）Room Type 与 RTC

9. Helene Sera女士来自意大利，欲约请中国的老朋友张一女士等三位朋友一起来本店度周末，时间为下周五到达，周日离开。共需4间高级大床房。无担保预订。

提示：在练习中，会用到以下功能按钮：

（1）New Reservation

（2）Party

（3）Profile

团队部分

10. 给大上海国际旅行社新建一个团队预订。这个团队打算住两个晚上，要10间客房。

提示：在练习中，会用到以下功能按钮：

（1）Block Search

（2）Block Header

（3）Block Grid

11. 客人电话预订，使用 Opera 系统完成会议团队的预订工作。

资料：

会议名称：上海陆家嘴金融论坛，10人，女性4人，男性6人

与会者名单：A官员　B官员　C官员　D教授　E教授　F行长　G行长　H行长　I教授　G官员

房间：3个套房，7个豪华大床间

抵离日期：4月18日入店，4月20日离店

用餐：午餐：海上皇宫，2桌，标准200元/人

晚餐：帝王厅，2桌，标准300元/人

付款方式：会议公司支票结账。

会议公司联系人：张鸣，手机：1391123587×

12. 使用 Opera 系统完成上述会议团队入住登记手续。

13. 使用 Opera 系统完成上述会议团队的结账离店手续。

该会议团队消费项目包括：

房费：套房1200元/间夜，大床间996元/间夜，共2天

餐费：18日晚餐，19日午餐和晚餐，20日午餐

会议室：4000元/间夜，共2天

其他消费：20000元

由会展公司统一结账。

第四章 前台（Front Desk）模块

本章导读 本章首先介绍了前台办理入住登记手续的基本步骤，然后详细介绍了前台模块的功能按键。散客是酒店客源的重要组成部分，如何为散客提供优质服务直接关系到酒店的经济效益。通过本章的学习，掌握为散客办理入住登记手续的基本要求，掌握 Opera PMS 中前台部分的功能按键，有助于进一步做好服务工作。

知识和能力目标

1. 了解散客入住的操作流程。
2. 理解和掌握前台模块的基本功能。
3. 能够搜索即将抵达客人的信息。
4. 能够为有预订或无预订客人办理入住登记手续。
5. 能够为住店客人提供留言、叫醒、换房等服务。

第一节　办理入住登记的基本步骤

上章在为客人办理了预订之后，客人在 2019 年 3 月 6 日就抵达酒店了，刘红女士到前台登记入住。在为客人办理入住手续时，前台接待员应明确以下步骤：

（1）客人到达时，前台接待员应面带微笑，主动问候。在知道客人姓名后，一定要多次称呼客人姓名，不要再称呼先生 / 小姐。

（2）根据客人信息，在电脑中查找预订，并将预订内容与客人再次确认房价、房型、抵离日期及付款方式。

（3）根据客人要求与酒店当时可供房情况，选择合适的客房。

（4）将客人证件在公安电脑（PSB–Public Security Bureau）中扫描，扫描后再输入 Opera 系统。

（5）与客人确认支付方式。若以现金方式支付，押金比例按酒店规定收取。若用信用卡，国外卡可在 Opera 系统中直接刷卡，国内卡需在压卡机上压卡，并请客人签字。

（6）迅速填写房卡及准备钥匙。

（7）向新入住客人介绍电子门锁的使用方法。

（8）若无行李员，客人又携带行李，询问客人是否需要行李服务。

（9）指明电梯方向，并祝客人入住愉快。

（10）输完电脑后将其中一联插入账夹。

在明确前面的步骤后，让我们来看看在 Opera PMS 系统中是如何做到这些的吧。

前台办理入住登记的基本步骤包括：

第一步：查找客人的预订信息。由于前台接待员一般无权看到"预订（Reservations）"界面，所以只能在"前台（Front Desk）"中查找客人的信息。点击界面左上角的"Arrivals"（可查询当日抵店客人的信息）后即出现如图 4–1 所示的界面，输入客人的姓名或预订号等，点击右上角"搜索（Search）"按钮即可。当输入的查询信息准确无误时，所需查找的客人信息也就显示出来。确认是该客人时，点击该界面右下角的"入住登记单（Reg. Card）"按钮，点击该按钮并打印，核实客人的姓名、抵离店日期、预订的房型、房价、付款方式等。准确无误后，请客人在入住预订单上签字。

第四章 前台（Front Desk）模块

图 4-1 当日抵店客人（Arrivals）界面

第二步：收取定金。点击预订界面右下角"选项（Options）"中的"定金（Deposit）"，之后出现如图 4-2 所示的界面。点击右上角的"新建（New）"按钮，会出现中间的小对话框。将小对话框中的信息填好后，点击"OK"按钮。

图 4-2 收取定金流程二

点击"OK"按钮后即出现如图 4-3 所示的界面。这时在上半部的红框内出现数值，而下半部的红框内无数值显示，表明押金未入账，就需要点击界面右边的"付款（Payment）"按钮。点击"付款（Payment）"按钮后，即出现收银（Cashier）界面，输入密码进入。进入后，即出现输入"Amount（金额）"的对话框。

图 4-3　收取定金流程三

点击"OK"按钮后即在界面下半部出现数值,点击右边的"查看(View)"按钮可进行预览,点击"收据(Receipt)"按钮可打印押金条。至此,收取定金这一步骤就做好了。

第三步:回到最初的"当日抵店客人(Arrivals)"界面(图 4-1),会发现左下角出现红色小方框"定金(Deposit)"即显示客人已付定金,点击"入住(Check In)"后即出现如图 4-4 所示的界面,此时需要做的就是安排房间。对于已预订的客人,酒店的排房员已经排好房,这时"房间(Room)"一栏会显示房号;对于未预订的客人,若客人选择的房型正好有而且处于干净状态,那么系统会自动显示房号,并在下部显示其他的可用房"(Available Rooms)";若无干净的空房,则需要根

图 4-4　可用房(Available Rooms Search)界面

据实际情况具体排房。

　　再点击"OK"按钮，则出现"刘成功入住（Liu Checked in successfully）"的小对话框（图4-5），这表明客人登记入住成功。

图4-5　"成功入住"对话框

第二节　前台模块的主要功能

　　Opera PMS中的前台模块为到达的和已入住的客户提供服务。此模块不仅可以处理个人客户、集团客户，以及未预约客户的入住服务，还设有房间分配、客户留言管理、叫醒服务、电话簿信息，以及部门间内部沟通跟进服务等功能。

　　该模块有8个子模块，分别是当日抵达客人（Arrivals）、排队预订（queue Reservations）、住店客人（In House Guests）、客人账户（Accounts）、排房（Room assignment）、留言（Messages）、部门间留言（Traces）、叫醒电话（Wake-up Calls）。接下来我们就介绍这八个部分。

一、当日抵达客人（Arrivals）

　　这部分的主要功能有查询当日抵店的客人、为当日抵店客人办理登记入住手续、可以编辑当日抵店客人的信息、为没有做预订的直接上门客人办理登记入住手续，如图4-6所示。

（一）查询当日抵店的客人

　　在图4-6的"姓（Name）"中输入"%"可查询到当日所有即将抵店的客人。若要查询一位客人，可直接输入客人的姓、名或预订号等进行查找。

图 4-6 当日抵店客人（Arrivals）界面

查找到客人后，可以点击该界面右下角的一些按钮，如点击"客史（Profile）"按钮就可以查看该客人的客史界面、点击"选项（Options）"按钮就可以直接进入客人预订界面的选项界面、点击"编辑（Edit）"按钮就可以打开客人的预订界面，进行相应操作。

（二）为当日抵店客人办理登记入住手续

1. 办理入住手续

（1）办理入住手续的基本流程。在查找到抵店的客人后，在该界面的右下角点击"入住登记单（Reg. Card）"按钮并打印，核实客人的姓名、抵离店日期、预订的房型、房价、付款方式等。准确无误后，请客人在入住预订单上确认签字，并发放客房钥匙。

（2）办理入住手续时的注意事项。

①在为客人办理入住手续过程中，出于安全的原因，前台接待员在请客人确认房价和递交房卡时，不应报出房价、房号，这时前台接待员可以在入住登记单上圈出房价、房号等，并示意客人注意。

②酒店的入住登记单非常重要，汇总了客人所有重要的信息。入住登记单要求客人说明他们打算支付客房或其他的酒店商品和服务的方式，并确认其离店日期和房价。这对酒店的销售和收益管理都十分重要。在入住登记阶段确定了房价可以在离店阶段减少客人可能出现的疑问和账单修改。许多酒店的入住登记单中还包括客人对付款方式的承诺，即出现信用卡或转账失败的情况下，客人个人承担付款责任。因此，打印入住登记单并及时请客人确认签字对酒店来说是非常重要的。

③识别并落实客人的特殊要求也是入住登记工作的一个组成部分。客人一般会有特殊房型（如连通房）、房间位置（如是否靠近电梯）、窗外景色、床型、吸烟/非吸烟、设备设施、供残疾客人使用的设施等方面的特殊要求。若客人在抵店前，这些要求未得到很好的处理，那么在入住登记阶段，就要想方设法满足客人的需要。在办理入住时，前台接待员应复述客人的特殊要求以确认酒店的安排无误。

④要注意的是，给同一房间的另一位客人办理入住登记时，可以通过系统很快地查到另一位客人。在图 4-7 所示的界面中，点击"Yes"后就可以同样按照上述步骤，打印入住登记单，确认入住信息，请客人确认签字，给客人办理入住手续了。

图 4-7　预订（Reservations）界面

2. 定金的收法

在图 4-2 中，"百分比（Percentage）"中输入"100"，则表示按照房价的 1 倍收取定金；"生效日期（Due Date）"只能填入住之前的日期。一般来说，除重要客人（VIP）及销售部特批的客人，凡属费用自理的客人都需收取定金。定金的具体收取方式根据各酒店的实际情况而定，有些酒店按房价的 1 倍乘以住宿天数收取，有些酒店的定金总额按照房费、服务费、税费总和的 1.5 倍再乘以住宿天数来收取。如果客人用外币当作定金（一般酒店只收美元、日币、港币、欧元），外币定金要放入保险箱，同时在专门登记本上记录币种。

另外，"Deposit"是指抵押金、保证金、定金，所有权暂时仍归债务人，只是交由酒店保管，客人入住时自动转化为"提前付款（Advance）"，放在客账的贷方即支付类下，在特定的条件下（如结账）允许转换为付款。"Prepay"是预付款，所有权直接归酒店，尽管客人尚未享受任何服务。

3. 信用卡的使用

与处理其他付款方式一样，在前厅账务流程中仔细检验信用卡的授权和真伪是很重要的。前厅部通常都会专门制定和受理信用卡的一整套步骤。另外，信用卡公司也常有明确的有关交易结算的要求。

（1）在接受信用卡授权时的主要流程。

①每日早班必须按时调整信用卡手工刷卡机上的日期。

②员工在接受客人信用卡时应该检查持卡人姓名和有效期。（信用卡的有效期非常重要。由于信用卡公司不会要求持过期信用卡的客人偿付账款的，所以酒店若不小心接受了一张失效的信用卡，就可能收不回客人的消费款。）

③把信用卡压印在登记卡背后，记得检查压印的信用卡是否清晰，同时圈出信用卡的有效期和卡号。

④尽量在客人完成登记之前取得信用卡在线授权。在线授权有两个好处，一是可以确认信用卡不在失窃或其他原因造成的失效名单上，二是前台接待员可以在机构对信用卡进行在线检查时抽空从事其他服务。

⑤授权批准后，终端会自动打印授权，将授权单附在登记卡后面。只有最后一笔的授权号会记录在 EDC 中，在 EDC 打印机故障时可以此为据。

（2）在接受信用卡授权时的注意事项。

①对于无效的信用卡，前台接待员要按照前厅部和信用卡公司的程序处理。通常的应对方法是礼貌地请客人换一种付款方式。

②若客人出示的是失窃的信用卡，前台接待员应立即通知酒店保安部。但是酒店在怀疑客人盗窃或伪造行为时还应十分谨慎，如果弄错，酒店会被起诉。酒店的律师应该对如何处理失效的信用卡提供建议，以防引起法律纠纷。

③客人在入住预订或登记时提供了有效的信用卡，其信用限额将达到信用卡公司授权的最低限额，这意味着只要消费不超过信用卡公司设定的限额，前厅可以直接记账而不需要再授权。但前厅每天要定期检查住客和非住客账户以确保客账没有超过可以接受的信用限额。

（3）在 Opera PMS 中做信用卡手工授权步骤如下。

第一步：在预订客人界面中的"付款方式（Payment）"选择要支付的信用卡类型，然后在"信用卡号码（Credit Card No.）"中输入信用卡号，在"信用卡截止期（Exp. Date）"中输入信用卡的有效期，然后点击"选项（Options）"中的"信用卡（Credit Cards）"，如图 4-8 所示。

第四章 前台（Front Desk）模块

图 4-8 信用卡手工授权第一步

第二步：打开"信用卡（Credit Cards）"界面后，会出现"授权（Authorization）"，然后点击"手工（Manual）"，在"手工授权（Manual Authorization）"界面上输入"手工授权金额（Amount Manually Approved）"和"授权码（Approval Code）"，信用卡手工授权就完成了，如图 4-9 所示。

图 4-9 信用卡手工授权第二步

4. "Room Type"和"RTC（Room Type Charged）"

在 Opera PMS 系统中，预订界面上有"Room Type"和"RTC（Room Type Charged）"两个按钮。"Room Type"是指实际入住的房型，"RTC"是指客人实际付费的房型。一般情况下，这两种房型是一致的。但有时也是不一致的。

（1）当"RTC"的房价比"Room Type"更高，那么通常被认为是"客房升级销售（Upsell）"，即前台接待员通过向客人介绍客房的价值，使客人入住了房价更高的客房。酒店通常会参考"RTC"的房价，对前台接待员成功推销高价房进行奖励。

前台接待员的工作任务还包括提高客人对酒店产品如客房、设施和服务的接受程度。促销高价房是指预订员和前台接待员设法使客人租用高于标准房价的设施。酒店客房通常由于装修、面积、位置、景色和家具配备的不同，有几种不同类别的价格。有时两间类似的客房门市价相差很大，例如设置完全一样的房间，但由于窗外景色的不同而房价差异很大。前台接待员在面对面接待客人时，可以尝试确定在预订过程中未能确定的客人的真正需要。根据客人的需要来介绍客房的设备、设施，是个绝好的销售机会。例如，度蜜月的客人可能会更愿意付钱得到一间景色好的客房。前厅接待员在有机会介绍高价客房时，先介绍特征和好处，然后再报价。如果客人已订了房，则要介绍高价房与预订房之间的区别；接待门市客是推销的最好机会，如有两类不同的客房，则要两者的特征长处和价格都要介绍。当客人已经预订了一间较低价的房间，而且不想多付费用时，酒店必须按预订时的房价提供客房，不要冒险只介绍高价房而丢失生意。

（2）当"Room Type"的房价比"RTC"更高时，常被称作"免费升级（Free Upgrade）"。为客人提供免费的客房升级服务，一般有以下几种情况：

①提供给酒店非常重要的客人（VIP）或者酒店的忠诚客人。

②提供给有过不愉快住店经历的客人。

③有时团队协议中会要求免费升级入住更好的客房。

④当订房时答应客人的某些房型要求，而实际因用房紧张不能满足其要求的情况下，可给予免费升级。

但是，必须要明确的是，酒店要严格控制免费升级。为客人提供免费升级服务要有明确的原因，同时必须有相关授权人的签字才有效，例如总经理、销售经理、前厅部经理等。

（三）为门市客办理登记入住手续

门市客是指未做预订而直接抵店要求住宿的客人。在图 4-6 中，右下角的第一个按钮是"门市客（Walk In）"，点击该按钮，即出现空白的预订界面，在该界面上就直接给门市客做预订，然后办理入住。由于酒店员工都有各自的操作权限，前台接待员一般是不能使用预订模块的，所以对一些没有做过预订的客人，就可以使用这个按钮，来完成相关操作。

　　已客满的酒店没有责任向门市客提供住宿。但是对于门市客来说，最不能容忍的是经过长途跋涉后到达酒店，发现没有可以入住的房价。遇到这种情况，前台接待员可以建议客人入住在附近的另一家酒店，甚至可以代为安排一家类似的酒店。酒店应有一份当地相同档次的酒店电话单。酒店间相互介绍客源不但有可观的收益，还能树立信誉。

　　但当门市客认为自己是订了房间，酒店又客满，情况就会变得复杂起来，这时酒店可以通过请客人出示确认信、或用客人姓名的另一种拼写方法重新检查订房资料、或询问客人确切的抵店日期以及是否由他人代为订房等方式来解决问题。如果都不行，那么前厅经理就应请客人到别处（如办公室）向客人解释情况。

二、排队预订（Queue Rush Reservations）

　　当酒店由于客满或没有足够的已清扫房，则让需要的客人进行排队预订（Queue Rush Reservations），如图4-10所示。

图4-10　排队预订（Queue Reservations）界面

三、住店客人（In House Guests）

　　住店客人一般会有换房、借用物品、要求免打扰等特殊服务。

98

（一）查询住店客人

查询住店客人，可以在快捷键 Dashboard，也可到主界面前台（Front Desk）的住店客人（In House Guests）界面输入客人的房间号或客人姓名进行查询（图4-11）。为保证客人的安全和隐私，前台员工不得向其他客人泄露客人的房间号码。

图4-11 住店客人（In House Guests）界面

（二）换房

住店客人在进入客房后，若对客房不满意，可以要求换房。具体操作步骤如下：

（1）当客人到前台要求换房时，前台接待员必须了解客人换房的原因。

（2）当有必要为客人换房时，必须让客人了解具体的安排。

（3）为客人换房要选择离现在房间较近的房间，保证客人对新选房间满意。

（4）要主动询问客人是否需要行李员协助，若需要的话请客人在房间内等候，同时通知行李员协助。

（5）按客人要求选定新房间。

（6）由前台准备房间信息变更单和新钥匙，在礼宾部的帮助下送至客人房间。如果发生房价差异，一定要在电脑中更改房价，并在电脑备注栏中注明何时从何房价变为何房价。

（7）在礼宾部取走钥匙后，即刻在系统中完成换房操作。

（8）分发房间信息变更单至客房部和服务中心。

（9）将客人登记卡和账单等并同房间信息变更单换到相应账单夹内。

（10）将房间信息变更单存档。

（11）在客人不在场的情况下，征得客人同意后，通知保安部全程陪同换房。

（12）如果客人当日换房的要求未能满足，须在交接班时做好记录，答应客人次日换房的，须事先预留客人所选房型的房间，到换房日主动与客人联系，办理换房手续。

在 Opera 系统换房间可以通过"选项（Options）"中的"换房（Room Move）"来操作。如图 4-12 所示，点击换房后，即出现"可用房查询（Available Room Search）"界面，可以在该界面中通过选择"房间等级（Room Class）""楼层（Floor）""是否吸烟（Smoking）"等选项搜索所需要的房间。换房成功后，系统会提示之前的住房房态是否要改成"未清扫房（Dirty）"或"已清扫房（Clean）"。这间房间无论客人用过与否，都要改成未清扫房，由客房服务员进行查看、打扫后再改成已清扫房的状态。

图 4-12　换房操作流程

（三）借用物品

可使用"库存物品（Item Inventory）"或"包价（Packages）"帮助客人借用物品，如羽绒被、碟片机、剪刀等，如图 4-13 所示。

图 4-13　Item Inventory 界面

（四）免打扰/定位服务（Locators）

住店客人经常会有些特殊要求，如从入住到离店不接听任何外线电话，或者上午10:00~11:00在大堂吧喝咖啡，若这段时间有店外客人找，则请告知客人去大堂吧或电话转接到大堂吧。这时，在系统中可以通过住店客人的界面上右下角"选项（Options）"中的"定位服务（Locators）"进行操作。如图4-14所示，打开"定位服务（Locators）"界面后，点击右下角的"新建（New）"按钮，填入时间和具体内容（Location Text）即可。

图4-14　定位服务（Locators）界面

（五）给客人留言服务（Messages）

酒店可通过直接给客人留言（Messages）帮助客人解决问题。接待人员可以给客人发送消息，如果有相应的接口，客人所在客房的电话上会显示消息指示灯，或者电视显示屏幕上会直接显示消息。酒店礼宾部也会直接打印出客人的留言，装进信封，送到酒店的客房。

在Opera PMS系统中，可点击住店客人的界面右下角"选项（Options）"中的"客人留言（Message）"进行操作。如图4-15所示，打开"客人留言（Messages）"界面后，填写访客的"姓（Last Name）""名（First Name）""公司（Company）""电话号码（Phone No.）""称呼（Title）"和留言的正文。

图 4-15　客人留言（Message）界面

处理客人留言的程序：
（1）在接受客人留言前，员工必须确认客人的房间号码和姓名。
（2）问清留言人姓名、联系电话，重复一遍留言内容。
（3）将客人留言直接输入电脑。涉及时间的要注明上午、下午及具体地址。
（4）在 5 分钟内打印一份留言送到客房。
（5）如果客人打电话到前台询问留言内容，员工要立刻重复留言内容。
（6）预订客人的留言必须输入电脑并打印出来，打印出的留言与预订单订在一起。如无预订单，打印出的留言则放在交接班本内，次日由主管负责送交预抵客人。
（7）预订未到客人的留言将被放在指定的文件里保存 15 天。

（六）部门间留言服务（Traces）

酒店可通过酒店部门之间的留言（Traces）帮助客人解决问题。部门间留言（Traces）和消息类似，通常作为酒店内部使用的留言方式，告诉本部门或其他部门的同事需要做什么。

在 Opera PMS 系统中，可点击住店客人的界面右下角"选项（Options）"中的"部门间的留言（Traces）"进行操作。如图 4-16 所示，打开"部门间留言（Traces）"，就可以查看部门内部的留言，也可以点击右下角"新建（New）"，新建一个留言。点击右下角"已解决（Resolve）"，表示该事项已经处理完毕。

图 4-16　部门间留言（Traces）界面

（七）固定费用（Fixed Charges）

固定费用（Fixed Charges）是指客人住店期间每个固定周期（如每晚等）都发生的一些费用（如停车费、加床费等），在夜审时会自动记入客人的账单。

在 Opera PMS 系统中，可直接点击住店客人的界面右下角"选项（Options）"的"固定费用（Fixed Charges）"，再点击"新建（New）"，会出现如图 4-17 所示的界面。在该界面上，可以选择客人在住店期间每个固定周期发生的费用，如每日的停车费，可

图 4-17　固定费用（Fix Charges）界面

在"交易代码（Trn. Code）"中选择停车费的代码，在"金额（Amount）"中输入应缴纳的费用，这样固定费用就做好了。

四、客人账户（Accounts）

在该账户中，可以快速查找到某位客人的抵离日期、市场来源、入住房型、房号、价格代码、市场代码和预订来源等信息，如图 4-18 所示。

五、排房（Room Assignment）

把客人对客房的偏好与可供出租的客房相匹配的过程称为排房，即将特定客房预留给特定客人的过程。根据预订信息，在客人抵达前可以预先按要求进行排房和确定房价的工作。

图 4-18 客户（Accounts）界面

（一）预先排房工作的好处

（1）可以预测可租房状态，能使经理们掌握酒店在以后的哪几天会满房。为了准确地利用客房，有必要使预订管理软件只接受住一晚或两晚的客房预订，以便与一两天后的预留房数相吻合。由于事先的这种安排，预留的客房就能保证接待届时抵店的客人。有些酒店在这一过程中不时地严密监控客房，以确保客人所订的房间不会落空。

（2）选择适当的客房来满足客人的需求，这对于客人满意度的提升起到了很大的作用。每天安排这些客房的工作可能会落在前厅接待员即排房员身上。排房员会查看抵店报告，并将其与酒店客房存量相比较。排房员必须考虑到客人的客房偏好、预订抵达时间以及客人的某些特殊要求，如在客房中放置婴儿床和滚移式折叠帆布床。为了事先把这些服务安排好，前厅部排好房后，要将排房结果和要求通知有关部门，特别是客房部。排房同时适用于散客和团队客人。

（二）排房的注意事项

排房时，前台接待员必须了解各种房型的特征。现在酒店客房的差别主要在于所配备的家具、客用品和所处的位置。前台接待员必须熟悉客房类型间的差异，并能通过电脑系统查找每间客房的房价类型、最新的出租率状况、家具设施、客房位置以及客用品种类，以求最大限度地满足客人的要求。Opera PMS 系统内储存了每间客房的有关资料，如类型、价格、配备的床型以及其他相关的信息。同时还能以图表方式一目了然地提供各种客房信息，比如，连通房、客房的特征和配备以及客房的位置等。

（三）人工排房、自动排房的系统操作

在 Opera PMS 系统中，排房可以分为人工排房和系统自动排房。在"前台（Front Desk）"模块中打开"排房（Room Assignment）"，如图 4-19 所示。

在图 4-19 中，若点击右下角"自动排房（Auto）"按钮，则可以根据条件自动为一批客人安排房号或取消房号，即系统自动排房，如图 4-20 所示。若点击右下角"排房（Assign）"按钮，就可以为客人开始分配房号，如图 4-21 所示。若选中已分配房号的客人，点击右下角"取消排房（Unassign）"按钮，则表示为客人取消预先分配的房号。

（四）人工排房中保留房间的功能

在图 4-21 界面中，还有"保留房间（Hold Room）"的功能。在 Opera PMS 系统中，后台系统中可以设置保留时间可以从 1 分钟至 1440 分钟。若某房间处于保留状态，那么除了设置该保留的员工，其他员工都无权使用该房间（除非有特别的许可）。当该房间过了预留时间，就自动解除了保留状态。当该房间的客人入住后，即使未过保留时间，系统也会自动解除保留时间。

图 4-19 排房（Room Assignment）界面

第四章 前台（Front Desk）模块

图 4-20 自动排房（Automatic Room Assignment）界面

图 4-21 人工排房（Room Assignment）界面

这个房间的保留时间功能很重要，特别是要为重要客人预留房间。如果由于某种原因预留的房间不准确或不小心没做预留，信息就会出现偏差或产生用房冲突。例如，前台给一位门市客安排了一间客房，住两晚。但是这间房偏偏是预留给次日抵店的客人，而这位前台接待员并不知晓，当次日客人入住时就会出现排房的问题。而 Opera PMS 中的房间保留功能就有助于减少类似的订房错误，系统可以设定禁止前台接待员选择已做预留处理的客房安排给其他抵店的客人。在图 4-22 中，"保留原因（Hold Reason）"中可以按照系统代码选择所需保留的时间，"评论（Comment）"中可以注明哪位员工保留该房间的原因。

图 4-22 保留房（Hold Rooms）界面

六、留言（Messages）

这部分的留言和本节第二部分提到的留言略有不一样。这部分的留言功能是可以查询给所有客人的留言，若客人收到留言，就可以点击右下角的"收到（Receive）"，还可以"打印（Print）""新建（New）""编辑（Edit）""删除（Delete）"给客人的留言，如图 4-23 所示。

图 4-23 客人留言（Messages）界面

七、部门间留言（Traces）

　　酒店的许多服务都需要前厅部和其他部门合作完成，如前厅部与客房部之间必须互相通知房态变更情况，以确保高效地位客人安排客房，避免出现混乱。在 Opera PMS 系统中"前台（Front Desk）"模块中"部门间留言（Traces）"的子模块中可以看到所有住店客人的相关消息，如图 4-24 所示。若已解决，可以点击界面右下角的"已解决（Resolve）"，还可以为某位客人"新建（New）""编辑（Edit）""删除（Delete）"部门间留言，也可以点击"预订（Resv.）"打开某位客人的预订界面。

图 4-24　部门间留言（Traces）界面

八、唤醒电话（Wake-up Calls）

　　住店客人可能会由于睡过头而错过一个重要约会、一次航班或耽误外出的出发时间，所以前台接待员要小心处理客人唤醒的要求。前台接待员可以在 Opera PMS 系统中"前台（Front Desk）"模块中"唤醒电话（Wake-up Calls）"子模块中设置客人唤醒的要求，及时提供唤醒服务，如图 4-25 所示。

图 4-25　换醒电话（Wake-up Calls）界面

? 练习题

1. 给你自己做入住登记，分配一个非吸烟房，并使用中国长城卡（1234123412341234，有效期至 12 月 31 日，授权号为 347928，授权金额：1000 元）作为付款方式。

提示：在练习中，会用到以下功能按钮：

（1）Arrivals Search

（2）Check In

（3）Credit Cards

2. 以刘畅的名字做一个预订，2 个间夜，标准间，客人的朋友特意送来 1000 元担保金，防止预订被取消。之后客人到店后发现自己的现金不足，改为使用信用卡预授权担保，将现金退回。信用卡使用维萨卡，卡号为：4443 3992 4344 3331，有效期为：06/20，授权号为：342157，授权金额：1000 元。

提示：在练习中，会用到以下功能按钮：

（1）Arrivals Search

（2）Deposit

（3）Credit Cards

（4）Check In

3. 给你的好友做入住登记，然后安排一个房间，使用现金作为支付方式给客人办理入住登记手续。入住几分钟后，客人返回到前台，不喜欢所分配的房间，认为离电梯太近，要求换到离电梯较远的房间。

提示：在练习中，会用到以下功能按钮：

（1）Check In

（2）Room Move

4. 一位未预订直接上门的客人（Walk-In）每晚要在酒店车库停车。建立账单，可以把这笔费用自动记入客人的账单。

提示：在练习中，会用到以下功能按钮：Fixed Charges。

5. 给你喜欢的影星和他的朋友做入住登记。但是入住几分钟后，影星的朋友返回到前台，要求和影星分房住。

提示：在练习中，会用到以下功能按钮：

（1）Check In

（2）Break Share

6. 客人王艳女士房间号码为1008，现在客人要求换大床房，但因酒店出租率很高，没有房间可以换，前台答应客人如果有房间会及时为客人更换，同时告知前台所有工作人员。

提示：在练习中，会用到以下功能按钮：

（1）Arrivals Search

（2）Traces

7. 客人王大明先生入住时向前台借用了订书机，房间号码1006，客人说在离店时会归还，请当班同事提醒办理离店手续的员工留意。

提示：在练习中，会用到以下功能按钮：

（1）Arrivals Search

（2）Item Inventory

（3）Traces

8. 店外客人杨女士致电酒店前台，要求转接在店客人2002王超先生，但是客人不在房间。杨女士为其留言，留下手机号码为1594392567×。

提示：在练习中，会用到以下功能按钮：

（1）Arrivals Search

（2）Message

收银（Cashiering）模块和夜审（End Of Day）模块

第五章

本章导读 结账离店是对客全过程最后阶段的一部分。如果结账时，前台接待员不能提供完美、准确、友好和快捷的服务，那么客人将忘记酒店员工之前所有的礼貌服务和辛勤工作。因而如何为客人提供优质的结账服务直接关系到酒店的经济效益。本章主要分为两部分内容，在收银模块介绍了在前台为客人办理结账手续的基本步骤，然后详细介绍了收银模块的功能按键。在夜审模块，主要介绍了夜审的概念和流程。通过本章的学习，掌握为客人办理结账手续的基本要求，掌握 Opera PMS 中收银部分的功能按键，了解夜审对于酒店管理的重要意义，有助于进一步做好服务工作。

知识和能力目标

1. 了解为客人结账的操作流程。
2. 理解和掌握收银模块的基本功能。
3. 掌握夜审的含义。
4. 搜索即将离店客人的账单。
5. 为住店客人准确输入账单。
6. 能够为住店客人提供结账服务。
7. 掌握夜审的流程。
8. 能打印夜审报表。

第一节　结账的基本手续

住了一晚后，刘红女士在 2019 年 3 月 7 日就离开酒店了，于是到前台办理结账离店手续。前台接待员在为客人办理结账离店手续时应明确以下步骤：

（1）向客人微笑并主动问好，询问是否结账，确认客人姓名、房号、收回房卡。

（2）立即致电服务中心要求查房。

（3）询问客人是否有其他消费，如客房小酒吧（Mini-bar）等后，打印最新账单给客人。

（4）接待员要确认客人的付账方式与预订是否相同，请客人确认账单并签字。如果客人对付账方式或账单有异议，请大堂副理出面解决。

（5）出示账单的同时称呼客人姓名，保证将账单给正确的客人。询问客人是否需要开发票。发票上必须填入结账客人的房号及账单号码，以便结账后客人再来查询。

（6）将客人付账方式和金额输入电脑，打印余额为零的账单装入结账信封双手交给客人。如酒店安排了客人送机服务，必须保证送机费用已经入账。

（7）感谢客人光临酒店，并预祝客人旅途愉快。希望客人再次光临本店。

（8）按照不同的付账方式将客人账单连同其他单据（如客人信用卡单等）订在一起。

（9）最后制作收银报告。

在明确前面的步骤后，让我们来看看在 Opera PMS 系统中是如何做到这些的吧。

收银的基本步骤主要包括：

第一步：进入"收银（Cashiering）"，点击左上方的"Billing"，就出现如图 5-1 所示的接待员登录对话框，按要求输入用户名和密码，登录就可以。

第二步：登录之后，就会出现如图 5-2 所示的界面，在搜索部分输入客人的姓名或房间号等，就可以搜索到客人的信息，一定要在搜索到的客人信息条前勾上"×"，才表示选中，然后再点击右下角的"选择（Select）"按钮，就进入客人账单的界面。

第三步，在进入客人账单（Billing）界面后（如图 5-3），经历过前一晚的系统夜审，刘红女士的住店状态自动改成"当日离店客人（Due Out）"，客人的房账自动出现在账单内，右上角会自动显示房账余额（客人结账后，该余额则显示为"0"）。点击下方的"账页（Folio）"，就可打印客人的账单，客人确认无误后签字，再点击右下角的"结账离店（Check Out）"按钮，就可顺利让客人结账离店了。接待员还需把客人退出的房间状态改为"未清扫房"（Dirty），这样提醒客房服务员打扫房间。

图 5-1 收银员登录（Cashier Login）界面

图 5-2 住店客人（In House Guest Search）界面

图 5-3 结账（Billing）界面

第二节 收银模块的知识点

Opera PMS 的收银功能包括客人账单录入、账单金额调整、预付定押金管理、费用结算、退房以及账单打印等。收银功能可以支持多种支付方式，包括现金、支票、信用卡，以及应收挂账。在多酒店模式环境下，可以支持各营业场所跨酒店相互入账。Opera PMS 系统中收银（Cashiering）模块分为八个小模块，分别为结账（Billing）、快速入账（Fast Posting）、物品快速入账（Post It）、收银功能（Cashier Functions）、接待员换班功能（Cashier Shift Functions）、过路账单（Passer By）、快速结账（Quick Check Out）、预约结账离店（Scheduled Check Out）。

一、结账（Billing）

每个交易日期开始的时候，系统会提示进入账单界面时候要"启动收银"（Open Cashier）。每一班次结束的时候，每个接待员一定要记得关闭自己的登录界面。点击"结账（Billing）"，就可以进入住店客人查询界面（In House Guest Search），如图 5-4 所示。接待员可通过客人的房号、姓名、团队号等方式来查询客人的账单。

图 5-4　住店客人查询（In House Guest Search）界面

图 5-5　结账（Billing）界面

找到客人的账单后，点击该条目，就可以出现客账，如图 5-5。在该客账的窗口区域中，"Code"表示消费代码；"Description"表示消费代码的描述；"Supplement"表示关于消费的附加信息，可以是信用卡号、金额负数等的理由（只用于内部使用，通常打印客人账单时不显示，但是酒店的账单上可以显示），若有需要输入负数时，可以在"金额（Amount）"或"数量（Qty.）"栏中用"-"表示；"Reference"表示关于消费的参考信息，例如押金小单号、信用卡过期时间、税收等。在客账界面（图 5-5）有右键功能、入账等功能，下面逐一介绍。

（一）右键功能

在账单界面的窗口任何地方点击鼠标右键，都会出现"新账单窗口（New Window）"选项，可以进行抛账等操作。接待员可以在账单窗口之间任意拖动账目。除了刚开始的第一个窗口界面外，账单窗口的增加是成倍增加。在客人的账单上单击右键，打开如图 5-6 所示的窗口，可以更好地帮助接待人员完成结账。

（1）"Transfer to Window"表示将客人的消费从当前窗口转移到其他窗口；"New Window"表示新建窗口，最多可以建立 8 个窗口；"Delete Window"表示在屏幕上删除窗口；"Screen View"表示屏幕上窗口显示的方式；"View Summarized Transactions /View Detailed Transactions"表示快捷菜单上这两个选项相互转换。用于查看各项消费细节，或按消费代码归类进行统计。

图 5-6　右键功能

（2）"Split Transaction"表示将选中的消费按金额或百分比分成两笔，如图 5-7 所示。

图 5-7　Split Amount 界面

（3）"Adjust Transaction"表示可以调整客人的消费情况（图 5-8）。可选中需调整的账目，点击右键，即出现"调账（Adjust Transaction）"，可根据金额等进行调整。

（4）"Transfer Transaction"表示把消费转入到其他客人账单上（图 5-9）。可以将部分或全部的消费在客人之间进行调整。如果之前没有做过客房分账（Routing）操作的话，该项功能可以使一位客人的费用调整到另一位客人的账上。

图 5-8 调账（Ajust Transactions）界面

图 5-9 转账（Transfer Type）界面

（5）点击"Add Guest View"按钮可以显示另外一位客人的账单。

（二）功能按钮

在账单页面（图 5-5）的最下方有一排功能按钮，分别为入账（Posting）、编辑（Edit）、账页（Folio）、选项（Options）、付款（Payment）、结账离店（Check Out/Settlement）。

（1）入账（Posting）。当住店客人发生了消费，除了由计算机终端自动入账外，还需由接待员人工入账，如图 5-10 所示。入账一定要标准、规范，做好备注，以免账乱。

图 5-10 入账（Transaction Posting）界面

（2）点击"编辑（Edit）"可以显示交易细节，查看交易的价格和数量等，如图 5-11 所示。

图 5-11 编辑交易（Edit Transaction Details）界面

（3）点击"账页（Folio[①]）"可以浏览或打印客人的账页（图 5-12）。可以设置日期，或改变账单的风格（提供 20 种风格），如图 5-13 所示。

图 5-12 账页选项（Folio Options）界面

[①] 账页（Folio）：一个账页定义为一个或多个交易的集合。账单（Bill）：一个账单定义为一个或多个账页的集合。

图 5-13　账页风格（Folio Style）界面

（4）打开"选项（Options）"菜单（图 5-14），包含一些功能按钮，帮助完成结账。例如，可以查看客人电话账单记录、入账记录、历史账单等。

（5）"付款（Payment）"用来为客人支付项目付款（图 5-15）。

图 5-14　结账选项（Billing Options）界面

图 5-15　付款（Payment）界面

（6）"结账离店（Check Out/Settlememt）"按钮的转换主要取决于办理结账手续客人目前的状态。按钮状态为"Check Out"，表示可以为客人结账。以下几种常见的客人结账方式及其基本程序：

①散客现金结账（图 5-16）：

• 如果客人在入住时是以信用卡作担保，但现在改付现金，必须在电脑系统中将付账方式从信用卡改为现金支付。信用卡为压卡的，当客人面撕毁信用卡单并扔掉。

• 如客人在入住时以现金作押金的，押金收据必须收回。退还余额时，让客人在余款通知单上签名。

• 如客人遗失押金收据，必须核对客人证件确认身份，写遗失申明并签字后再用押金结账。未经事先申明，押金收据不得由他人转交。

• 将登记卡和账单订在一起以备作收银报告用。

• 其他与散客结账一致。

② 散客转账结账：

• 客人转账内容：根据酒店相关部门（如预订部）提供的酒店与支付客人住店费用的公司的相关文件（如协议书）中规定的支付内容，如公司只支付房费或支付客人的全额费用等。

• 所有客人的公司转账需由预订部开具转账证明方可操作，并附公司转账的书面证明。转账要求必须有书面证明及预订部电脑中备注栏中注明。两者缺一，需请示大堂副理，经其同意并签字。

• 若房费转账（预订部事先已作分账），需分别给客人打印账单，请客人签字确认，询问客人其他消费的付款方式，收取后用适当的结账代码，将其他消费结清。

• 若全额转账（应特别慎重核对订单或公司书面转账说明），打印账单，请客人签字，保留客人签字账单。将客人签字账单和申请挂账的文件订在一起，以备作收银报告用。使用适当的结账代码，结清房账。

• 结账时临时提出的转账要求是不被接受的。

• 其他程序与散客结账一致。

③ 散客信用卡结账：

• 询问客人是否还用原来的付账方式结账。

• 如果客人还用入住时刷过的国外卡付账，则在电脑中直接作结账处理；如用内卡付账，把原先压过的签购单当客人的面撕掉，有礼貌地向客人再次借用信用卡，直接在信用卡机器中输入。若机器提示拒付，请客人另换一张信用卡。

• 如果客人用其他的信用卡结账，拿到信用卡后，核对有效期然后直接做交易。请客人在卡单和账单上签字。核对卡单上签字和信用卡预留签字是否相符。根据具体要求查验证件签字。在结账后，一定要电话通知银行取消原来信用卡的授权。

• 用相应代码结账。

• 将国内卡客人留存联和客人账单装入结账信封交给客人，并和客人道别，欢迎其再次入住。

• 将国内卡单剩余部分和客人账单、登记卡以及其他单据订在一起放入抽屉以备做收银报告用。

图 5-16 现金结账界面

需要注意的是，如果客人使用的是信用卡结账，接待员一定要经常去查看客人信用卡的授权额度，防止该额度超过客人在酒店内的消费。一旦超过，接待员就必须请客人得到额外的授权或者改用其他的付款方式。但是出于信用安全考虑，大多数酒店规定接待员无权看到客人信用卡的全部号码（图 5-17）。

图 5-17 信用卡结账界面

④ 公司支票结账：

• 不接受个人支票，可以接受公司支票（如遇节假日，财务部将另行通知是否接受）。应仔细核查票面各项内容（如日期、签发行公章、法人章、公司财务章、条码等）是否齐全，填写金额及背书，并请客人核对，然后请客人签字。

• 将付款方式用专用代码输入电脑并将此房结账。

• 询问客人是否需要发票。

• 打印一份余额为零的账单与发票连同支票对账联装入信封交给客人。

• 感谢客人的光临并预祝其旅途愉快。

• 整理账单并和其他凭证订在一起放入抽屉里以备做收银报告使用。

二、快速入账（Fast Posting）

客人消费后，可以点击该按钮，快速输入客人的客账，如图5-18所示。

图5-18 入账（Transaction Posting）界面

三、物品快速入账（Post It）

在该部分可以方便、快速地在客人房账上输入各种酒店向客人出售的物品，如零食（如巧克力）、酒水、饮料等，如图5-19所示。

图 5-19　小零食快速入账（Post It）界面

四、收银功能（Cashier Functions）

在"收银功能（Cashier Functions）"界面（图 5-20），有若干功能按钮，主要有外币兑换（Currency Exchange）、账页历史（Folio History）等功能。

图 5-20　收银功能（Cashier Functions）界面

（一）外币兑换（Currency Exchange）功能

在使用外币兑换功能模块时，要注意以下事项：

（1）酒店柜台上显示的币种可以兑换，一般有美元、英镑、日元、港币、马克、欧元等。外币兑换服务只能提供给店内客人，根据中国大陆法规，在酒店内不提供人民币兑换外币的服务。

（2）当客人要求兑换外币时，要核对兑换牌价。除了星期六、星期日，每天上午9:00更新外汇牌价。

（3）清点外币金额，以保证和客人要求兑换的金额一致。如果两者不一致，要立刻询问客人。在交易未完成前，不要将外币放入现金抽屉，以免发生误会。收外币先辨认真伪，核对数目后再填写外币兑换水单请客人签字（财务制度：付出的钱，应先做账后付钱；收入的钱，应先收钱后登记）。

（4）将外币金额输入计算机，用计算机外币兑换窗口来计算金额，以减少错误。

（5）打开现金抽屉，清点相应的本地货币（零钱尽可能点足）。

（6）当客人面清点现金后，将现金和一联水单交给客人。

（7）提醒客人保存好水单，如果客人本地货币有剩余，可以凭水单在机场银行兑换回外币（根据银行规定，最多可以兑换回50%的外币）。

（8）向客人告别。

（9）将外币和水单放入备用金抽屉。

（10）锁好备用金抽屉。

（二）操作程序

如果客人用外币付账，须按照以下程序进行：

（1）为客人计算付账所需兑换的外币金额。

（2）请客人拿出相应的外币金额，按照上面提到的程序兑换本地货币。

（3）保留付账所需金额，放在抽屉内。

（4）将余额为零的账单，外币兑换水单和剩余现金交给客人（图5-21）。

图5-21 外币兑换汇率（Currency Exchange Rates）界面

（三）账页记录（Folio History）

"账页记录（Folio History）"界面可以显示客人以前的消费记录（图5-22）。

图 5-22　账页历史（Folio History）界面

五、接待员换班功能（Cashier Shift Functions）

在"接待员换班功能（Cashier Shift Functions）"界面（图 5-23），主要有"班次结束后关闭收银（Cashier Shift Close）"、"班次结束后报表（Cashier Shift Report）"和"重印报表（Reprint Reports）"等功能。

图 5-23　收银员换班功能（Cashier Shift Functions）界面

（一）班次结束后关闭收银（Cashier Shift Close）

在结束每个班次的收银工作前，接待员要打印自己当日的收银报表，显示自己当日的所有收银款项，如图 5-24 所示。

图 5-24 收银员收银明细（Cashier Closure Summary）界面

（二）班次结束后报表（Cashier Shift Report）

每一班次结束后，接待员都要打印一些报表，如图 5-25 所示。这些报表包括现金报表（Cash Report）、支票报表（Check Report）、外币兑换报表（Foreign Currency Report）、信用卡报表（Credit Card Report）、应收账报表（AR Settlements Report）、杂费报表（Miscellaneous Payments Report）、押金报表（Deposit Transfers Report）。

图 5-25 收银员报表（Cashier Report Menu）界面

（三）重印报表（Reprint Reports）

"重印报表（Reprint Reports）"可以选择接待员的工号（ID），哪个日期等，打印相关的接待员报表，如图 5-26 所示。

图 5-26 重印报表界面

六、过路账单（Passer By）

"过路账单（Passer By）"功能主要用来处理非住店客人在酒店的消费交易，给这些交易打印账单。例如，有客人到酒店商务中心，要求发份传真，他当场支付传真费用，但是希望要一个打印的消费账页。同样，这项功能也可以用于住店客人支付一些他们不希望出现在住店账单上的服务费用。这项功能还可以用于支付给以前住店客人的退费。"过路账单（Passer By）"可以和现有客人客史连接。

打开"过路账单（Passer By）"按钮，如图 5-27 所示，可以查询到当天所有客人的"过路账单"，也可以新建、打印客人的"过路账单"。

图 5-27 过路账单（Passer By）界面

七、快速结账（Quick Check Out）

　　上午 7:00~9:30 是大多数酒店主要的结账时段。若客人此时到前台结账，可能要排长队。为了缓解前厅的工作量，有些酒店在客人离店前就开始结账工作，如在客人离店前一天晚上或离店当天早上 6:00 之前，就将客人总账单和快速结账表格轻轻从房门下面推进去，并要保证在门外看不到或拿不到客人的总账单。使用 Opera PMS 系统中收银模块的"快速结账（Quick Check Out）"小模块，可以立刻显示当日要结账离店的客人名单。

八、预约结账离店（Scheduled Check Out）

　　"预约结账离店（Scheduled Check Out）"功能可以为客人在指定的时间内自动结账离店，如图 5-28 所示。这显示了当日所有预约结账但未离店的客人名单。若预约的时间已经过去，意味着该客人的账单在指定的时间内尚未结清，那么系统就不会为该客人自动结账。

　　"预约结账离店（Scheduled Check Out）"可以在客人的预订界面或结账界面"选项（Options）"中的"优先权（Privileges）"里设置。

图 5-28　预约结账离店（Scheduled Check Out）界面

第三节　夜审管理模块的基本功能

由于酒店每周运行 7 天，每天运行 24 小时，前厅必须定时检查和审核住店客人和非住店客人账户记录，检查在前台记录的客账交易是否与收入中心的交易一致，以确保前厅账务工作的准确性、完整性和可靠性。这部分工作通常是由前厅审计来完成。而前厅审计通常是在深夜和凌晨时段进行，因此时大部分（即使不是全部）酒店的营业点已经关门，允许夜间审计审查所有部门的收入，因而也称之为夜间审计，简称夜审。曾经由人工承担的大部分审计工作，现在都通过技术手段来完成。酒店管理信息系统可以自动记录客房收入并自动执行审计流程。一个成功的审计体现在住店客人和非住店客的账目平衡、账单准确、适当的账户信用监督，以及及时向管理层提供报告。

一、夜审的工作内容

酒店利用夜审来结束和平衡每天的经营活动。夜审遵循着预设的流程，审查客账、进行信用卡交易、计算固定费用、计算和打印每日的数据、提供应收账的总额、平衡和结束当天的营业记录、准备和分发一系列的报表。它结束每日的经营活动，保证第二个营业日的准确性。通过一系列的报表，夜审帮助管理层了解每日的营业状况，并预测即将面对的问题。夜审可以将销售终端点和其他利润终端链接，以提供准确、快速和自动入账。这使得夜审更专注于审计交易、分析前厅的经营活动。

Opera 有其自己的系统日期，它不会在半夜自动改变，而是在夜审流程之后进入下一个营业日，即营业日更替（Date Roll）。因此，在第二天清早也可以进行夜审。然而，必须确保前一天所有的利润和账款在夜审之前都必须准确输入。若在夜审前有结账，那必须打印提前结账账单。

二、Opera PMS 夜审前的准备工作

Opera PMS 系统做夜审工作前，前台要处理好所有的当日应离店客人，这些客人要么结账，要么延住。未到的所有客人在夜审程序中被称为应到未到客人（No-shows），不需要做入住处理。确认所有抵店的客人都已经做了入住手续。所有的收银点都必须关闭。在 Opera 系统还要求除了做夜审的员工，其他员工都必须退出 Opera 系统。做夜审的员工在如图 5-29 所示的界面，输入自己的"用户名（User）"、"密码（Password）"、

"酒店名称（Property）""营业日期（Business Date）""语言（Language）"等，点击"登录（Login）"即可开始夜审。

图 5-29 夜审（End of Day）登录界面

三、Opera PMS 夜审模块的工作程序

Opera PMS 夜审模块主要有几项工作程序：检查客人客史中的国籍和省份是否完整（Country and State Check）、审核未入住预订（Arrivals not yet Checked In）、审核离店未结账（Departures not Checked Out）、天气及备注（Weather and Notes）、启动下一个营业日（Roll the Business Date）、记录房价和税金（Posting Room and Tax）、运行其他程序（Run Additional Procedures）、编制报表（Print Final Reports），如图 5-30 所示。

（1）检查客人客史中的国籍和省份是否完整（Country and State Check）。如果发现问题，应立即通知前厅部处理。

（2）审核未入住预订（Arrivals not yet Checked In）。夜审也负责清理预订文件，并输入费用到未入住客人账户。当开始未入住费用的电子过账时，前厅审计必须仔细审核预订是否属于保证类订房，以及客人是否从未在酒店登记。有时会为同一个客人做重复的预订，或客人的名字出现拼写错误，以及前厅员工或系统偶然产生的其他记录。在前厅或预订员工未察觉的情况下，客人可能实际已经入店，而第二份预订仍然显示为未入住客人。必须格外仔细地处理未入住账单。前台接待员如果没有正确取消信息，可导致向客人收取不正确的账款。不正确的收账会导致信用卡公司重新评估与酒店的法律协议

和关系。不正确的收账也会导致酒店丢失将来客源业务和旅行社的业务（如果适用的话），或影响到已确认预订的客人。前厅员工在受理预订取消或修改程序时必须坚持建立未入住客人程序。

图 5-30　夜审工作程序（End of Day Routine）界面

图 5-31　夜审国籍和省份检查（Country and State Check）界面

图 5-32　夜审审核未入住预订（Arrivals not yet Checked In）界面

（3）审核离店未结账的客人（Departures not Checked Out）。

（4）天气及备注（Weather and Notes）。系统需输入影响当日营业日的天气和其他相关信息。例如，要备注造成预计抵店客人取消或预期离店客人推迟离店的原因。

（5）启动下一个营业日（Roll the Business Date）。在之前所有的检查工作完成后，就进入下一个营业日。

（6）记录房价和税金（Posting Room and Tax）。客人总账单上的房费和税金的自动记录通常是在营业日结束时进行。一旦房费或税金记录后，将生成房费和税金报告给前厅管理层审阅。根据指令自动记录房费和税金的能力是自动化前厅系统最令人兴奋的优点之一。一旦前厅开始房费的登入，系统能够在极短的时间内将房费和税金自动记录到相应的电子总账单上。系统记录是极为可靠的，因为自动记录收费是保证正确的、没有被窃取的机会以及税金计算或过账错误。这些特征特别有助于位于城市的酒店。这类酒店除了销售税还有床位或出租税。一些酒店预先设置前厅系统来记录每天经常发生的费用，如代客停车或小费。自动记录这些费用可以节省前厅审计时间和提高准确性。

（7）运行其他程序（Run Additional Procedures），即有必要的话，要对客账进行更正、调账、抛账等程序，如图 5-33 所示。

图 5-33　运行其他程序（Run Additional Procedures）界面

在 Opera PMS 系统中，还可以根据需要生成许多管理报告。例如，为了对客人的交易和账户余额进行检查，需要在当天任何时间生成最新的超限额报告。此外，前厅系统还可以生成专门的分类报告。例如，团队销售报告可以按在店的每个团队生成，显示每个团队使用的房间数，每个团队的客人数，以及每个团队产生的收入。系统生成的报告可以帮助酒店销售部门跟踪团队客史。对于包价计划的客人，或特别促销计划及广告计划的客人，也可以生成同类报告。其他报告可以列出经常住店客人及重要客人（VIP）。这类营销信息可以被自动跟踪、分类和报告。

管理小知识

客人住店流程的关键点

在送走一个满意的客人后，酒店照例是要开个总结会，总结每一个过程所涉及到的关键点（表 5-1）。

表 5-1　客人住店流程操作的关键点

任　　务	关　键　点	备　注
预订	在预订时，一定要向客人询问以下信息，并输入 Opera 系统： ※Name（姓名） ※Arrival（抵达日期）Departure（离店日期） ※Adult（人数） ※Nationality（国籍） ※Room type（房型）、R T C（Rate to Charge 房价） ※Source（客人来源地） ※Origin（客人预订方式） ※Payment（支付方式） ※Arrival Time（当日抵达时间）	除了这些必填信息外，可以在客史界面输入客人提供的其他信息，如可在 Specials 添加客人送水果的要求，或远离电梯的房间的要求等。具体操作可在教师的指导下进行
登记入住 （Check In）	※Front Desk-Arrival 查找客人 ※Registration Card 打印入住登记卡，和客人确认信息：抵离日期、房型、房价、付款方式，客人签字确认 ※ 支付押金（关键在 Option 中的 Deposit 添加押金后，一定要记得在 Payment 中输入 Cash 9000） ※ 回到 Arrival 界面，点击 "Check-in" ※ 做房间钥匙	在客人订好房型后，若刚好客人要求的房间存在，系统直接在客史中配好房号，但若是脏房或所需房型已订完，则需要手工设置房号。具体操作可在教师的指导下进行
结账离开 （Check Out）	※Cashiering-Billing ※ 查找客人 ※ 打印账单，客人签字确认 ※ 点击 C/O	这些是针对当日离店的客人，若对于提前离店或延迟离店的客人，屏幕上会出现提示。具体操作可在教师的指导下进行

客人住店的状态

介绍客人预订、入住到离店的过程中，Opera 系统里客人状态的不断变化。

Deduct：表示该预订占当天的出租率

Non-deduct：表示该预订不占当天的出租率，以免为一个不太确定的客人占用一个确认客人的房间。

以一位客人为例，他 8 月 28 日预订 9 月 1~3 日的房间，那么他的状态如下（表 5-2）：

表 5-2　Opera 系统中客人状态的变化

8 月 28 日	Reserved—即预订状态
9 月 1 日	Due in（办理入住登记手续前）──▶ C/I（办理入住登记手续后）
9 月 2 日	Stay over（In house）（非当天来当天走的情况，要过夜）
9 月 3 日	Due Out（办理离店手续前）──▶ C/O（办理离店手续后） ──▶ Stay over（若当天办理延房手续）

（注：这些状态的变化，大家可注意打开界面上方的蓝色横条）

练习题

1. 一位客人到前台要求查看他的账单。通过客人提供的房间号，打开 / 打印客人的账单。客人在查看账单后，要求他的房费和其他费用都分开。根据客人要求，把房费放在另一个窗口。

提示：在练习中，会用到以下功能按钮：

（1）Billing Search

（2）Creating Windows

（3）Split Transaction

2. 同样地，另一位客人要求他的电话费账单再单列。把所有的电话费转到另外一个窗口，并打印给客人。

提示：在练习中，会用到以下功能按钮：

（1）Creating Windows

（2）Folio Preview/Print

3. 你喜欢的影星来到前台，要求送一个碟片机到他 / 她房间，只借用一天。请把这 20 元的费用输入客人的账单，并与房费等分开支付（他 / 她希望自己支付这笔费用）。同时，输入一笔酒吧的费用和几笔长途电话的费用。

提示：在练习中，会用到以下功能按钮：

（1）Posting Charges

（2）Arrangement Codes

4. 你喜欢的影星还想发送一份传真并干洗衣服。他 / 她共发送了三页的传真（第一页 2 元，以后每页 1 元），请把这笔费用输入到他 / 她的账单。另外干洗的费用 200 元。

提示：在练习中，会用到 Posting Charges 功能按钮。

5. 你喜欢的影星看了账单后，发现前一天干洗费用多收了 50 元。请重新调整影星的账单。

提示：在练习中，会用到 Charges Adjustments（Amount）功能按钮。

6. 你的好友到前台，抱怨前一天晚上没有开夜床的服务。请示当班的主管，从客人的账单中扣除 10% 的费用。

提示：在练习中，会用到 Charges Adjustments（Percentage）功能按钮。

7. 你的好友复印了 10 份文件，每份文件 1 页纸（复印一页一元）。请把这笔费用输入客人的账单。但是客人投诉有一张纸复印得不好，看不清楚。请调整客人的账单，从复印的费用中扣除一元。

提示：在练习中，会用到以下功能按钮：

（1）Posting Charges（using Quantities）

（2）Edit Charges

8. 为客人王霞做预订并办理入住，一个间夜，现在是晚上 20 点 40 分，客人在房间消费小酒吧 158 元，送餐 298 元，因为明天一早客人要赶早飞机，客人来到前台要求现在用现金把所有的

135

费用结算，但不离店。

提示：在练习中，会用到以下功能按钮：

（1）Posting Charges（using Quantities）

（2）Advance Bills

9. 张艺、张霞、张蕊三人同住一间房，一晚，在餐厅午餐消费 300 元，晚上 19 点客人至前台，要求将餐饮消费三个人平摊，并显示在每个客人的账页中。

提示：在练习中，会用到以下功能按钮：

（1）Posting Charges

（2）Split Transactions

10. 为客人王冉先生做预订并办理入住，一个间夜，客人消费了早餐 198 元、午餐 300 元、若干电话费 15.6 元、健身房 450 元、小酒吧 150 元等，因公司开紧急会议，现在需要结账离店。入住时间为中午 12 点至晚 21 点，按照公司规定，房租、早餐、电话费以及 80 元（包括 80 元）以内的小酒吧消费可以报销。客人不希望健身房项目出现在公司报销账单中，希望单列一个账页。公司报销费用使用万事达信用卡结账，卡号为 5201 5213 7193 2386，有效期为 12/15，自付费用是用现金。

提示：在练习中，会用到以下功能按钮：

（1）Posting Charges

（2）Passerby

（3）Credit Cards

客房管理（Rooms Managemnt）模块和应收账款（AR）模块

第六章

本章导读 客房管理和应收账款管理是酒店运行与管理的重要组成部分，对酒店顺利经营须臾不可缺。通过客房管理模块的学习，可以进一步了解客房部的业务范围，掌握如何使用 Opera PMS 客房管理模块完成相关的业务操作，从而提高业务水平。了解应收账款管理，有助于进一步理解酒店管理的整体性，了解如何通过有效的应收账款管理来实现增加酒店营收及改善整体服务质量的目标。

本章在客房管理模块主要介绍其主要功能和操作方法，包括如何使用快捷键查询系统中的客房信息；如何制作客房服务员清扫任务单；如何打印清扫任务单；如何更改、查看客房状态，以及如何查找、解决房态差异等问题。在应收账款模块，主要讲述如何给公司或旅行社新建、查找、编辑应收账号以及发票、催款信等功能。

知识和能力目标

1 理解客房模块的功能。
2 掌握客房的清扫状态。
3 了解客房任务分配过程。
4 了解信用、发票、催款信等功能。
5 使用快捷键查询系统中客房信息。
6 制作、打印客房服务员清扫任务单。
7 查找、解决房态差异和沉睡房（Sleeping Room）问题。
8 运用客房历史解决客人丢失物品问题。
9 管理待修房和停用房（OO 房和 OS 房）。
10 会新建、查找、编辑企业的应收账号。
11 会使用发票、催款信等功能。
12 会打印应收账报表。

第六章 客房管理（Rooms Managemnt）模块和应收账款（AR）模块

引导案例

客房房态变化解析

客房管理（Rooms Management）模块是酒店管理信息系统的一个重要的信息和通信分支，主要用于加强客房部与前台的通信连接能力。

在房务部内，客房部主要与前厅部进行沟通，尤其是与前台进行联系。借助酒店管理信息系统，客房部与前台可以及时地交流信息。例如，一旦客人结账离店，前台员工在为客人办理离店手续后，客人所在的客房房态自动由未清扫的住客房（Occupied Dirty，OD）状态变为未清扫的空房（Vacant Dirty，VD）状态。与此同时，客房部已经可以在 Opera 系统中看到房态的变化，这样就可以及时通知客房部的楼层服务员清理房间。接着，客房部服务员清洁房间后通知客房部检查验收。验收后客房部就将此房间房态由 VD 修改为已清扫的空房（Vacant Clean，VC）状态，而此时前厅部 Opera 系统上就显示该房间房态为 VC，可供出租了。

酒店管理信息系统的出现，使得酒店前厅与客房之间的信息交流实现了"即时"通信，极大地提高了酒店的工作效率，尤其在酒店出租率偏高或处于满房（Full House）状态时，随时更新的房态信息保证了酒店最大限度地获取客房收入，同时也降低了客人入住前的等待时间。

——资料来源：作者收集整理

图 6-1 客房房态变化

第一节　客房管理模块的基本功能

Opera PMS 中的客房管理功能，能够有效识别并监督房态（可用房、正在清洁房、维修房等），以及进行房间设施的管理，还可以在系统中对客房打扫人员的区域分配、用工统计以及客房用品进行管理，并且在房间排队的功能中有效协调前台和客房清洁工作，针对已分配给客人的特殊房间，通过系统通知，安排优先打扫次序。

Opera PMS 中的客房管理模块有六个子模块，分别是房务管理（Housekeeping）、待修房/停用房（Out of Order/Service）、客房使用记录（Room History）、超额预订（Overbooking）、出租率图表（Occupancy Graph）、维修管理（Maintenance）。下面对这六个子模块逐一进行介绍。

一、房务管理（Housekeeping）

房务管理部分又有若干个子部分构成，分别有房务管理（Housekeeping Mgmt）、等候房（Queue Rooms）、客房条件（Room Conditions）、房态差异（Rm. Discrepancies）、分派任务（Task Assignment）、夜床管理（Turndown Mgmt）、设备预测（Facility Forecast）、客户服务状态（Guest Service Status），如图6-2所示。

图 6-2　房务管理（Housekeeping）界面

（一）房务管理（Housekeeping Mgmt.）

在"房务管理（Housekeeping Mgmt.）"界面（图6-3），可以查询、修改房态等功能。

图6-3 房务管理（Housekeeping）界面

1. 查询房间

点击"房号（From Room）"（图6-4），可以查询每间房间的情况。客房服务员可以输入各种搜索条件查找客房（如客房状态、楼层、客房类型）。同时就像非自动化酒店业务中的客房状态架一样，客房管理模块将每个房间的状态提示给酒店员工。员工只需要简单输入房间号，这个房间的当前状态就会立刻显示在终端屏幕上。

2. 修改房态

酒店客房的房态分为已清扫房（Clean）、未清扫房（Dirty）、已分配房（Pickup）、已检查房

图6-4 房号（From Room）界面

（Inspected）。作为客房部最常用的功能，用户可以使用多种方法来修改房态：①选中需要修改的房间后，通过在下方客房状态单选框中进行选择的方法来修改房态。②在需要修改的房间列表上双击，可以完成房态清洁/脏房（Clean/Dirty）直接的循环转换。③使用快速修改（Quick Action）来修改房态，这一方法适用于批量修改客房状态。

在初次进入客房去清理时，客房服务员可能会使用 PMS 的客房电话接口模块（计算机系统直接与客房的电话系统连接）输入他/她的身份编码、房间号（不一定是必须的），以及识别客房现有状态的编码。计算机系统会自动地记录这个电话的时间。当一间客房已清理完毕等候检查时，客房服务员再次使用客房电话接口模块去提醒检查者站点，并且计算机系统也再一次记录下这个电话的时间。这样做能即时更新客房的状态，使前台员工能在客人登记入住时快速准确地分配房间。同时客房服务员进出时间的记录日志，使客房管理模块能判断劳动生产率。劳动生产率由计算一个服务员花在一间客房的平均时间和在一个班次里清理客房的数目得出。生产力报告使管理者能在整个班次跟踪客房人员分布的同时，一直清楚潜在的效率低下的原因。

（二）等候房（Queue Rooms）

有时，客人会提前抵达酒店，这可能会造成他们预订的房间尚未清扫完毕。这也会给前台造成困扰，若这种情况不能很好解决的话，很可能引起客人投诉，甚至不满。Opera 系统中的"等候房（Queue Rooms）"按钮（图 6-5）可以帮助合理地安排房间清扫，并通过前台与客房部的共同协调，能使客人最快地入住。若房间尚未打扫干净，前台员工"等候房"界面设置需要立即打扫的房间。客房部的员工看到后，可以知道是否有客人已经在前台等着办理入住了，这样他们可以决定首先清扫哪些房间。

图 6-5 等候房（Queue Rooms）界面

点击图 6-5 右下角的"数据（Statistics）"按钮，就可以看到酒店客房的使用情况，如图 6-6 所示。

第六章　客房管理（Rooms Managemnt）模块和应收账款（AR）模块

图 6-6　客房数据（Room Statistics）界面

（三）客房条件（Room Conditions）

在"客房条件（Room Conditions）"界面（图 6-7），可以查看每间客房的情况。

图 6-7　客房条件（Room Conditions）界面

142

（四）客房差异（Rm. Discrepancies）

房态差异（Room Status Discrepancy）是特指前厅部记录、显示的客房状况与客房部查房结果不相符合的情况叫作客房状况差异。客房状况差异可归纳为两种。一种叫"Skippers"，是指前厅部客房状态显示为住客房，而客房部客房状态显示为空房；另一种叫"Sleepers"，是指前厅部客房状态显示为走客房或空房，而客房部客房状态显示为住客房。

产生客房状况差异的常见原因有：①客人入住后，前厅部未能及时将空房转换成住客房。②客人已结账离店，前厅部未能及时将住客房转换成走客房。③客人未登记，前厅部显示为空房，而客房部显示为住客房。④给错客人房间钥匙，客人误进其他客房，而客人进入的客房房态实为空房。⑤客人离店时，前厅未收回房间钥匙，客人再次返回房间，而前台房态已转换成走客房。⑥客人提前结账，但并未退房，前厅部已将此房转换成走客房。⑦客人已换房，但前厅部未及时将房态进行调整。

这些差异会严重地影响一家酒店使客人满意和提高酒店盈利的能力。客房管理模块将生成一个"房态差异报表（Room Discrepancy Report）"，给管理者指出特定房间的状态必须核实，以避免差异房的产生。报表指出任何前台与客房部房态更新之间的差异。

常见的客房状态差异是关于客房有/无客人（Occupied/Vacant），这就产生了遗漏房（Skip）和沉睡房（Sleep），具体如表6-1所示：

表6-1 房态差异说明表

	前台（Front Desk）	客房（Housekeeping）
遗漏房（Skip）	住客房（Occupied）	空房（Vacant）
沉睡房（Sleep）	空房（Vacant）	住客房（Occupied）

在Opera中，"差异房（Discrepant Rooms）"功能用来解决客房状态差异的问题，其操作方法为：先选择"房务管理（Housekeeping）"功能，在界面上方的选项卡点击差异房（Discrepant Rooms），进行对话操作即可，如图6-8所示。其中，房态列表中显示的FO项目为前厅部项目，例如"前厅房态（FO Status）""前厅客房人数（FO Persons）"；Hsk项目为客房部项目，比如"客房部客房状态（Hsk Status）"。需要注意的是，在差异房态中，客房部只需在"房态（Room Status）"中输入自己所看到的状态。

图 6-8　客房差异（Room Discrepancies）界面

（五）任务分配（Task Assignment）

客房管理模块执行的重要功能包括：预测需要清理的客房数目；为客房服务员排班；分配工作量；衡量工作量。客房管理模块通过处理现有客房数和预计抵达客人数来预报需要清理的客房数目。在确定了需要清理的客房数后，能为每个客房服务员排班，并以酒店制定的标准为基准，为每个服务员分配制订的房间数目。在 Opera PMS 系统界面点击"任务分配（Task Assignment）"按钮，如图 6-9 所示。

图 6-9　任务分配（Task Assignment）界面

分配任务时有两种方式，一种是手工输入，点击"新建（New）"，然后选择相应的"任务代码（Task Code）"即可，如图 6-10 所示。另一种是由系统自动成，即点击"自动（auto）"即可，如图 6-11 所示。

图 6-10　手工分配任务（Task Sheet Details）界面

图 6-11　自动分配任务（Automatic Generation of Tasks）界面

（六）夜床管理（Turndown Mgmt.）

在许多高星级酒店，都会为客人提供开夜床的服务。开夜床的服务也是由客房部来完成的。在"夜床管理（Turndown Mgmt）"界面（图 6-12），可以查询需要做夜床的房间信息，也可以由系统自动安排员工开夜床。

图 6-12 夜床管理（Turndown Management）界面

在"高级查询（Advanced）"界面（图 6-13），可以输入更多详细的搜索条件来查询需要开夜床的房间。

图 6-13 夜床管理（Turndown Management）界面

在"自动生成任务（Auto）"界面（图 6-14），系统可以自动为员工分派开夜床的任务。

图 6-14 自动生成任务（Automatic Generation of Tasks）界面

（七）客户服务状态（Guest Service Status）

在"客户服务状态（Guest Service Status）"界面（图 6-15），可以看到每间客房的服务状态，例如，"请勿打扰"或"清洁房间"等。还可以查看每间房间的预订情况等。

图 6-15　客户服务状态（Guest Service Status）界面

二、待修房 / 停用房（Out of Order/Service）

把客房设置成待修房（Out of Order）（图 6-16），会影响酒店存量房（Inventory）的数量，继而影响客房的出租率。OO 房的设置仅限于当日不能出租的客房。使用停用房（OS）可以用来每日的保养或酒店的参观用房（Show Room），这些房间是可以用来出租的，只是暂时不可用，不影响计算酒店的出租率。

在客房功能对话框中，点击 OO-OS 按钮可以直接调用 OO-OS

图 6-16　设置待修房 / 停用房界面

状态设置或者在登录 Opera 系统后使用如下方法调用，之后即可看到对话框。①选择"客房管理（Rooms Management）"主菜单，在弹出的子菜单中选择"待修房/停用房（Out of Order/Service）"；②点击"客房管理（Rooms Management）"快捷键，在右面快捷按钮中点击"待修房/停用房（Out of Order/Service）"即可。

小案例

关于待修房和未清扫房

不少酒店缺乏有效的控制，待修房由基层的管理人员控制，有时明明是可以出租的房间，也被当作待修房处理。还有的待修房由店长说了算。我曾经发现有一家连锁酒店的店长因不想回家，把好房改成待修房，自己睡。因此必须对待修房进行控制。第一，必须建立书面标准，符合标准的才可以列入待修房，待修房由客房服务员填表上报客房主管，再由客房主管上报店长，由店长签字后，方可列入待修房，这对店长同样有约束作用。待修房，要及时修复，要防止店长等管理人员利用职权，为了不掏钱给亲朋好友住宿，把好房做成待修房。待修房（除非有危险）也可以以折扣的形式出售。只是在出售前要把实情告诉客人，客人愿意就行。

经济型酒店因开支有限，用不起驻店经理，晚上通常只有一个主管级的小经理，常有失控的现象出现。如对晚上18点前退房的客房，或晚上18点后退房的客房，即使在客满的情况下，也不及时打扫清理，造成有房不能卖。

目前，由于经济型酒店缺乏收益管理意识，且因人手较少，管理不善，随意延长客人的入住时间，客人提前结账离店的客房数、客人应到未到的数量、取消的客房常常无人统计，这将会造成不小的损失。

——资料来源：李志平. 中国经济型酒店市场营销之道［M］.
上海：上海交通大学出版社，2009.

三、客房使用记录（Room History）

客房管理模块有调用客房历史功能，根据房间类型描述每个房间的收入以及使用历史。登录 Opera 后，在主界面上可以使用以下两种方法之一来使用客房使用记录功能（Room History）：①选择"客房管理（Rooms Management）"主菜单，在弹出的子菜单中选择"客房使用记录（Room History）"按钮；②点击"客房管理（Rooms Management）"快捷键，在右面快捷按钮中点击"客房使用记录（Room History）"按钮，如图6-17所示。

图 6-17 客房使用历史（Room History）界面

四、超额预订（Overbooking）

几乎所有的酒店都会超卖（即销售的房间数超过其本身的房间数），以达到 100% 的出租率。超额预订是酒店为对付预订而不来或取消预订或提前离店而影响全额出租的一项措施。但是对超额预订必须小心处理。如果预订系统超额订出太多的房间，已确认的客人就无法安排入住，这就会损坏对客关系，影响酒店今后的客源。

每日超卖的房间数在不同的时间段是不一样的，这取决于过去预订的取消数、失约的房间数（No-shows）、提前结账离店数和门市客的数量。门市客的数量可以根据"市场代码（Market Code）"来统计。例如在高需求日，当然，在高需求日为了达到 100% 的出租率，并不是因为预订的取消数和应到未到的房间数而低卖房间。

例一[①]：截至当日 15 点，在店客有 50 间，预订 50 间。这时酒店还可以适当接受超额预订，若过去同期，酒店预订取消数是 10 间，应到未到的房间数是 5 间，门市客为 0，在这种情况下，当日超卖的房间数可以设为 12 间，但不要设为 15 间，因为需要预防误差。

因为每天都有客人在晚些时候退房，也有可能有预订的客人不来，可以适当接受超额预订，以防失约客人（No Show），造成空房损失。

例二：一家有 200 间房的酒店，其中标准间 100 间，单人间 30 间，大床间 70 间。当日预订出租率为 80%，截至到当日中午 12 点，在店客如下：标准间 40 间，大床房 30 间，单人间 10 间，标准间预订 40 间，大床房预订 20 间，单人间预订了 20 间。从表面

---

① 李志平. 中国经济型酒店市场营销之道［M］. 上海：上海交通大学出版社，2009.

上看，单人间已经客满，不能再接受预订了，其实不然，可以大胆地继续接受单人间的预订（除了上面案例中提到的可能性外），如可以再接4~5间的预订。原因很简单，因为当天出租率只有80%，可以肯定有空出来的标准间或大床房，万一10间在店客单人间不退，而20间预订房的客人全来了，可以免费把客人升级到大床房。

例三：同一家酒店，时值19点，在店客130间，预订35间，其中在店客中标准间85间，标准间预订15间，预计当天出租率85%，即可能剩余30间大床房，这时走进来两个客人，要一间标准间，被回绝了，回答是标准间已满，客人快快而去，这是错误的。完全有可能把客人留下来，解决的方法有：（1）接受客人，给客人一个标准间，因为有客人可能提早离店，有预订可能取消，有预订客人不到；如果上述三种情况都没有出现，也没有关系。给后来的预订了标准间的客人升级，即支付一间标准间的价钱，就可以住两个大床间，这叫双赢或三赢。（2）接受客人，给客人一个惊喜：告诉客人今天是他们的幸运日，他们只需要出团队价就可以住两间大床房。

在Opera系统可以设置超额预订（Overbooking）的房间数。在"超额预订（Overbooking）"界面（图6-18），可以新建、修改可以超额预订的客房数。

图6-18 超额预订设置（Overbooking Setup）界面

（一）"酒店实际客房数（Physical）"

可以点击图6-18下方的"酒店实际客房数（Physical）"来查看酒店现有的实际客房数。该界面不能修改，只能查询，如图6-19所示。

（二）新建超额预订数

在"新建超额预订数"界面（图 6-20），可以指定日期，选取"客房等级（Room Class）"和"客房类型（Room Type）"，进而设置超额预订的数量。

图 6-19　超额预订设置（Overbooking Setup）界面

图 6-20　超额预订设置（Overbooking Setup）界面

（三）修改超额预订数

在修改界面（图 6-21），同样可以选取"客房等级（Room Class）"和"客房类型（Room Type）"，进而修改超额预订的数量。

图 6-21　超额预订修改界面

五、出租率图表（Occupancy Graph）

在"出租率图表（Occupancy Graph）"界面（图 6-22），可以清楚地看到未来几天内酒店的客房出租情况，这有助于给客房部员工排班。

图 6-22　出租率图表（Occupancy Graph）界面

六、维修管理（Maintenance）

客房服务员是处在第一线最直接地为客人提供服务的人员。他们在打扫客房过程中首先发现那些能导致住客不满的问题。这些不满的问题主要有卧具问题（如床垫下陷）、暖气、空调、电视机、电话、床罩、灯光、门、抽水马桶、梳妆台和浴缸、毛巾、浴室四壁、水温、通风换气等。客房服务员在打扫客房时，要随时注意这些可能使客人感到不舒服、进而投诉的问题。在客房服务员发现问题后，要及时填写工程报修单，如图 6-23 所示，及时通知工程部进行维修。

图6-23 设置房间维修界面

> 小资料

了解客房状态

　　酒店严格地管理着每一间客房。酒店从事的业务就是销售客房，这包括出售具有各种客房类型、结构和标示的每一间客房。客房销售管理过程最重要的方面就是要能辨别清楚哪些客房在什么时候可以用于销售。这既是为了避免出现把两位客人安排到同一间客房的尴尬局面，也是为了一旦有房间可供销售就立即把它们售出以使客房收益最大化。酒店业为每间客房都标示了一种状态。对这些状态进行协调是酒店管理客房可供量的方法。

　　客房状态协调定义为酒店确保能够正确地标示出客房当前的状态，并且当客房状态改变时给它指配一个新的标示符号。客房部和前厅部负责维护客房状态。两个部门相互协作来落实房间分配、清扫并且再次分配的状态，以此实现客房收益最大化，同时也避免发生错误的分配。客房状态种类/标示时根据客房的租用状态（State of Occupancy）、清洁状态（State of Cleanliness）和异常状态（State of Exception）进行划分的。最常用的客房状态代码是住客房（Occupied）、空房（Vacant）、未清扫房（Dirty）、清扫房（Clean）、待售房（Ready）和待修房（Out of Order）。

　　客房状态可被看成是客房的"生命周期"。描述客房的状态要求确定客房对于新一轮的出租是否已准备就绪。因此，酒店必须知道客房当前的租用状态和清洁状态。当确定了一间客房的租用状态和清洁状态时，就可以为该客房分配一个客房状态代码。客房状态代码结合了客房租用状态和客房清洁状态两方面的信息。

153

客房状态代码含义:

待售的空房(Vacant/Ready, V/R):可以用来出售的客房。"V/R"的客房状态是客房能被出租的唯一状态。

已清扫的住客房(Occupied/Clean, O/C):客人当前正租用着房间并且房间已经被客房部打扫完毕。典型的情况是,在客人入住期间,酒店客房部对清扫过的客房不进行检查。虽然酒店期望所有客房都能被打扫得很干净,但是住客房一般都会比那些客人已经结账离开的空房更容易清扫。

未清扫的住客房(Occupied/Dirty, O/D):客人当前正租用着房间,已过了一晚,但是房间还没有被客房部打扫。

未清扫的空房(Occupied/Dirty, O/D):客人当前正租用着房间,已过了一晚,但是房间还没有被客房部打扫。

已清扫的空房(Vacant/Clean, V/C):已被清扫干净但是还没有被检查的房间。客房服务人员要清扫干净所有的客房,然后由一位主管或经理进行检查,以确保该客房准备就绪可以用于对外出租了。这些检查者随后把代码由"V/C"改变成"V/R"。

以上房态的变化具体可如下图所示:

```
┌─────────────────────┐
│  待售的空房(V/R)  │◄────┐
└──────────┬──────────┘     │
           ▼                │
┌─────────────────────┐     │
│已清扫的住客房(O/C) │     │
└──────────┬──────────┘     │
           ▼                │
┌─────────────────────┐     │
│未清扫的住客房(O/D) │     │
└──────────┬──────────┘     │
           ▼                │
┌─────────────────────┐     │
│ 未清扫的空房(V/D)  │     │
└──────────┬──────────┘     │
           ▼                │
┌─────────────────────┐     │
│ 已清扫的空房(V/C)  │─────┘
└─────────────────────┘
```

房态变化流程示意图

除以上常见房态外,酒店还有一些特殊房态,如:

Out Of Order 简称 OOO,需要注明原因和维修时间。它又称维修房。表示该房因为出现各方面问题,暂时不能出租。一直要等工程部或客房部确认正常后才能够出售。

Blocked Room 或 Out Of The Turn 简称 OOT,预留给将入住的团队或散客的一种内部掌握的客房,防止将其出租给其他客人而造成麻烦。

Sleep Out Room 简称 S/O,住客在外过夜,未使用客房。不管是前台还是客房部获知宾客有外宿的要求或外宿未归的情形,都要做好记录并通知相关部门。

Occupied With Light Luggage,指客人只携带少量行李入住酒店客房。为防止客人未结账就离店而带来的追账等问题，客房部和前台要关注宾客的动向。如发现此类客房的客人有离开酒店的迹象，客房部应立即通报前台，以防意外（逃账等）。

No Baggage 简称 N/B，表示该客房的住客无行李，应及时通知前台。

Do Not Disturb 简称 DND，住客在房门把上拴"DND"标牌或开启"请勿打扰"灯，以不受干扰。它是一种临时状况，意味着酒店服务人员不能即刻进入客房为客人提供常规服务。因其状况可能是住客房、走客房，也可能已是空房等，应加以特别关注。如果"请勿打扰"超过酒店规定的时间，需打电话去房间与宾客联系，以防意外事情发生。

Make Up Room 简称 MUR，表示该客房住客因会客或其他原因需要服务员立即打扫的客房。

Double Locked Room 简称 DL，住客在房内双锁客房，员工用普通钥匙无法开启，对此应加以观察并定期检查。

Long Staying Guest 简称 LSG，又称"长包房"，即长期由客人包租的客房。

第二节　客房部经常使用的快捷键及报表

一、客房部经常使用的快捷键

客房部的日常工作中，会经常使用到以下几个快捷键。

（一）Shift+ F3

使用 Shift+ F3（House Status），就可打开酒店状态图（House Status），即图 6–24，可以快速了解当天酒店的房间信息（包括入住率）。该图的六个部分分别为酒店的客房总体情况（Room Summary）（包括总数、待售房、待修房等数量）、当日客房使用情况（Activity）（包括抵离店情况、延住、日用房数、提前离店客人数量等）、免费房和酒店用房的情况（Complimentary and House Use）、夜审情况（End of Day Projection）（包括当日的最大可用房数、团队情况等）、客房状态（Housekeeping Room Status）（已清扫房数量、未清扫房数）等信息。界面左下角是搜索、查询区域，可以点击小框旁边的下拉箭头，就可以更多选择。

第六章 客房管理（Rooms Managemnt）模块和应收账款（AR）模块

图 6-24 酒店状态（House Status）界面

（二）Control+ F3

使用 Control+ F3 快捷键，可以打开房间列表（Room Plan），查询到酒店内任一房间某一天的使用情况，如图 6-25 所示。

图 6-25 房间列表（Room Plan）界面

（三）Shift + F5

使用 Shift + F5 快捷键，可以打开楼层图（Floor Plan），查看酒店楼层的直观效果图（包括客人和房间清扫的状态）。双击序号，可以获得更多的信息，如预订或待修房的信息，如图 6-26 所示。

图 6-26　楼层图（Floor Plan）界面

二、客房部经常使用的报表

客房管理模块可生成的报表聚焦于可用房、房态，以及客房预测。这些报告在管理上被用来辅助排班和分配工作量。经常使用的报表有客房状态报表（Housekeeping status）、未修好的客房报表（Room Maintenance Not Resolved）、待修房原因报表（Out of Order by Reason）、客房分配报表（Assign Rooms All）、预测报表（Facility Forecast）、房态报表（House Status）、客房清扫明细报表（Housekeeping Details）、重要客人报表（按房号分）（Housekeeping VIP's by Room No.）、客房差异报表（Room Discrepancy）、等候预订报表（Queue Reservations）、等候房价报表（Queue Rooms）、空房报表（Vacant Rooms）等。

第三节　应收账款模块的基本功能

应收账款（Accounts Receivable）指的是因为通过信用完成销售而导致的对酒店的食宿费用负债。应收账款作为一种商业信用手段和营销策略，合理使用可扩大销售，提高市场占有率，实现利润增长，但同时，应收账也是一把双刃剑，如应收账款回收不及时，会使企业现金流不畅。所以，应收账款的核心管理目标，就是要及时地收回因各种商业行为所欠下的消费款，以获得利润的最大化，从而保证酒店的现金流顺畅、持续、良性的发展。

Opera 系统在财务功能和报表功能上非常强大，包括以下功能：直接挂账、账单管理、账户账龄、支付账单、催款信及周期结算对账单，以及账户查询等功能，并可在系统切换时，根据按账龄输入原有系统的余额。系统上可以设定各种不同的信用额度，还可以打印各种报表，在其中列出基于这些信用限额的财务余额数据。针对每一个账号，该模块可以维护一系列的信用历史数据。这些数据一般可以指出最早发票上的付款要求与应付款日期之间的有效日期数。在系统的每日更新期间，应收账款余额将自动地从前台财务模块转账到后台应收账款余额。在 Opera PMS 系统中应收账款（Accounts Receivable）模块的主要功能体现在其第一个小模块"账户维护（Account Maintenance）"（如图 6-27）和报表功能。

图 6-27　应收账款查询（AR Account Search）界面

一、基本功能

（一）查找功能

在图 6-27 可以根据"客户名称（Account Name）"等信息快速查找到客户的应收账信息。

（二）新建应收账

在图 6-27 右下角点击"新建（New）"或"编辑（Edit）"按钮可以新建或编辑应收账，如图 6-28 所示。需要注意的是，Opera 系统不会自动生成应收账号。酒店需设定一个自己的格式在酒店中使用，如 AAA999 格式，即应收账号由三个字母和三个数字组成。当该账户信用额度一旦超支，不会立即影响使用，只会在报表上警示酒店注意该账号超出了信用额度。当账户处于"严禁使用"（Restricted）的状态时，就不能在酒店中使用，只有当账户充值后，才可使用。

图 6-28 新建账号（Setup Account）界面

（三）编辑应收账

在图 6-27 右下角可以点击"选择（Select）"按钮，就可以打开该客户应收账界面，进行编辑、修改，如图 6-29 所示。

图 6-29　应收账编辑界面

二、选项功能

在图 6-27 右下角有"选项（Options）"按钮（图 6-30）。在该选项中，主要有建立账户（Account Setup）、账龄（Aging）、固定费用（Fixed Charges）、未来预订情况（Future Resv.）、备注（Notes）、消费历史（History）、客户客史（Profile）、催款信（Reminders）、对账单（Statement）等功能。这里我们主要介绍之前未提到的账龄（Aging）、催款信（Reminders）、对账单（Statement）的功能。

图 6-30　应收账选项界面

（一）账龄（Aging）

信用卡账单的支付通常是根据酒店与信用卡公司订立的协议进行，从发出账单到收到款项的时间间隔从立即支付到 30 天不等，有时更长。影响收账时间长度的因素包括交易数量，向信用卡公司邮寄凭单的频率、外国信用卡交易以及信用卡公司征收的交易费用等。大多数其他公司分类账账户通常能在 30 天内结账，一般认为是满意的。而一些公司的分类账户要超过30天才能收取。酒店应建立在消费一发生后就对应收账款进行跟踪的措施。这种预订收账的做法通常称之为账龄。账龄分析各家酒店都不同，这取决于酒店实际执行的信用条件的不同。账龄分析表一般将账款区分为30天、60天、90天和120天以上回收的应收账款。在大多数酒店，账款少于30天的欠款被认为是本期欠款。账款超过30天的欠款被认为是过期账款。原则上应收账款账龄越长，不能回收的风险越大。一般应根据应收账款的回收速度，企业会制定关联方企业或组织机构的信用等级标准和信贷额度，控制企业的财务风险。

在"选项（Options）"中点击"账龄（Aging）"按钮后，可以看到该客户在各个账龄段之间的情况，如图6-31所示。

图6-31 账龄界面

管理小知识

信用卡应收账款账龄分析汇总表的特点：按照信用卡的类别，按照地域划分为国内外公司、国内外旅行社、国内外航空公司。按照母子公司之间往来分类及其他分类应收账款的账龄。以每月为单位，分别计算每类应收账款所占的比例。计算近六个月的总计应收账款金额，按照账龄分别计算每类应收账款的比例。根据应收账款的金额，计算坏账准备，冲销坏账准备，进行坏账冲回。再对超过六个月的应收账款催收情况进行补充说明。在催收管理方面的分析非常详细。财务经理会在每月定期召开信贷会议，向高级管理层，即总经理、各部门财务总监，进行应收账款的相关汇报。对未收回的应收账款，与高管层研究讨论，并指派各部门相关人员负责催收应收账款。

（二）催款信（Reminders）

一般酒店对账龄超过30天的客户定期发出催款信（Reminders）。这可以在"选项（Options）"中催款信（Reminders）进行设置，输入客户等相关信息后，可以由系统自动生成催款信，如图 6-32 所示。

图 6-32　催款信（Reminders）界面

（三）对账单（Statement）

这是财务应收账会计每月必打印的报表，实际上是所有债务人当前的账单，财务人员称之为对账单，作为催账、对账的依据，如图 6-33 所示。

图 6-33　对账单（Statements）界面

三、报表

应收账款报表包括各种类型的账龄报表（AR Aging Summary）和账单报表（AR Payments）。应收账款模块允许管理者访问存储在应收账款文件中的任何账户上的数据，也维护着一个财务账龄文件（Accounts Aging File），包含着可以格式化成一系列账龄报告的应收账款数据。应收账款账龄日程（Aging of Receivable Schedule）根据初始收费的日期分解财务账龄文件中的每个账户。

账龄报表可以用命令打印，但一般还是在每月末文件更新时以例行方式生成。此外，应收账款模块可以自动打印（在信纸上）一系列催款信（Reminder），列出所有30天到期的账户和各种过期未付款项。催款信是对未结账余额的支付要求。应收账款模块可以为特定的用户简化各种报告。在账龄日程中的多数详细信息对某些财务功能来说是不必要的。在这些情况下，可以根据用户的特殊需求来选择财务账龄文件中的数据，生成个性化的账龄报告。另外，还可以为管理者提供一个应收账款账龄的摘要报告。

为安全起见，某些应收账款模块将生成一个审计报告来显示收款事务。审计报告一般根据账户号、账户名、发票号和总额以及需要在特定时间段处理的事务类型，用图表显示每个账户。

在 Opera PMS 系统中，可以在"杂项（Miscellaneous）"中选择"报表（Reports）"，然后在"报表类型（Report Group）"中选择"应收账款（Accounts Receivable）"，就可以显示所有的应收报表，如图 6-34 所示。

图 6-34 应收账户报表界面

第六章　客房管理（Rooms Managemnt）模块和应收账款（AR）模块

　　Opera 酒店系统完全是纯英文操作界面，有益于国际接轨，且便于跨国酒店集团的内容整合、统计、兼容。但对操作者的英语要求非常高。一个单词理解有误，造成的影响是非常大的，在财务应收账款中尤其明显。例如：在财务、销售、会议等各个部门，与外部公司签署的中英文合同都具法律效力。如果写错一个英文单词、写错一个阿拉伯数字，那造成的影响是巨大的。因此，看似简单的应收账款操作需要的是操作人员反复耐心的坚持。

❓ 练习题

客房管理部分

　　1. 若你是客房主管，每天早晨走进办公室的第一件事情就是了解酒店的客房状态：有多少间需要打扫的房间、当日有多少离店的客人及当日的工作量。了解客房的全部信息后，你发现前厅部的留条，一间"未清扫房"实际上是"清扫房"。请找到这间"未清扫房"，改回到干净的状态。

　　提示：在练习中，会用到以下功能按钮：

　　（1）Housekeeping Search

　　（2）Update Status

　　（3）Statistics

　　（4）House Status（Shift + F3）

　　2. 现在你对今天的打扫的客房心中有数，就可以开始给客房服务员分配任务了。今天你有 10 位客房服务员，每位都需要他们的清扫客房任务单。

　　提示：在练习中，会用到以下功能按钮：

　　（1）Generate AM Task Assignments

　　（2）Auto-Assign

　　3. 分配好客房清扫任务后，你发现有一些客房需要一张任务单移到另一张任务单上。使用 Expanded view of the assignment sheets，来满足服务员的要求。

　　提示：在练习中，会用到以下功能按钮：

　　（1）Modify Task Assignments

　　（2）Expanded Assignment Sheets

　　4. 现在是接近下午下班时分，所有的客房服务员交回了他们的清扫任务单，显示他们清扫的房间是"已清扫房"。使用更改按钮，在系统里把所有"未清扫房"改为"已清扫房"。

　　提示：在练习中，会用到 Change/Update Multiple Rooms 功能按钮。

　　5. 下午中班的服务员到达酒店了。要根据早班的任务单，并给中班的服务员分配做夜床的任务单。

提示：在练习中，会用到以下功能按钮：

（1）Evening Turndown Task Assignments

（2）Complete Task Assignments

6. 客房部一天的工作就要结束了。你在下班前，需要安排接下来两周的工作。运用系统的工具和报表预测你需要的员工人数并安排员工的时间表。

提示：在练习中，会用到以下功能按钮：

（1）Occupancy Graph

（2）Housekeeping Forecast Report

7. 工程部打算下两周把酒店的一个楼层做大保养（Preventive Maintenance Plan）。为此，你要把整个六楼的房间设置成 OO 房。工程部计划更换每个房间的空调。而且工程部通知你在完成三个房间的保养后，要更换这三个房间的地毯。你要把这三个房间的状态设置成 OO 状态，并设置成"未清扫房"，提醒客房服务员清扫。

提示：在练习中，会用到以下功能按钮：

（1）Out of Order-New

（2）Out of Order-Delete

8. 销售部今明两天要用两间最好的房间做 Show room。他们要求这两间房间做"大清扫"（Deep cleaning），并设置成 OS 房。你把两间最好的客房今明两天设置成 OS 房。

提示：在练习中，会用到 Out of Service 功能按钮。

9. 你注意到前台把一间客房设置成"Occupied"，但是打扫那间客房的服务员坚持那间房间是空房而且干净的，那么这就是个"Skip"的状态。你和前台联系，他们通知你，客人仍然住在那间房间里，只是他把行李拿走了。你要更改客房部的房态，显示房间为住房（Occupied）。

提示：在练习中，会用到 Discrepant（Skip）功能按钮。

10. 你也注意到前台把一位客人结账离店了。但是客房服务员告诉你客人仍住在房间里，这就引起了"Sleep"的状态。你和前台联系，让前台把这间房间改回到住房（Occupied）的状态。

提示：在练习中，会用到 Discrepant（Sleep）功能按钮。

11. 你收到了两周前离店的客人的留言，他说他把一双鞋落在客房里了。你检查了客人的丢失物品记录，查找到了客房服务员确实有捡到一双鞋。使用客房使用记录（Room History），锁定了那间房间。核对了客人的姓名、地址，然后把那双鞋返回给了客人。

提示：在练习中，会用到 Room History 功能按钮。

应收账款部分

12. 你们酒店刚批准了一个新的应收账号，可以直接转账到你最喜爱的餐馆。新建一个这个餐馆的公司客史，同时新建一个该餐馆的应收账号，信用额度为 2 万元人民币。这个账号的联系人和餐馆客史的联系人是一样的。建好后，再到应收账款中查找，以确定已经建好。

提示：在练习中，会用到以下功能按钮：

（1）Account Search

（2）Create New Account

13. 你最喜欢餐馆的应付账款部门打来电话，要求酒店无论何时把对账单寄到餐馆时，都要在

第六章 客房管理（Rooms Managemnt）模块和应收账款（AR）模块

信封上注明，要寄到他们应收付款部。到这家餐馆的应收账号中，更改这家餐馆的联系人和地址信息。

提示：在练习中，会用到 Edit 功能按钮。

14. 你注意到应收账号中有一个账号最近严重拖欠了付款，立刻调查该账户的以前消费信息及信用信息，决定是否将该账户纳入禁止使用的状态中。使用所有应收账款的选项功能和报表功能进行调查。

提示：在练习中，会用到以下功能按钮：

（1）Aging

（2）Year View

（3）Future Reservation

（4）AR Detailed Aging by Account Report

15. 在调查上面这个账户时，你又发现了一笔款项严重超期（超过了90天），什么时候付款也不知道。调查后，你发现这笔欠款是打错了账号。把这笔欠款调整到正确的账号中去。

提示：在练习中，会用到以下功能按钮：

（1）Post History

（2）Payment History

（3）Transfer

16. 在决定将上述应收账号纳入严禁使用的范围后，你在该账号上注明这个应收账号以后付款时将被禁止支付的原因。同时，通知相关部门每天催他们的应付部门，直至他们付清以前所有的欠款。最后，找出该账号的公司客史，看看能否找到该公司的邮件地址，发邮件通知他们该账号的状态。

提示：在练习中，会用到以下功能按钮：

（1）Notes

（2）Traces

（3）Profile

17. 你最喜欢服装店的应收账款部打来电话，说他们没有收到上一笔账目的明细单。找到该应收账号，查看并打印他们的账单。此外，他们上周在你们宴会厅开过会，还没有收到该笔费用的账单。调查后，你发现前台没有给该次会议建立账单。于是你就新建一个新的账单。建好后，把会议的费用打入新建的账单中。之后审核，又根据销售协议，把100元停车费又打入账单。

提示：在练习中，会用到以下功能按钮：

（1）View Invoice

（2）New Invoice

（3）Post New Charge

18. 打印上述对账单。

提示：在练习中，会用到以下功能按钮：

（1）Statements（Individual）

（2）Statements（Batch）

19. 打印所有严禁使用状态中的账号的催款信。

提示：在练习中，会用到以下功能按钮：

（1）Reminder Letters（Individual）

（2）Reminder Letters（Batch）

附录　关于 Opera PMS 系统中的英语简写形式

在 Opera PMS 系统中，在 Comment、Trace、Notes 等中输入内容常以英语简写形式输入。

简写形式必须是 Opera 系统中已经设置的。简写方法参见 Reason、Special、Package、Payment、Waiting List、Room Class、Room Type、Room Feature 及 Routing 等中的有关方法，或者公认的简写方法（如 Please 可以简写为 PLS，Department 可以简写为 DEPT 等），否则请使用完整的英语单词拼写。以下是建议采用的部分英语形式：

缩写形式	含义
01	费用须现付
02	费用须预付
03	费用可转账
CA	现金
CH	支票
CL	转账
P/A	抵店时预付
PD	已付清
AX	美国运通卡
DC	大莱卡
JC	JCB 卡
MC	万事达卡
VA	维萨卡
GW	长城卡
PC	牡丹卡
DR	龙卡
ETA	预计到达时间
ETD	预计离店时间
RM.***	房号
RM RT	房价
RM TP	房型
DISC	折扣
APPR	同意、授权

续表

缩写形式	含义
F.O.C	免费
FLT	航班
GARD	担保、保证
DPST	定金
ADVND	已有预付款
A/R	客人可挂账
SVC	服务费
TAX	税、城建费等
F&B	餐饮
REST	餐厅
EB	加床
FF	鲜花水果
FP	果盘
BC	生日蛋糕
LE	快洗服务
BR	浴衣
MB	小酒吧
TEL	电话
IDD	国际长途直拨
DDD	国内长途直拨
CLS	关闭
LD	延迟退房
T/A	旅行社
COM	公司
B/C	订房中心
GM	总经理
ASS	总经理助理
FOM	前厅部经理
SAL	销售部经理
RG	常客
VIP	重要客人
CPL	投诉
ASAP	尽快

第六章 客房管理（Rooms Managemnt）模块和应收账款（AR）模块

英语句子简写示例（建议）：

旅行社支付房费，其余自理，需付预付	T/A PAY RM RT，OTH P/A.
1001 房加床 1 个，17：00 准备好	EB（1）TO RM 1001，BEFORE 17：00.
1002 房速送鲜花水果 1 份	FF（1）TO RM 1002 ASAP.
1003 房投诉，速送鲜花水果 1 份	RM 1003 CPL，FF（1）TO RM ASAP.
加床免费，由 *** 同意	EB/F.O.C. APPR BY ***.
房费转账，其余自理	RM/03，OTH P/A.
电话费自理，其余所有费用转账	TEL P/A，OTH/03.
房费由公司现付，其余自理	RM/01 TO COM，OTH P/A.
房费由订房中心预付，其余自理	RM/02 TO B/C，OTH P/A.
房费已付，其余自理	RM PD，OTH P/A.
所有费用转账	03/ALL.
房费可转账，其余自理	RM A/R，OTH P/A.
已有预付款	ADVND WITH BKNG.
免收定金，由 *** 同意	NO DPST，APPR BY ***.
关机 / 撤吧	CLS IDD，DDD/CLS MINI-BAR.
有接机，预计到达时间：***，航班号 ***	PLS PICK-UP，ETA：***，FLT：***.

170

第二篇

系统初始化设置篇

引 言

引　言

前面篇章我们全面地学习了酒店管理信息系统（Opera）在酒店企业日常经营管理中的实际应用和运营操作，这些基于酒店企业日常运行的计算机管理信息系统是现代酒店运营的基础，现代酒店对客人各种服务的信息传递是通过计算机系统进行的，但在该系统投入运行之前，还需要进行初始化。由此我们不仅需要熟练运用和操作前端的系统，也需要了解和学习该系统一些基本计算机系统后台技术管理知识和基本的运维操作。酒店管理信息系统的初始化设置，是酒店运营的基础，也是提升酒店管理专业知识和能力的综合展示。

一、酒店管理信息系统（HMIS）的初始化设置

酒店的经营管理，前期的规划设计是至关重要的。在酒店市场战略定位确定后，酒店需要具体规划自己的各类服务产品，其中包括酒店的客房。如果一个新建酒店准备开业或者酒店进行升级改造，就需要对酒店管理信息系统进行初始化。初始化过程就是根据新建酒店的建筑结构、经营项目、设施等进行信息化，使酒店管理信息系统中有对应的经营服务项目、类别或科目。如果是已经经营开业的酒店，在运行了数年后，进行了较大规模的基础改造（如客房、餐厅或娱乐等基础设施的变更），同样也需要酒店对计算机管理信息系统进行初始化式的更新或重新设置。

我们这里介绍的酒店管理信息系统（Hotel Managerment Information System）主要是目前酒店应用较多的 Opera 系统，但无论什么品牌的酒店管理信息系统产品都需要进行类似的基础工作。一般情况下，酒店管理信息系统软件供应商提供给酒店的是一个"空"系统，每个酒店要将自身各种经营数据和参数输入系统中，如房间数、房型、房价、细分市场种类、应收款政策、客史项目、服务项目、房间状态类型等。换一个视角认为，在系统里设置好相关的参数，这个计算机系统才可以运转起来，这个过程可以称之为酒店管理信息系统初始化设置。

我们在前面章节学的各种模块操作，系统已经被初始化了，系统的基本参数已经设

置好了，所以我们才有可能进行各种操作，如房型、房价、房态等都是设置初始化好了，操作时可以在模块中进行对应的选择。从这个视角认识，酒店的初始化是一个参与酒店经营的规划过程，项目的设计反映的是管理者对酒店经营的策略和想法，如房型的确定、房价的确定、客史项目的取舍、酒店有哪些细分市场、提供哪些服务项目、收银策略等。一个完整的酒店系统初始化过程也是一个管理者对酒店经营管理的思路整合、梳理；是对自身酒店市场认知的映射。由此看来，我们可以通过系统初始化的实践过程，可以检验我们所学到的酒店经营管理知识，体验酒店经营管理策略及其如何通过管理信息系统来辅助支持实现酒店的经营管理目标。

在本章节中，我们介绍的 Opera 系统的初始化设置主要有七大模块：预订模块、房价模块、客史模块、收银模块、应收账款模块、佣金模块、其他杂项模块。这些模块是系统中已经设计好的，可行并可实施和操作。

二、Opera 初始化设置内容简介

Opera 的初始化设置主界面（Configuration）如图 1 所示，所有的设置都可以从上面任务栏中选择。任务栏中从左到右分别是：预订（Reservations）模块的设置、客史（Profiles）模块的设置、价格管理（Rate Management）模块的设置、酒店收银（Cashiering）模块的设置、应收账款（AR）模块设置、佣金（Commissions）模块设置、系统初始化（Setup）模块设置、业主（Property）模块设置、退出（Exit）。我们重点学习预订、客史、酒店房价（体系）、收银、应收、佣金等设置。

图 1 酒店管理信息系统（Opera）设置主界面

引 言

三、Opera 系统初始化设置准备

对 Opera 系统的设置主要是在计算机系统上学习和操作的，由此可以在老师讲授的前提下，做以下学习和上机操作准备：

（1）酒店管理模式和流程的复习。因为 Opera 的初始化设置（Configuration）的应用和操作是相对管理层面的，由此需要一定的酒店管理能力，特别是大型和高星级酒店的管理知识和应用能力，在上机操作之前，老师有必要和同学们一起，复习相关的酒店管理模式，特别是酒店前台经营管理流程。在掌握管理流程基础上进行操作，就容易理解 Opera 系统设置的目的，并能进一步学习深层次的酒店管理知识并提升管理能力。

（2）上机操作的角色分配。由于本教材是根据 Opera 系统进行编写的，上机操作和实训是酒店的实际应用管理信息系统，因此我们每次上机，要根据酒店企业的实际应用，对学生进行酒店企业的角色分配，如客房预订经理、宴会销售经理、应收账经理、酒店信息总监（CIO）等。角色的分配是根据系统的操作模块和实训的内容而定的，一般是根据实训进度和教学需要分配的。

（3）预设上机操作的账号。按酒店管理的操作规程和软件操作流程，先由专业教师为每个上机操作的学生设置操作练习的部门，根据员工所在部门开设员工的系统"账号、姓名和密码"。这样可以进行登录和实际操作了。

第一，登录，根据你的用户名和登录密码进入，登录界面（见图 2）；第二进入登录界面后选择操作的应用模块（Application）；第三要选择操作哪个酒店（Property）。这是因为 Opera 系统可以对酒店集团（连锁）进行管理，因此系统设置时需要我们选择集团下属的某个酒店。

在前期准备工作之后，我们就可以对酒店管理信息系统（Opera）进行设置，我们对 Opera 系统的设置（Configuration）学习是按模块进行的，为了结合酒店实际情况，我们的介绍以案例方式进行，这样更利于学生的理解和操作。

图 2　酒店管理信息系统（Opera）设置登录（Login）界面

酒店预订模块设置
(Hotel Reservation Configuration)

第七章

本章导读 通过本章的学习和实训，学生对酒店预订管理模块和预订操作流程有清晰的认知，对用计算机管理系统来完成此项工作有全面的理解和实际的操作能力，掌握酒店预订的管理模式和预订模块管理模块的设置操控。

酒店的预订是客人购买产品下单的开始，是客人期望酒店为其预留客房而进行有效的信息交换，酒店的预订专员通过计算机管理系统进行规范的预订。酒店对于来自第三方预订平台的订房信息，也需要和Opera系统对接，进行信息交换。由此在前面学习的基础上，我们将学习和操作整个预订系统的设置。预订模块的设置是后续系统设置的基础，将涉及酒店经营管理进行初始化或改变经营资源设置的数据。具体设置内容有：预订代码（Reservation Codes）、客房分类（Room Classifications）、商务团队（Business Blocks）、酒店楼层图规划（Floor Plans）、销售信息（Sell Messages）等。

知识和能力目标

1. 了解复习酒店的预订管理模式和预订流程。
2. 理解和掌握预订模块设置的初步知识。
3. 复习并能够熟练对散客或者团队进行预订。
4. 知晓对酒店客房分类的基础上，进行酒店客房产品的分类设置操作。
5. 能够查阅酒店楼层图并对其进行相应的基本设置。

第七章　酒店预订模块设置（Hotel Reservation Configuration）

　　本章是在知晓酒店企业的一般经营模式，特别是酒店前台的运营模式和流程的基础上，通过下面的实践操作，使我们能为酒店经营管理进行初始化或改变酒店经营资源设置，能够操作Opera（PMS Property Management System）模块的酒店预订设置，能够初步更改并进行设置的分析和优化。具体设置内容有：预订代码（Reservation Codes）、客房分类（Room Classifications）、商务团队（Business Blocks）、酒店楼层图（Floor Plans）、销售信息（Sell Messages）等。

　　假如在某地新建了一家酒店，该酒店拥有500多间各类客房，餐厅和娱乐设施较为齐全，而您将是该酒店销售部负责预订工作或者是酒店的销售管理者，为此首先要思考预订管理模式并设置酒店预订各种规则和参数，即客人想预订客房数量、类型、住店日期、房价等，而酒店需要建立（预订）客人的客史，如姓名、国籍、地区、销售渠道、消费记录、客人住店偏好等。一个成熟的酒店计算机管理系统已经为您提供了这样设置的导向，您可以按照此初始化设置模块（Configuration）一步一步地进行设置，操作Opera系统将按下面步骤进行。

第一节　酒店预订模块代码设置（Reservation Codes）

　　预订代码的设置主要是酒店企业根据管理的需要，通过代码设置，可以更方便信息传递、加工、处理，预订代码设置具体实训操作如下：

　　第一步：按照前面引言部分讲授的方法，在有授权的状况下，登录到（Opera Configuration），见图7-1。

图7-1　酒店管理信息系统（Opera）设置主界面

第一节 酒店预订模块代码设置（Reservation Codes）

第二步：在登录后，在任务栏中选择预订设置模块（图 7-2）。该模块下可以设置子模块有：①预订代码（Codes）；②客房分类（Room Classifications）；③床的类型（Bed Types）；④销售奖励（Sales Allowance）；⑤商务团队（Business Blocks）；⑥楼层平面图（Floor Plans）。可以按照子模块顺序操作。

图 7-2 预订（Reservation）设置模块

第三步：在预订（Reservations）模块下，可以点击"Codes"子模块，该子模块中列出了酒店需要设置的内容，如图 7-3 所示。可以根据中间列表进行设置操作。

图 7-3 预订代码（Reservations Codes）模块设置

177

第七章 酒店预订模块设置（Hotel Reservation Configuration）

第四步：待修房原因（Out of Order Reasons）设置。从这里开始，管理者可以按照自己酒店的经营要求进行设计和设置。一般而言各个酒店集团会有自己的设置标准。在酒店管理中，首先需要对"待修房（Out Of Order）"和"停用房（Out Of Service）"进行设置，在酒店中"待修房"一般是指工程技术部将要修理的客房，OOO 房将不计入当日的可用房（VC）范围，即不计入客房出租率内。"停用房"一般是酒店因季节性原因，如节约酒店综合能源等因素进行封闭楼层时而设置的，OOS 将计算在酒店当日的出租率中。您需要完成的任务就是对这两种代码原因进行描述，即输入原因（图 7-4）。这里的代码一般用缩写的英文大写字母代表，如 FD 代码表示为家具损坏（Furniture Damaged）；DRAL 代码表示排水故障（Drainage Blocked）；FREM 代码表示地板翻新（Floor Refurbishment）。这里可以进行上机实训，输入各种代码和对应的原因，酒店前台在业务操作过程中可以知晓哪些客房在修理的状态和工程部修理的原因。

图 7-4 待修房（Out of Order Reasons）设置

第五步：预订类型（Reservation Type）设置，这是对新建酒店进行基础性的设置。预订类型的设置是酒店或酒店集团对酒店市场分析的基础性工作和重要环节，是营销、前台部门市场分析必要工作。预订类型的设置涉及前厅、销售、收益管理等部门。一般酒店会建立较细分的预订类型，对预订和市场分析会有帮助。Opera 系统也给出了模板（Template）（图 7-5），可以根据模板进行设置。还从酒店业主（Property）管理层面上进行设置，点击客房类型，可进入预订代码的编辑，预订代码的编辑可以见图 7-6。在这个界面上，可以操作预订各类的"需求"定义。这些定义操作，可以应用于预订部门，这样预订就有了规范。这些规划一般需要符合当前酒店集团的要求，如万豪、洲际等独立经营的酒店可以根据自身的管理模式进行设置。然后，可以细化预订类型设置，如预订到达时间、信用卡需求、押金规则、取消预订规则。

图 7-5 预订模块客房类型（Reservation Type）设置

图 7-6 预订设置编辑（Reservation Type-Edit）设置

第六步：定金规则（Deposit Rule）设置，对客人的支付"定金"进行规范化设定，具体设置和编辑如图 7-7 所示。客人"定金"（押金、押卡）规则的制定是酒店依据行业的普适原则进行的，酒店根据行业通则和酒店市场的情况制定支付定金的方式，如预

179

第七章　酒店预订模块设置（Hotel Reservation Configuration）

付 50% 定金、预付 48 小时定金、预付 49 小时定金的 50% 等。酒店的销售、财务、前厅等部门会参与该规则的制定。

图 7-7　住宿定金规则（Deposit Rule）的设置

第七步：预订取消规则（Cancellation Rule）设置，客人由于各种原因会取消已经预订的客房，酒店需要制定相应的取消规程，设置方式如图 7-8 所示。客房预订取消是前厅操作重要环节，对预订取消的规则也要预先告知客人。在制定此类规则时，可以尽可能考虑多种情况，如对客人已经预订，但没有按时到达；提前到达；取消预订的提前时间等。

图 7-8　取消预订规则（Cancellation Rule）设置

第一节 酒店预订模块代码设置（Reservation Codes）

第八步：客房折扣原因（Discount Reasons）设置，客房折扣制定是酒店市场营销和销售的重要工作，酒店会根据市场情况，依据收益管理的分析，及时调整房价。客房的折扣（Discount）会随着季节、市场和营销活动等因素而变化。但折扣的原因代码需要预先制定，制定操作如图 7-9 所示。图中列举了一些折扣代码，如销售经理（DOS）批准、销售部经理（DOSM）批准、总经理（GM）批准、预订经理（RES）批准、夜值经理（NIGHT）批准、前厅经理（FOM）批准、住店经理（RESMGR）批准、投诉原因（PDOM）的折扣、汇率调整（RATE AJUST）折扣等。

图 7-9 房价折扣原因（Discount Reasons）设置

在运营过程中，可以不断新建或者修改折扣原因，具体在以下界面中操作（图 7-10）。

图 7-10 新建折扣房价（Reservation Discount Reasons）设置

181

第七章 酒店预订模块设置（Hotel Reservation Configuration）

第九步：取消预订原因编码（Cancellation Codes）设置，取消预订原因代码操作（图7-11）。这个操作和前面操作有相似地方。

图7-11 为客人取消预订的代码（Cancellation Rules）设置

第十步：客源编码（Origin Codes）设置，客源编码是住店客人来源分析基本数据设置，对客源的分析是酒店营销更是酒店的重要工作。下面界面操作是针对客源预订方法的来源分析。此编码主要体现客源预订途径，为客源预订渠道分析打下基础，具体设置如图7-12所示。

图7-12 预订客源代码（Origin Codes）设置

第十一步：预订候补优先级别（Waitlist Priorities）设置，酒店对候补预订进行分类和级别排序，预订候补优先级别设置代码操作和上面类似，具体操作如图 7-13 所示。

图 7-13 客房预订候补优先级别（Waitlist Priorities）设置

第十二步：客人类型代码（Guest Type）设置，可以对客人类型进行新建、编辑与修改，操作如图 7-14 所示。这为客人市场分析打下基础。

图 7-14 客源类型代码（Guest Type）设置

第十三步：特别信息提示（Alerts）代码设置，为了更好精准为客人服务，Opera 系统中设立了信息提示，提示代码需要预先设置，具体设置如图 7-15 所示。

例如设置客人的特殊需求，再如为临近或正在办理入住/离店手续时进行操作提醒，操作提醒代码可以作为酒店向客人提供服务细微服务的备忘之用。例如，客房需要使用

第七章 酒店预订模块设置（Hotel Reservation Configuration）

无烟房、客房朝向等。

图 7-15 服务特别信息提示（Alerts）代码设置

特别信息提示（Alerts）的编辑界面见图 7-16，酒店为客人服务的细微提示可以根据酒店自身服务的特点编辑。

图 7-16 服务特别提示（Alerts-Edit）编辑界面

以上对前台操作代码设置进行了介绍，这些代码是为前台操作提供方便，同时也需要操作人员对代码熟悉，便于操作。这些代码的设置为酒店的市场分析打下了基础。根据上面的操作步骤和运营思路，可以完成本章后面的操作练习。

第二节 酒店客房分类设置（Room Classifications）

依据新建酒店或改造酒店的经营思路和目标，我们已经先对预订系列的管理代码进行了设置，按照流程我们将对客房进行分类设置，酒店的客房类型在规划和设计时已经基本确定，Opera 系统依据这些进行下列步骤的设置：

第一步：在进入预订（Reservations）设置模块后，选择客房分类（Room Classifications）子模块（图7-17）。在进入该模块之前，建议先将酒店的客房预先分类，如：标准房、大床房、套房、豪华套房、总统套房等。

图7-17　客房类型（Room Classifications）设置

第二步：客房分类（Room Classes）设置，是根据酒店建造时设计确定的，但方案的确定也需要根据市场的需要，有时酒店会根据市场而进行客房类型的改造。由此这个设置会有变动，但变动不是很频繁。具体设置操作见图7-18，可以对客房分类进行新建、编辑、修改等。其中包括对客房面积、楼层的安排（高、中、低区）、区域的安排（如行政区、主楼区等）、床的大小、客房类型的数量等。这些设置是酒店拥有客房分的大类，下一步再按每一类进行设置和细化。

第七章　酒店预订模块设置（Hotel Reservation Configuration）

图 7-18　客房类型（Room Class）设置

第三步：对客房进行细化（Room Types）设置，在前一步的基础上，按照客房分的大类，对每一间客房进行类型设置，这个设置要求细化，如每间客房进行类型全面设置：客房级别、客房类型、客房数量和客房的具体运营参数描述，如房价码、床的类型、公开房价、有效期等。具体操作如图 7-19 所示。这项设置比较烦琐，对酒店拥有的客房逐一进行。如果酒店改造也需要对应进行修改，是 Opera 系统中的客房数据和酒店实际运营的情况完全一致。高星级酒店还需要对酒店的客房的图形进行输入，使前台操作可以看见销售的客房平面图（房型），具体操作如图 7-20 所示。

图 7-19　客房细化（Room Types）设置

图 7-20　客房房型图（Room Type）添置

第三节　酒店客房床的类型设置（Bed Types）

对酒店客房的设置是按照从客房区域到客房类型、从客房类型到每间客房、从客房到客房精细的设置。客房的床是一个重要的精细设置，由此 Opera 系统单独给了一个子模块进行设置。客房床的类型设置直接涉及市场定位和销售，这个设置和原先建造酒店的结构有关联，也和酒店为迎合市场进行改造有联系。如现在比较流行的大床房，酒店在新建或改造时会多增加些此类房型，以迎合市场和客人的需求。客房床的设置操作，要先进入客房类型模块（图 7-18），选择床设置的选项进行操作。对酒店床的设置（Bed Types），一定要根据酒店客房的实际情况，图 7-21 是一家酒店客房床的设置代码。

随着时代发展和客人需求的变化，酒店的客房类型也会适应变化。通过客房改造和再装修等，变化客房的风格，以适应酒店的运营变化。为此在 Opera 系统中也做相应的代码调整。

图 7-21 客房床类型设置（Bed Types）

第四节 酒店销售津贴设置（Sale Allowance）

Opera 系统中设置了销售津贴子模块，目前酒店应用这个模块的较少。酒店销售津贴设置操作如图 7-22 所示。

图 7-22 销售津贴设置（Sales Allowance）

第五节　酒店商务团队的设置（Business Blocks）

　　酒店商务团队是酒店重要的客源，Opera 系统对商务团队进行了单独的设置。商务团队（Business Blocks）代码设置子模块为商务团队的销售和管理进行必要的设置，设置应按照酒店集团要求和营销策略进行。设置内容有：预订类型（Booking Types）、预订方法（Reservation Methods）、预订取消原因（Block Cancellation Reasons）、团队预订丢失的原因（Block Lost Reasons）、酒店拒绝客人预订的原因（Block Refused Reasons）、客人取消预订而另外选择的酒店（代替的目的地）代码（Destination Codes）、按合同的付款内容（Contract Billing）、团队状态代码（Status Codes）、合同状态代码（Contract Status Codes）（图 7-23）。

图 7-23　商务团队设置（Business Block）

　　根据酒店的经营情况，可以进行下面的商务团队的设置操作：
　　第一步：商务团队预订类型（Booking Types）。先进入预订设置模块，按目录顺序进入，预订模块（Reservation）/商务模块（Business Blocks）/商务团队预订类型（Booking Types），具体操作如图 7-24 所示。由于商务团队比散客服务的内容比较多，并且具有规模效应，由此预订商务散客的代码比较多。酒店行业普遍认为做商务团队的预订比散客预订复杂，容易出现差错，需要记忆后预订代码也较多。因此商务团队代码的设置既是难点也是重点。

第七章 酒店预订模块设置（Hotel Reservation Configuration）

图 7-24 预订 Booking Type 设置界面

第二步：预订方式设置（Reservation Methods）。在完成第一步设置后，要对商务团队预订方式进行代码设置，具体操作如图 7-25 所示。

图 7-25 商务团队预订方式设置（Reservation Methods）

第三步：商务团队预订取消原因（Block Cancellation Reasons）代码设置，具体操作如图 7-26 所示。

第五节 酒店商务团队的设置（Business Blocks）

图 7-26 酒店商务团队预订取消代码设置（Block Cancellation Reasons）

第四步：对商务团队预订丢失的原因（Block Lost Reasons）代码进行设置，团队预订取消一般较多为外部不可抗拒等因素，酒店不希望发生此类事件。由此酒店会非常细致设置这些代码，对商务团队进行跟踪。具体设置如图 7-27 所示。

图 7-27 酒店商务团队丢失原因代码设置（Block Lost Reasons）

第五步：对酒店拒绝客人预订的原因（Block Refused Reasons）进行设置。由于酒店自身原因拒绝客人，这种情况很少，但也要进行规范，具体设置如图 7-28 所示。

第七章 酒店预订模块设置（Hotel Reservation Configuration）

图 7-28 酒店婉拒客人代码设置（Block Refused Reasons）

酒店拒绝客人预订的原因代码：
代码 Code　描述 Description
CRED　　信用问题
MTGS　　会议室安排原因
NDIS　　自然灾难
　　　　（上帝原因）
ROOM　　客房售完
RTNA　　房型不合适
SECU　　安全/恐怖

第六步：对客人取消预订而另外选择的酒店（代替的目的地）代码（Destination Codes）进行设置。具体操作如图 7-29 所示。同样这些设置对分析竞争酒店和酒店之间的协作有着很重要的作用。

客人取消预订而另外选择的酒店（代替的目的地）代码：
代码 Code　描述 Description
SHA　　香格里拉
MAR　　万豪
OT4　　其他 4 星酒店
OT3　　其他 3 星酒店等。

图 7-29 为客人寻找其他酒店代码设置（Destination Codes）

第六节　酒店楼层图设置（Floor Plans）

从酒店建筑角度，酒店楼层不会经常变更。楼层图设置比较简单，可以根据建造好酒店的楼层图进行设置，具体操作如图7-30所示。

第一步：对楼层图进行设置。先进入楼层规划目录，预订（Reservations）/楼层规划（Floor Plans）。

图7-30　酒店楼层规划设置界面（Floor Plans）

进入某楼层时，也可根据酒店楼层的平面图进行设置，如图7-31所示。

图7-31　酒店楼层平面图设置（Floor Plans）

第二步：对酒店客房布局进行设置（Room Layout）。楼层设置的基础上，对客房进行设置，这个操作相对比较简单，如图 7-32 所示。

图 7-32　酒店客房房型图设置（Room Layout）

第七节　存货清单设置（Item Inventory Setup）

对主要用于酒店房务中心（Housekeeping）小仓库建立账目之用。仓库的库存物品主要用于借给客人之用。在 Check-out 时，会提示没有归还的物品。这个小存货清单管理上不难而是烦琐。设置时也很花时间，具体操作如图 7-33 所示。

图 7-33　酒店房务中心存货清单设置（Item Inventory Setup）

练习题

1. 根据预订代码设置的操作步骤，请同学们以 4~5 人为一个学习小组，进行角色分配，对酒店预订代码进行设置。设置内容如下：

（1）客房待修房原因（Out of Reasons）设置，设置 5 个原因。

（2）预订类型（Reservation Type）设置，这个请参考附表。

（3）定金规则（Deposit Rule）设置，要求设置 5 个规则。

（4）取消预订规则（Cancellation Rule）设置。

（5）客房折扣原因（Discount Reasons）设置，要求有 8 个原因。

（6）取消预订客人编码（Cancellation Codes）设置，要求设置 5 个原因。

（7）客源编码（Origin Codes）设置，为客源预订途径分析，请写出本酒店所有的预订渠道和途径。

（8）客人类型设置（Guest Type）设置，请写出本酒店的所有客人类型的设置。

2. 以班级为单位，对习题 1 的设置，进行互评，互评要求对小组设置合理性进行分析。具体步骤如下：

（1）互评打分的规则是：每小题的最高分为 10 分，共 8 小题，最高分为 80 分。总分是各个小组评分之和，按得分的高低排序。

（2）对前三名，进行综合评价。先由小组自己讲解，再由老师评价。

（3）对好的设置方案，进行普及，要求每个小组再设置一次。

评分表如下：

序号	1	2		N
1				
2				
N				
小组总分				

3. 根据客房分类的操作步骤，我们以 4~5 个同学为一个小组，进行客房的资源设置。我们设想建造了一家五星级酒店，拥有 300 间客房，我们进行设置。设置分为：客房分类（Room Classes）、客房类型（Room Types）、客房图形。数量多少和类型的

第七章 酒店预订模块设置（Hotel Reservation Configuration）

分类由每个小组根据市场分析进行，最后以设置的抓屏为依据，进行小组之间的交流。

4. 根据习题3的设置，以小组为单位，做一个市场预测的报告，报告要求：客房出租率预测和收益预测。

5. 根据商务团队设置的操作步骤，我们以4~5个同学为一个小组，设想一家酒店，对该酒店进行描述（包括：地域、规模、性质等），在此基础上，进行上面的设置。设置：预订类型（Booking Types）、预订方法（Reservation Methods）、预订被取消原因（Block Cancellation Reasons）、团队预订丢失的原因（Block Lost Reasons）、酒店拒绝客人预订的原因（Block Refused Reasons）、客人取消预订而另外选择的酒店（代替的目的地）代码（Destination Codes）等。每个小组对其中2个设置方案进行演示、说明。

6. 如果你所在的酒店附近要新建两家五星级酒店，你怎么调整习题5的设置，说出理由。

7. 根据本章介绍的操作步骤，以4~5个同学为一个小组，以本章开始设定的新建酒店模式，对该酒店进行设置。

8. 建立房务中心的小仓库目录，品种不少于20种。

第八章 酒店客史设置（Profiles）

本章导读 通过本章的学习与实验，学生对酒店企业如何建立和管理客人的资讯有全面的理解和操作的能力，并能从酒店经营管理的高度来认识酒店客史模块设置的重要性和实际操作的专业性。

本章学习和实训的主要内容是：对客人历史进行记录、保存、分析、挖掘之用。在 Opera 的中客史包括了下面设置要素：客人偏好倾向（Preferences）、客人的地理区域数据库（Geographical Data）、称谓（头衔）（Titles）、关系种类（Relationship Types）、会籍会员（Memberships）、联系类型（Communication Types）等。这些子模块的设置会影响酒店的营销和销售。

知识和能力目标

1. 对酒店管理信息系统中的客史作用有全面的认识。
2. 对客史的设置有全面的认知。
3. 使学生掌握酒店管理信息系统中的客史设置和应用。
4. 熟练操作客史设置。

第八章 酒店客史设置（Profiles）

本章是为酒店企业在经营管理中，建立必要的客史进行基础性的设置，主要是对客人历史进行记录、保存、分析、加工和数据挖掘之用，为整个酒店的营销服务。随着市场的竞争激烈程度的提高和信息化应用的深入，这个模块在酒店的应用越来越重要。在Opera 的中客史包括了下面设置要素：客人偏好倾向（Preferences）、客人的地理区域数据库（Geographical Data）、称谓（头衔）（Titles）、关系种类（Relationship Types）、会籍会员（Memberships）、联系类型（Communication Types）等。这些子模块的设置为客史的有效建立做了数据收集的基础性工作，模块的设置也反映了酒店管理层的管理理念和思路。

在 Opera 系统中，客人的客史建立是在系统设置（Configuration）/客史（Profile）目录下进行的，见图 8-1。

图 8-1 客史设置界面（Profiles）

第一节 客人偏好倾向设置（Preferences）

酒店前台经营是围绕客人服务进行的，对客人偏好倾向的管理，是酒店细微温馨化服务的一个重要基础。对客人偏好倾向进行预先代码编制，在酒店服务中加以应用，是这个模块要完成的任务，具体设置步骤如下：

第一步：客人的偏好倾向设置分个人和团队两类，如图 8-2 所示。在操作时可以选择其中一类进行。

第一节 客人偏好倾向设置（Preferences）

图 8-2 客人的偏好倾向设置（Preferences）

第二步：进行团队客人偏好倾向（Preference Groups）设置，操作如图 8-3 所示。这个设置主要是针对酒店服务的旅游团队或商务团队。如：对团队浴缸的偏好（日本团队偏好泡澡）等。

图 8-3 团队偏好设置（Preference Groups）

第三步：进行客人偏好倾向（Preferences）设置，操作如图 8-4 所示。这些设置可以根据酒店客源具体情况设置。

199

第八章 酒店客史设置（Profiles）

图 8-4 客人偏好倾向设置（Preferences）

第二节 客人的地理区域数据库设置（Geographical Data）

客源的地理区域数据库（Geographical Date）的设置是对客源市场分析的基础性设置。这个子模块的建立对客源的市场分析和营销的数据挖掘起到了关键作用。设置包括：语言（Languages）、国籍（Nationalities）、地区（Regions）、国家（Countries）、州（States）、区（Districts）、城市及邮编（Cities and Postal Codes）、距离类型（Distance Types）和客人习惯（Custom）等（图 8-5）。具体设置步骤如下。

图 8-5 酒店客源市场地理区域代码设置（Geographical Data）

第一步：对语言（Languages）和国籍（Nationalities）进行编码，操作如图8-6所示。

图8-6 客源国籍代码设置（Nationalities）

第二步：对地区（Regions）、国家（Countries）编码进行操作，设置操作如图8-7、图8-8所示。

图8-7 客源区域代码设置界面（Region Codes）

图 8-8　客源国籍代码设置（Country Codes）

第三步：对州（States）、区（Districts）编码进行操作，设置操作如图 8-9 所示。

图 8-9　客源省（州）代码设置（State Codes）

第四步：对州（States）、区域（Districts）代码设置，具体操作如图 8-10 所示。

第二节 客人的地理区域数据库设置（Geographical Data）

图 8-10 客源大区域的代码设置（Region Codes）

区（Districts）的设置：如：
SAM　South America 南美
NAN　North America 北美
等

第五步：对城市及邮编代码（Cities and Postal Codes）进入设置，具体操作如图 8-11 和图 8-12 所示。

这些设置很重要，如此，酒店与客人之间的联系有了基本信息，如账单往来，催款等。

城市及邮编（Cities and Postal Codes）进行设置，例表显示。

图 8-11 客源城市及邮编设置（Cities & Postal Codes）

203

第八章 酒店客史设置（Profiles）

图 8-12 城市与邮编设置界面（Cities & Postal Codes-Edit）

第六步：对距离类型代码（Distance Types）（用公里、英里等）进行设置，具体操作如图 8-13 和图 8-14 所示。

图 8-13 客源距离类型代码设置（Distance Types）

204

图 8-14　客源距离类型设置（Distance Types-Edit）

第三节　客人称谓建立（Titles）

这个代码库的建立是酒店前台为客人服务的一个重要环节，为更好地接待客人，对客人的尊称是很重要的，这里有语言的应用问题，设置时请注意，具体设置操作如图 8-15、图 8-16 所示。

图 8-15　客人称谓设置代码（Titles）

第八章 酒店客史设置（Profiles）

图 8-16 客人称谓设置界面（Extended Titles）

第四节 关系种类代码设置（Relationship Types）

酒店的销售渠道是多样性的，其中对第三方合作伙伴的管理，在当前旅游电子商务大发展的状况下显得更为迫切和重要。这里关系种类的构建主要是旅行社、会展公司、OTA 等。对这些销售渠道的合同管理并建立相应的客史，是销售工作任务之一，也是客户关系管理的基础。其系统设置操作比较复杂，具体操作如下：

第一步：在关系会员（Relationship Memberships）目录下，进行合作来源设置，如图 8-17 所示。在合作来源中可以新增、编辑等操作，如图 8-18 所示。

图 8-17 关系会员设置（Relationship Memberships）

图 8-18 关系会员新增和编辑（Add/Edit Relationship）

第五节 会籍会员设置（Memberships）

会籍会员是酒店最宝贵的资料，是市场营销的重要对象之一。会籍会员资料的建立，方便了营销部门，提高了效率，也为酒店市场分析打下了基础。会籍会员的建立是在客史（Profile）/会籍会员（Memberships）目录下，如图 8-19 所示。

图 8-19 会籍会员客史设置（Memberships）

第一步：会籍会员分类（Membership Classes）。先对会籍会员进行分类设置，这里会籍会员分类主要是指航空常客公司客人、忠诚客人（回头客）等，是为下面客人类型

207

而进行的大类设置，如图 8-20 所示。

图 8-20　酒店会籍会员分类设置（Membership Classes）

第二步：对会籍会员类型（Membership Types）进行设置。在上面酒店会籍会员分大类的基础上，进行会员大类下面的细分，包括对会员实施计划等，设置如图 8-21 所示。

图 8-21　会籍会员细分代码设置（Membership Types）

第三步：对会籍会员细分进行编辑，操作如图 8-22 所示。

第五节 会籍会员设置（Memberships）

图 8-22 酒店会籍会员编辑（Membership Types-Edit）

第四步：会籍会员报表批处理（Membership Transaction Groups）。对会籍会员报表处理进行预设，操作见图 8-23。

图 8-23 酒店会籍会员报表设置（Membership Transaction Groups）

209

图 8-24　酒店会籍会员报表编辑（Membership Transaction Groups）

第五步：会籍会员市场分组（Membership Market Groups）。此操作对会籍会员市场分组，主要区分会员性质，如公司客、观光客等。具体操作见图 8-25。

会籍会员市场分组设置操作。（Membership Market Groups）

图 8-25　酒店会籍会员市场分组设置（Membership Market Groups）

第六步：会籍会员费用分组设置（Membership Rate Groups）。对酒店会籍会员费用消费分组，见图 8-26。

第五节 会籍会员设置（Memberships）

图 8-26 酒店会籍会员费用设置（Membership Rate Groups）

第七步：会籍会员数据库输出数据（Membership Export）。这个步骤的操作主要是看设置的情况，把数据输出，操作见图 8-27。

图 8-27 会籍会员数据库输出数据设置（Export File List）

第八步：联系类型设置（Communication Types）。这个设置主要为客人设定联系类型进行分类，操作比较简单，见图 8-28。

211

图 8-28　客人联系类型分类设置（Communication Types）

第九步：地址类型（Address Types）。本设置是在前面设置基础上，为客人通信地址进行设置，操作比较简单，见图 8-29。

图 8-29　客人联系地址类型设置（Address Types）

第十步：地址格式（Address Formats）。这个操作是为适应不同国家需要的信函格式而设置的。操作见图 8-30 和图 8-31。

第五节　会籍会员设置（Memberships）

图 8-30　酒店客人地址设置（Address Formats）

图 8-31　客人通讯地址编辑（Address Formats-Edit）

第十一步：邮寄作业代码（Mailing Action Codes）。这个设置是为发客户公关信函，如圣诞节、新年而设置的邮件代码，操作见图 8-32。

213

第八章　酒店客史设置（Profiles）

图 8-32　客人邮寄代码设置（Mailing Action Codes）

第十二步：奖励（Awards）。这个操作是为酒店向客人发放奖励品而设置的代码，操作见图 8-33。

图 8-33　客人奖励代码设置（Awards）

第十三步：客户类型（Account Types）。客户类型是指搜集从哪来的客人、客源信息，如本地、航空公司、政府部门等），具体操作见图 8-34，编辑见图 8-35。

第五节　会籍会员设置（Memberships）

图 8-34　客户类型设置（Account Types）

图 8-35　客户类型编辑（Account Types-Edit）

　　第十四步：重要客人级别（VIP Levels）。酒店重要客人级别设置的操作，是非常最重要的设置，关系到服务和客源市场等各个方面，酒店前台运营一直会应用这个设置，进行分类配置，设置操作如图 8-36 所示。

215

第八章 酒店客史设置（Profiles）

图 8-36 酒店客人 VIP 等级分类设置（VIP Levels）

第十五步：公司类型（Company Types）、旅行社类型（Travel Agent Types）。公司类型和旅行社类型的设置，操作比较简单，主要由于对合作公司和旅行社的分类，公司具体设置见图 8-37，旅行社（代理）设置见图 8-38。

图 8-37 公司或者旅行社分类设置（Company Types）

图 8-38 旅行社类型设置（Travel Agent Types）

第十六步：关键词类型（Keyword Types）。这个设置是为客人信息中的一些重要信息，如社保卡、驾照、身份证等进行代码设置，设置见图 8-39。

图 8-39 客人关键词类型设置（Keyword Types）

练习题

1. 根据本章学习的内容和设置步骤，请同学们以4~5人为一个学习小组，进行角色分配，对酒店预订代码进行设置。设置内容如下：

（1）客人偏好倾向Preferences设置，设置3个原因。

（2）客人的地理区域数据库geographical Data设置，设置要求，每个参数要3个设置。

（3）称谓（头衔）（Titles）设置，要求设置2个规则。

（4）关系种类（Relationship Types）设置，请根据需要进行设置。

（5）会籍会员（Memberships）设置。小组先出方案，再进行设置。

（6）联系类型（Communication Types）设置，要求设置5个原因。

2. 请同学们以4~5人为一个学习小组，对酒店重要客人级别（VIP Levels）分配进行讨论，做个级别表，说明理由，最后进行设置的操作。

3. 分小组（4~5人）对会籍会员（Memberships）建立模块进行操作，分清会籍会员分类（Membership Classes）和会籍会员类型（Membership Types）的区别，对会籍会员类型（Membership Types）进行设置，要求设置3个。

4. 要求每个同学，做地址格式（Address Formats）的操作，设置3种格式。

酒店价格策略模块设置（Rate Management）

第九章

本章导读 随着数字化时代的到来，酒店应用数字化技术与手段在不断地提升。酒店经营管理已经开始收益管理（Revenue Management）的应用与实践。而酒店的价格策略是收益管理实践的重要实践部分，对酒店房价等设置是酒店应对市场的需求。通过本章的学习和操作，学生对酒店企业价格策略有全面的认知，学习操作酒店价格策略模块的设置，参与酒店实际的价格策略管理。

本章涉及酒店的营销策略、价格策略、价格竞争方法等要素的设置。酒店的价格策略直接营销酒店的客房率、平均房价和酒店的收益。本章的内容包括房价管理模块的设置（About Rate Management Configuration）、最佳可用房价的设置（BAR，Best Available Rates Configuration）、房价分级（Rate Classifications）、包价销售（Packages）、价格策略（Rate Strategy）设置等。

知识和能力目标

1. 对酒店运营中实施的价格策略有全面的认知。
2. 对酒店收益管理（Revenue Management）有初步的认识。
3. 熟练操作酒店价格的策略设置。
4. 能根据酒店管理层的要求，对酒店的价格进行修改。

第九章 酒店价格策略模块设置（Rate Management）

本章从酒店战略管理的层面，讨论与实践酒店的价格策略。将酒店的营销策略、房价策略、房价竞争方法等要素进行比配。酒店的价格策略直接影响酒店的出租率、平均房价和酒店的收益。在知晓酒店企业（Hotel）的一般经营模式，特别是酒店前台的运营模式和流程的基础上，进行房价策略的设置，有助于酒店的房价的掌控、管理。这部分内容包括：关于房价管理模块的设置（About Rate Management Configuration）、最佳可用房价的设置（BAR，Best Available Rates Configuration）、房价分级（Rate Classifications）、包价销售（Packages）、价格策略（Rate Strategy）、促销（Promotions）等。在登入 Opera 系统的 Configuration 主界面后，这部分的设置任务将在价格管理（Rate Management）目录下设置，见图 9-1。

图 9-1 酒店房价管理设置（Rate Management）

第一节 房价代码设置（Codes）

在酒店经营管理过程中，酒店运营应用各类的代码设置，使得管理与服务信息传递的标准化、免误判，达到酒店运营流畅的目标。这些代码使用对酒店的房价控制、销售、操作，起到了有效的管理。销售部使用房价码进行房价的掌控，前台接待人员使用房价码，进行接待时的操作，某种意义上说在高星级酒店，离开房价码将无法实施酒店的经营目标。前台接待客人离不开房价码的应用。下面将按 Oprea 系统的步骤进行设置。

第一步：对市场分组（Market Groups）进行设置。和前面设置逻辑概念一样，先进行大概念的分类，这里进行市场分组，见图 9-2。

图 9-2 酒店市场分组设置（Market Groups）

第二步：市场代码（Market Codes）。对市场进行代码（Market Codes）设置，设置具体见图 9-3。

图 9-3 酒店市场代码设置（Market Codes）

对酒店市场设置进行编辑，见图 9-4。

第九章 酒店价格策略模块设置（Rate Management）

图 9-4 酒店市场代码编辑（Market Codes）

第三步：拒绝预订条件代码（Turn away Codes）。这个设置代码主要为酒店不能满足客户要求时设置的代码。如满房或客人的要求达不到等状况的代码。设置见图 9-5。

图 9-5 酒店拒绝预订条件代码设置（Turn Away Codes）

对酒店拒绝预订条件代码的编辑，见图 9-6。

图 9-6　酒店拒绝预订条件代码编辑（Turnaway Codes）

第四步：来源代码编辑（Source Codes）。这个主要用于客源销售渠道的分析，为下一步营销和销售打下数据分析基础，编辑见图 9-7。

图 9-7　客源销售渠道代码设置（Source Codes）

对来源代码（Source Codes）编辑操作，见图 9-8。

第九章　酒店价格策略模块设置（Rate Management）

图 9-8　客源销售渠道编辑（Source Codes-Edit）

第二节　房价分级设置（Rate Classifications）

酒店房价分级设置主要包括：房价种类（Rate Categories）、价格代码（Rate Codes）、季节代码（Season Codes）、价格信息模板（Rate Info Template Rate Tiers）、价格策略（系列）等要素的设置。对房价的分级设置是在价格管理（Rate Management）/ 房价分级（Rate Classifications）目录下进行的，见图 9-9。具体设置过程按下面步骤进行。

图 9-9　房价分级设置（Rate Classifications）

第一步：房价种类（Rate Categories）。房价种类设置是后续房价策略系列代码的基础，房价种类设置可以见图9-10。在此界面中可以对房价的包价等进行编辑，如00代码的包房价、05代码的最佳房价1、06代码的最佳房价2等。房价种类设置包括：日期、房型、价格码。

图9-10　房价种类设置（Rate Categories）

第二步：价格代码（Rate Codes）。价格码设置比较难理解，价格码包括某种价格的分类、房价执行开始时间、结束时间、价格码。酒店会在不同季节和时期推出不同的房价策略和价格。这方面是销售控制房价的必要途径。价格代码设置，具体操作见图9-11，价格代码的编辑见图9-12。

第九章 酒店价格策略模块设置（Rate Management）

图 9-11 房价代码设置（Rate Codes）

图 9-12 房价代码编辑（Rate Codes）

第三步：价格季节代码（Rate Seasons）。每个价格代码均有特定有效的日期段。当这个日期段每年都相同时，可以将其固定下来形成"季节"（非自然季节）代码，此季节代码与促销无直接关联。设置操作见图 9-13。

第二节　房价分级设置（Rate Classifications）

图 9-13　房价季节代码设置（Rate Seasons）

第四步：最佳可用房价选择（Best Available Rates Selection）。这个最佳可用房价设置往往是酒店短期促销的产品，对前台销售很有益。设置操作见图 9-14。

图 9-14　最佳房价设置（Best Available Rate Selection）

227

第三节　包价销售设置（Packages）

酒店的包价销售（Packages）是酒店促销的手段之一，酒店的营销、销售和酒店收益管理等部会根据季节、节假日、会展、赛事等推出包价产品。包价销售涉及前台、销售、收益部、客房、餐饮、娱乐等部门。包价的难点在酒店的价格策略制定，进入包价编辑界面，如图9-15。后续按Opera步骤进行设置。

图9-15　产品的包价（Packages）设置

第一步：酒店包价销售（Packages）编辑。在上面目录中进入包价（Packages）编辑，见图9-16。可以从过去编辑的列表中选择，见图9-17。也可以新的编辑，见图9-18。

图9-16　包价产品设置（Packages Groups）

图 9-17 包价代码列表（Package Codes）

图 9-18 包价代码设置（Package Codes）

第二步：包价销售预测分组（Package Forecast Groups）。包价预测是为了对市场的预估，这个模块和酒店收益管理可以互动，为酒店的价格定位提供支持，设置见图 9-19。

图 9-19 销售预测分组编辑（Package Forecast Groups）

第四节 价格策略设置（Rate Strategy）

价格策略（Rata Strategy）是酒店日常经营对房价控制可操作性的落实，这种策略会往往会以日期（周期）作为时间考量坐标。策略的制定会根据酒店自身的市场定位和市场环境而定，也是收益管理的应用之一，具体设置如下：

第一步：价格策略设置。在价格管理（Rate Management）/价格策略（Rate Strategy）目录下，先进入价格策略代码列表，见图 9-20。在列表中选择并进行编辑，见图 9-21。价格策略一定有时期的，编辑见图 9-22。

图 9-20　价格策略代码列表（Rate Strategy）

图 9-21　酒店价格策略编辑（Strategy-Edit）

第九章 酒店价格策略模块设置（Rate Management）

图 9-22 价格策略有效期设置（Rate Strategy-Availability）

第二步：包价的限制条件（Rate Restrictions）。包价应用的限制条件设置，见图 9-23。

图 9-23 包价限制条件设置（Rate Restrictions）

第五节　酒店活动日程表设置（Property Calendar）

酒店活动日程表设置是酒店应用信息化的手段，对酒店重大事件、活动、宴会等进行管理和运作。酒店活动日程表设置，为酒店管理层、一线的服务人员提供了酒店最重要活动的查询和执行的依据。在价格管理（Rate Management）/日程表（Property Calendar）目录下进行设置，见图9-24。对日程表编辑见图9-25。对重要事件的编辑见图9-26。

图9-24　活动日程表设置（Property Calendar）

图9-25　活动日程表设置（Property Calendar）

第九章 酒店价格策略模块设置（Rate Management）

图 9-26 事件代码设置（Event Codes）

第六节 促销设置（Promotions）

促销（Promotions）是酒店经常开展的营销活动，主要分市场计划（Marketing Programs）、促销码（Promotion Codes）的设置。酒店对这些设置是对促销进行一定的控制。前台操作人员在促销代码的引导下，进行促销的具体操作。对促销代码的设置是在价格管理（Rate Management）/促销（Promotions）目录下进行，见图 9-27。

图 9-27 促销代码设置（Promotions）

第六节 促销设置（Promotions）

第一步：市场计划（Marketing Programs）的设置。对市场计划进行设置，见图 9-28。

图 9-28 市场计划设置（Marketing Programs）

第二步：促销码（Promotion Codes）的设置。促销代码是酒店前台促销的基本依据，促销代码的设置，见图 9-29。促销代码编辑见图 9-30。促销代码删除见图 9-31。

图 9-29 促销代码设置（Promotion Codes）

图 9-30　促销代码编辑（Promotion Rate Codes）

图 9-31　促销代码删除操作（Promotions Details）

练习题

1. 根据本章学习的设置步骤，请同学们以 4~5 人成立酒店销售部门，进行角色分配（销售经理、区域经理、预订经理等），对市场分组（Market Groups）、来源代码（Source Codes）进行设置。

2. 请同学们以 4~5 人成立酒店销售部门，进行角色分配（销售经理、区域经理、预订经理等），对包价销售（Packages）编辑和设置。设置完后，进行"销售部门"的设置方案进行比较。各个"销售部门"提出自己销售包价优势。

3. 请同学们以 4~5 人成立酒店销售部门，对房价种类（Rate Categories）、价格代码（Rate Codes）、季节代码（Rate Seasons）进行设置。每个设置要求有 3 种代码。

4. 请同学们以 4~5 人成立小组，进行角色分配（销售部经理、收益部经理、餐饮经理、客房经理等），对包价销售（Packages）编辑和设置。对设置方案进行讲解，最后评出较优方案。

5. 请同学们以 4~5 人成立小组，对酒店活动日程表（Property Calendar）进行设置，设置完毕后，进行相互查询并进行相互评价。

第十章 酒店收银模块设置（Cashiering）

本章导读　通过本章的学习，学生对酒店企业收银模块的设置有全面的了解，对酒店行业收银岗位的特殊性有所理解。在此基础上，能够初步操作该模块的设置。

　　本章介绍酒店收银管理的模块，通过对收银模块的设置，使酒店企业收银工作实现信息化管理。通过学习能够初步进行收银模块的设置，并在今后的管理工作中，不断地分析和优化收银模块，为酒店经营服务。该模块的设置内容包括收银代码（Codes）、收入（Revenue）、外币（Foreign Currency）、收银员管理（Cashiers）、支付代码（Payment Codes）等。

知识和能力目标

1. 对酒店收银工作任务有较全面的了解和认知。
2. 能从信息化管理的视角认知酒店的收银模块。
3. 熟练操作酒店收银模块的设置。
4. 应用 Opera 系统的收银模块科学地管理酒店的收银工作。

本章是在知晓酒店企业的一般收银管理模式的基础上，应用酒店计算机管理信息系统，特别是酒店前台的收银业务基础上进行学习和实训的。由此希望大家复习一下酒店前台的收银知识和技能。通过下面的设置实践，掌握如何为酒店收银进行初始化或对收银进行管理，能够操作 Opera PMS（Property Management System）模块的酒店收银设置，能够初步更改并进行设置的分析和优化。具体设置内容：收银代码（Codes）、收益管理（Revenue）、外币（Foreign Currency）、收银员管理（Cashiers）、账页代码（Payment Codes）等。在 Opera 设置系统中为独立的模块，见图 10-1。酒店收银模块的设置可以按照 Opera 中的设置步骤分步进行，下面将逐步介绍。

图 10-1　收银模块设置（Cashiering）

第一节　收银交易代码设置（Codes）

收银交易代码的设置，必须在设置前做好规划，收银交易代码和酒店财务有勾稽关系，对财务统计有直接联系。代码的设置牵涉到营业额的分配，营业部门的统计数据等。收银交易代码的设置是酒店非常需要慎重对待的初始化任务。在酒店经营过程中，一般不轻易进行该类代码的变动，收银交易代码的变更会带来统计上的不连续性。对收银交易代码的初始化必须认真地设置。

按照 Opera 系统设置的逻辑概念，先进行大类的设置，具体步骤如下：

第一步：收银交易代码大类（Transaction Codes Group）设置。收银交易代码大类设置，一般是根据酒店的经营大部门进行设置的，如客房收益（Room）、餐饮收益（F&B）、非酒店收益（NOH）、健身俱乐部收益（HEAL）、集团销售包收益（PKG）等，设置操作见图 10-2。对收银交易代码的编辑见图 10-3。

第十章 酒店收银模块设置（Cashiering）

图 10-2 收银交易代码大类设置（Transaction Codes Groups）

图 10-3 收银交易代码大类编辑（Transaction Codes Groups-Edit）

第二步：收银交易代码小类设置（Transaction Codes Subgroup）。收银交易代码的小类是指在酒店一个部门下的不同营业点的收银分类，如餐饮部可以有多个中餐厅、西餐厅等。因此收银交易代码设置营业部门相对比较重要。具体操作见图 10-4。对收银交易代码小类的设置见图 10-5。

第一节 收银交易代码设置（Codes）

图 10-4 收银交易代码小类设置（Transaction Codes Subgroups）

图 10-5 收银交易代码小类编辑（Transaction Codes Subgroups-Edit）

第三步：收银交易代码（Transaction Codes）。收银交易代码是酒店各个收银点最基本的交易码，有的酒店称为交易事务码。收银员根据收银交易码向客人收银并记录在计算机收银系统中，计算机收银系统会自动进行分类、统计、传递、存储和分析。收银员会非常熟练记住这些交易代码。收银交易代码设置见图 10-6，编辑见图 10-7。

图 10-6　收银交易代码设置（Transaction Codes）

图 10-7　收银交易代码编辑状态（Transaction Codes-Edit）

第二节　收益管理代码设置（Revenue）

数字化时代到来，酒店的营销也会越来越注重科学的管理，应用计算机系统支持决策。在前台客房的经营上应用收益管理，分析和研判酒店的市场。许多酒店设立了收益经理的岗位。作为收益管理一个基础性工作就是设置酒店收益管理代码，这些是经营分析的重要依据。收益管理代码设置在收银模块（Cashiering）/收益管理代码设置（Revenue）目录进行设置的，具体见图 10-8。

第二节　收益管理代码设置（Revenue）

图 10-8　收银管理设置（Revenue）

第一步：收益大类（Transaction Codes Revenue）的设置。和前面设置方法一样，先设置收益管理大类，收益交易代码大类设置和前面收银方法相同，先进行部门收益管理代码设置，再进行部门下面的收益设置，由此也分收益大类和小类的设置。具体操作见图 10-9。

图 10-9　收益管理代码大类设置（Transaction Codes Revenue）

第二步：收益管理小类设置（Transaction Subgroup Revenue）。在收益管理代码大类设置基础上，进行小类的设置，主要是对经营部门的收益考核代码设置。操作如图 10-10 所示。代码设置后，可以在 Opera 中进行收益报表显示和打印，见图 10-11。

243

第十章 酒店收银模块设置（Cashiering）

图 10-10 收益管理代码小类设置（Transaction Subgroup Revenue）

图 10-11 收益管理（Transaction Subgroup Revenue）设置界面

第三步：收益代码（Transaction Codes Revenue）的设置。收益代码一般情况下是酒店的最基础收银交易码下的收益管理，是酒店对单项经营项目的分析，如房费、加床费、客房酒吧等，具体设置见图 10-12。

图 10-12　收益管理代码设置（Transaction Codes Revenue）

收益代码设置（Transaction Codes Revenue）
并可以显示和打印。
1000　房费
1040　加床费
1500　客房小酒吧
1099　房费退款
1700　房费包价
…　　…

第三节　外币兑换设置（Foreign Currency）

在国际酒店经营中，提供外币兑换服务是必备的项目。在 Opera 系统中设置了该业务的管理模块。在应用之前需要对外币兑换模块进行设置，如币种、兑换率等。这个模块的设置是在收银模块（Cashiering）/外币兑换（Foreign Currency）目录下进行设置，见图 10-13。设置过程步骤如下：

外币兑换设置（Foreign Currency）

图 10-13　外币兑换设置（Foreign Currency）

第一步：外币兑换管理代码设置（Foreign Currency Codes）。外币兑换管理代码设置主要是对兑换币种的管理，酒店能提供的兑换币种是要预先设定的，也需要得到银行的批准。外币兑换管理代码的设置见图 10-14。

第十章 酒店收银模块设置（Cashiering）

图 10-14　酒店兑换外币管理设置（Foreign Currency Codes）

第二步：兑换代码（Exchange Codes）设置。外币兑换码是前台外币兑换服务时必须应用的，设置操作如图 10-15。

图 10-15　酒店外币兑换代码设置（Exchange Codes）

第三步：外币兑换率（Exchange Rates）设置。酒店外币兑换率设置与编辑见图 10-16、图 10-17。

图 10-16　外币兑换率代码设置（Exchange Rates）

图 10-17　外币兑换率编辑（Exchange Rates）

第四节　酒店收银员设置（Cashiers）

酒店的收银员是重要的岗位，酒店对收银员的管理是全方位的。现代酒店应用计算机系统对收银员的管理高效、规范和可控。在 Opera 系统中对每一个岗位的收银员都设定身份代码（ID），并对收银员所有操作行为进行跟踪。酒店收银员对自己的 ID 和密码有着保密和保护职责，对由于丢失密码造成的损失负有责任。对这些的管理都建立在对收银员设置基础上。对收银员设置也在收银模块（Cashiering）目录下，对收银员的设置

247

和编辑见图 10-18。

图 10-18 收银员设置（Cashiers）

第五节　账页代码管理设置（Folio Grouping Codes）

账页代码管理设置是对协议码（Arrangement Codes Rates）等设置的配套。这些是酒店财务、销售等部门经常应用的对账和统计的工具。设置在收银模块（Cashiering）/账页代码管理（Folio Grouping Codes）目录下进行，具体操作见图 10-19。

图 10-19 账页代码设置界面（Folio Grouping Codes）

第一步：协议码（Arrangement Codes Rates）设置。主要是对酒店与公司客户进行协议代码的设置，操作见图10-20。

图 10-20　协议码设置（Arrangement Codes）

第二步：协议码大类代码（Group Codes）设置。和之前酒店管理信息系统各个子模块一样，设置先对协议大类进行设置和编辑，具体见图10-21。

图 10-21　协议码大类代码设置（Group Codes）

第六节　分账代码设置（Routing Codes）

酒店的分账代码设置是酒店把相关的交易代码组合在一起，形成一个单元，以便服务客人的简化操作，使得经由收银、预订、前台的账目更加简便清晰。操作在收银模块（Cashiering）/分账代码（Routing Codes）目录下进行，具体见图10-22。

249

第十章　酒店收银模块设置（Cashiering）

图 10-22　分账代码设置（Routing Codes）

第七节　调账代码设置（Adjustment Codes）

酒店调账代码的设置是酒店对所有收银点调账的控制方法之一。预先设置好调账的理由、权限，酒店能全面地进行调账的控制。该模块的设置在收银模块（Cashiering）/调账代码（Adjustment Codes）目录下进行，具体操作见图 10-23。

图 10-23　调账代码设置（Adjustment Codes）

250

第八节 付费方式种类设置（Payment Types）

客人付费方式类型（Payment Types）是酒店对收款方式的管理的方法，由于客人来自世界各地，付款方式形成了多样化，为此酒店对客人的付款方式进行管理，此处的付费方式类型设置就是为此服务打下基础，这也是酒店基础性工作之一。该模块的设置在收银模块（Cashiering）/付费方式种类（Payment Types）目录下进行，具体操作见图10-24。

图 10-24　付费方式种类代码设置（Payment Types）

第九节 收入批处理类型设置（Bucket Types）

收入批处理类型代码（Bucket Types）设置是酒店对营业收入批量处理采用的计算机处理方法之一，这些设置需要和财务部门协调，把收入自动转入到财务账户里。该操作也在收银模块（Cashiering）目录下，选择收入批处理类型（Bucket Types）

目录见图10-25。设置步骤和前面类似，先进行收入批处理大类设置，再进行收入批处理代码设置，编辑过程见图10-26。

图 10-25　收入批处理代码设置（Bucket Types）

图 10-26　收入批处理类型编辑（Bucket Types）

第十节　财务（阿拉伯数字）数据字符设置
（Number To Words）

这类的设置是为前台收银开具发票做的准备，如大陆发票需要有汉字大写的发票，即"壹、贰、叁、肆、伍、陆、柒、捌、玖、拾"。同样其他语言的设置，如将英语的"60"设置为"Sixty"等。对币种的设置也在此进行。这些设置比较简单，也在收银模块（Cashiering）目录下，选择最后一栏的进入并编辑，操作如图10-27。

图 10-27　财务数字字符化编辑（Number to Words）

❓ 练习题

1. 根据本章所学的设置步骤，要求4~6名同学，成立酒店管理小组，对酒店营业大类进行分类，然后对收银代码（Transaction Codes Group）大类分类和收银代码（Transaction Codes Subgroup）小类进行设置，设置完成后，各个小组进行比对。分析各自的分析依据并进行调整。

2. 根据上面第1题做出的结果，每个同学进行酒店收银交易代码（Transaction Codes）的设置。

3. 每个同学进行外币（Foreign Currency）管理的操作，对兑换率（Exchange

Rates）按照当天的牌价进行变更。

4. 每个同学操作收银操作用户号码，并进行密码设置。

5. 每个同学对财务（阿拉伯数字）数据字符化（Number To Words）进行操作，要求对英语的 1~10、20、30、40~100 大写进行设置和编辑。

酒店应收账款模块和佣金模块的设置

第十一章

本章导读 应收账款管理和佣金管理是酒店控制效益的重要方面。本章分为两部分内容。一是应收账款模块。这部分将全面介绍应收账款的设置,尤其针对酒店和签约合作公司的应收账款管理进行学习和操作。具体设置内容有账户类型的设置(Account Types Setup)、账龄期(Aging Levels)的设置。二是佣金模块。这部分将主要针对已经和酒店签订返佣合同的返佣操作。佣金管理是酒店一项比较烦琐的工作,返佣的方式和比例有按百分比、固定金额等返佣模式。本章介绍的内容有佣金代码(Commission Codes)的设置、银行账号(Bank Account)的设置等。

通过本章的学习,学生对酒店企业如何管理应收账款和佣金有全面的了解,并能较为熟练地进行相关操作。

知识和能力目标

1 对酒店应收账款管理有全面的了解和认知。
2 初步掌握酒店应收账款的管理方法。
3 熟练操作酒店应收账款的设置。
4 对应收账款的信息化应用有初步的能力。
5 对酒店佣金的应用和方法有全面的了解。
6 对酒店佣金设置及其操作流程有全面的掌握。
7 熟练掌握对酒店佣金进行设置。

第一节　酒店应收账款模块的设置（Accounts Receivable）

酒店应收账款（Accounts Receivable）的设置主要针对酒店和签约合作公司的应收账款管理。应收账款是酒店一项烦琐的工作。酒店为应收账款投入的成本也比较高。Opera 提供了一系列的设置来为酒店提供信息化的支持，意在对应收账款加以更好的管理。在 Opera 系统中应收账款（AR）设置中独立设置了模块，见图 11-1。应收账款设置步骤如下：

图 11-1　应收账款代码设置（Account Type）

第一步：账户类型（Account Types Setup）设置。对应收账款的信息化管理，先要对账户类型进行设置，账户类型主要指与酒店合作（有协议）的公司、社团等分类。设置在应收账款（AR）/账户类型（Account Types Setup）具体操作见图 11-2。

第二步：账龄期（Aging Levels）设置。酒店的账龄期限直接与酒店效益关联，由此酒店对应收账有严格的账龄期限。账龄期（Aging Levels）设置在应收账款（AR）/账龄期（Aging Levels）设置，具体操作如图 11-3 所示。

第一节　酒店应收账款模块的设置（Accounts Receivable）

图 11-2　酒店账户类型设置（Account Types）

图 11-3　酒店账龄（Aging Levels）设置

第三步：导入原先系统余额（Enter Old Balances）。导入原先系统的余额（Enter Old Balances），是针对从其他系统输入的应收账款余额或计算机系统更新、升级是将原来的应收账款的余额（Balance），导入到新的系统中后启用新的账款系统。操作在设置在应收账款（AR）/导入系统余额（Enter Old Balances）目录下进行（见图 11-4）。

257

图 11-4　导入原来系统账户余额操作（Old Balances）

第二节　酒店佣金管理模块的设置（Commission）

酒店的佣金管理是酒店与协议公司、OTA 等合作日常运作的重要内容，佣金管理（Commission）的设置主要针对已经和酒店签订返佣合同的返佣操作，包括百分比返佣、固定额度返佣等模式。Opera 设置系统中单独设置了模块，见图 11-5。

图 11-5　佣金管理的设置（Commission）

第一步：佣金代码设置（Commission Codes）。对酒店将执行的佣金进行设置，操作在佣金管理（Commission）/佣金代码（Commission Codes）目录下进行，先对佣金代码进行设置，再对其进行编辑，具体操作见图 11-6、图 11-7。

佣金代码设置（Commission Codes）
NON　　没有佣金
10%　　10%的返佣
15%　　15%的返佣等。

图 11-6　佣金代码设置（Commission Codes）

佣金代码编辑（Commission Codes）

图 11-7　酒店佣金代码编辑（Commission Codes-Edit）

第二步：银行账号（Bank Account）设置。银行账号的设置是为佣金支付而设立的，酒店与客户企业之间的账户往来是通过开户行之间转账实现的，由此协议单位的银行账号建立是基础性的工作。操作在佣金管理（Commission）/银行账号（Bank Account）目录下进行，操作如图 11-8 所示。

第十一章 酒店应收账款模块和佣金模块的设置

图 11-8 协议公司银行账号设置（Bank Account）

？练习题

1. 根据本章所学的设置步骤，要求 4~6 名同学成立酒店收银管理小组，对酒店营业应账龄期（Aging Levels）进行设置，并说明设置的理由。

2. 每个同学进行输入原先系统的余额（Enter Old Balances）设置的操作，要求输入 3~5 个公司的余额。

3. 根据本章所学的配置步骤，要求 4~6 名同学成立酒店佣金管理小组，对酒店佣金（Commission）进行设置，并说明设置的理由。

4. 每个同学进行 3~5 个协议公司或 OTA 的佣金设置的操作。

酒店其他模块设置

第十二章

本章导读 通过本章的学习，学生对酒店计算机管理系统的接口模块的初始化有初步的了解和认知。酒店其他设置主要是计算机系统初始化时进行的，一般由厂商技术人员完成。我们初步学习和了解这部分模块的设置，能拓展我们的管理领域和水准。

本章学习的内容是酒店企业进行计算机系统投入运行前的系列系统初始化，通过学习我们能提高系统的管理能力。系统初始化的内容有：外接设置（External）、定义输出报告的模板（Define Records）、计算机系统初始化（Setup）、酒店物业（Property）等。

知识和能力目标

1. 通过本章学习初步理解酒店计算机管理系统的接口概念。
2. 对酒店前台计算机管理系统的接口模块有初步的了解。
3. 能在专业人员指导下，初步设置酒店计算机管理系统的接口。
4. 能对酒店计算机管理系统的外接模块进行访问和检查。

第十二章 酒店其他模块设置

酒店其他模块的设置主要是系统初始化时设置的，一般由厂商技术人员设置完成，这里我们做简单介绍，使我们更高层面认识酒店计算机管理系统与酒店其他各个计算机系统的联动与数据交换，初步掌握这些模块的初始化设置。

第一节 外接设置（External）

外接（External）设置是酒店计算机管理信息系统和其他系统信息交换的基础性技术工作，如接口设置（Interface）、传输码设置等。这些外接口设置一般在系统投入运行前初始化时进行，这些设置由系统技术人员完成并且需要和其他对接口的系统配合。酒店管理信息系统一般需要和酒店的程控交换机（PABX）、磁卡门锁、公安登入等系统做对接。Opera 设置系统中有外接（External）设置模块，见图 12-1。

图 12-1 计算机管理系统外接口设置（External）

第一步：对酒店计算机管理系统 Opera 的对外接口进行设置。对外接口设置见图 12-2。主要对技术参数进行设置。

第二步：对外接口进行技术参数设置。对外接口技术参数设置，见图 12-3。

第三步：对外接口传输码（Transaction Codes）设置。对外接口传输码设置，见图 12-4。在此之后可以对系统进行状态码（Statistic Codes）等设置。

图 12-2　计算机管理系统外接某端口设置（External）

图 12-3　计算机管理系统外接接口技术参数设置（External）

图 12-4　计算机管理系统接口传输码设置（Interface Configuration）

263

第二节 定义输出报告的模板（Define Records）

定义输出报告的模板（Define Records）操作要求比较高，不仅要有相关的计算机知识和报表设计能力，也需要酒店工作的实际经验。这里做简单介绍，大家可以在工作中不断总结，使酒店得到在经营管理上需要的各种报表。设置操作在外接（External）/定义输出报告的模板（Define Records）目录下进行（图12-5）。

图 12-5 输出报表设置（Define Records）

第一步：酒店收益报表（Revenue Recoeds）设置，见图12-6。

图 12-6 收益报表定义（Revenue Records）

第二步：市场统计模板（Market Statistics Records）设置。市场统计模板设置，见图12-7。同样我们可以对酒店日常统计报表（Daily Statistics Records）、同城挂账报表（City Ledger Records）、杂项报表（Miscellaneous Records）进行设置。各种接口报表见图12-8。

图 12-7　酒店市场统计模版设置（Market Statistics Records）

图 12-8　酒店输出接口列表设置（Export File List）

第三节　系统初始化（Setup）

系统初始化（Setup）的设置，主要是系统初始化时设置的，一般有厂商完成，我们这里做个简单介绍。系统初始化在 Opera 设置系统中为独立模块，日常经营中一般不会随意变更。如：集团下属用户设置（User Configuration）、报表初始化（Repirt Setup）、信息格式化（Message Format）、打印格式（Printers）、日期定义（Date Definition）、计算机屏幕（显示）设置（Screen Design）、软件认证码设置（License Codes）等。下面介绍几个系统初始化的设置。

第十二章 酒店其他模块设置

一、酒店报表初始化（Report Setup）

酒店报表初始化中包括集团报表（Report Groups）初始化、酒店报表（Report）、交接班报表（Shift Reports）。具体设置见图12-9、图12-10。

图12-9 管理信息系统报表初始化设置（Reports）

图12-10 报表初始化（Reports）编辑

二、Opera 系统终端报表（Final Reports）

Opera 系统终端报表（Final Reports）设置见图12-11。

第四节 酒店业主设置（Property）

图 12-11 终端报表设置（Final Reports）

第四节　酒店业主设置（Property）

酒店业主设置是酒店业主或者酒店集团管理层的需求，如酒店类型（Propety Types）、酒店的市场定位（Property Detail Function）、邮件（Mail）传输方式等。这些设置是在计算机管理信息系统初始化时进行的，一般由酒店计算机系统人员依据酒店管理层要求设置。

第一步：酒店业主设置（Property）。酒店业主设置一般有物业类型 Property Types、酒店市场定位（Property Detail Functions）等，见图 12-12。

图 12-12　业主设置（Property）

第二步：酒店与业主确认传送方式设置（Confirmation Delivery）。酒店与业主确认传送方式设置和编辑见图 12-13、图 12-14。

图 12-13　酒店与业主传送方式设置（Confirmation Delivery）

图 12-14　酒店与业主传送方式（Confirmation Delivery）编辑设置界面（Confirmation Delivery）

练习题

1. 预订（Reservations）部分的设置；可参考教材中相关案例，对预订（Reservations）部分进行设置，我们可以从规模较小酒店设置入手，具体要求如下：

（1）待修房/待清扫（Out of Order / Out of Service）设置：

Reason Code（代码）	Description（描述）
15	Air Conditioner broken（冰箱坏）
5	TV broken/No Signal（电视机坏或电视无信号）
6	Telephone broken/No Signal（电话坏或电话无信号）

（2）预订类型（Reservation Types）设置：

Resv. Type（预订类型）	Description（描述）	Arr.Time	CC	Deposit	Address	Phone
6	Group—Series（团队系列）					
8	Check-in					
9	Group—6pm Hold（团队—保留到18点）					

2. 房间分类（Room Classes）设置，根据上述案例，对客房进行分类，分类按下面逻辑划分（见房间分类层次图）。

要求同学们，先做下面最简单的客房分类；

（1）客房分类（Room Classes）设置：

```
                    Property
                     业主
                       |
Room Classes → Room Types → Room
 房间分类      房间类型     具体房间
```

房间表示的层次图

房间分类	房间分类描述	次序
STD	标准房	1
EXE	行政公寓	2

第十二章 酒店其他模块设置

（2）酒店客房类型设置（Room Types）

房间分类	房间类型	该类型房间数（间）	房间类型描述
STD 标准房	SNK	30	标准无烟套房
STD 标准房	SSK	20	标准可吸烟套房
EXE 行政公寓	EES	30	行政公寓

（3）酒店客房标准的设置（Rooms）

房号	房型	周围房号	楼层设置	吸烟情况	具体设施	Turndown Service（夜床服务）
1001	SNK	1002	10st Floor	NS	AC、CN、LF、NE	Y
……	……	……	……	……	……	……
1030	SNK	1029	10st Floor	NS	AC、CN、LF、NE	Y
1101	SSK	1102	11st Floor	S	AC、CN、LF、NE	Y
……	……	……	……	……	……	……
1120	SSK	1119	11st Floor	S	AC、CN、LF、NE	Y
0101	EES	0102	High Floor	NS	AC、CN、LF、NE	N
……	……	……	……	……	……	……
0130	EES	0129	High Floor	NS	AC、CN、LF、NE	N

3. 预订方式（Reservation Methods）代码设置，可参考教材中相关案例，进行简单设置。具体要求如下：

Code（代码）	Description（描述）
HDI	Guest Direct/Walk—in（散客）
HCO	Company Direct（公司直接预订）
HTA	Travel Agent Direct（旅行社直接预订）

4. 团队预订被取消／丢失／拒绝的原因／团队预订被取消原因设置。（Block Cancellation/Lost/Refused Reasons）可以参考本书中的相关案例，进行设置，具体要求如下：

Code（代码）	Description（描述）
MTGCXL	Meeting Cancelled（会议取消）
NATCAL	Natural Calamities（自然灾害）
DATCHG	Dates Changed（日期变更）

5. 团队预订丢失原因设置，可参考教材中相关案例，进行简单设置。具体要求如下：

Code（代码）	Description 描述
ATT	Could not arrive on time（不能按时到来）
CIT	Selected Another City（更换城市）
RAT	Rate High（价格高）

6. 团队预订拒绝原因设置，可参考教材中相关案例，进行简单设置。具体要求如下：

Code（代码）Code 代码	Description 描述
ROO	Room Not Available（没有足够的房间）
MTG	Room Not Big Enough（房间空间不够大）
BUD	Budget too Low（预算太低）

7. 折扣原因代码设置（Discount Reason），可参考教材中相关案例，进行简单设置。具体要求如下：

Code（代码）	Description 描述
FAM	Family Plan（家庭计划）
CPL	Extended Due to Complain（投诉）
TXE	Tax Exemption（免税）

8. 取消预订原因设置（Cancellation Reasons），可参考教材中相关案例，进行简单设置。具体要求如下：

Code（代码）	Description 描述
OTHTL	Guest Found Cheaper Hotel（客人找到价格更便宜酒店）
DBLBKG	Double Booking（重复预订）
NATCAL	Natural Calamities（自然灾害）
APCLOS	Airport Closed（机场关闭）

9. 房间特征设置（Room Features），可参考教材中相关案例，进行简单设置。具体要求如下：

Code（代码）	Description（描述）
SU	South Side（朝南房）
NR	North Side（朝北房）
NL	Near Lift（靠近电梯）
CO	Corner Room（拐角房）

第十二章 酒店其他模块设置

10. 吸烟房设置（Smoking），可参考教材中相关案例，进行简单设置。具体要求如下：

Code（代码）	Description（描述）
NS	Non Smoking（无烟房）
S	Smoking（吸烟房）

11. 特殊要求设置（Special Request），可参考教材中相关案例，进行简单设置。具体要求如下：

Code	Description
FLA	Flower A（鲜花-A套）
FLB	Flower B（鲜花-B套）
FRB	Fruit Basket A（水果篮-A套）

12. 地域设置（Regions），可参考教材中相关案例，进行简单设置。具体要求如下：

Code	Description
NAM	North America（北美洲）
CEA	Central America（中美洲）
CDN	Canada（加拿大）

13. 国家代码设置（Countries），可参考教材中相关案例，进行简单设置。具体要求如下：

Code	Description
AT	Austria（奥地利）
CDN	Canada（加拿大）
AO	Angola（安哥拉）

14. 语言设置（Language），可参考教材中相关案例，进行简单设置。具体要求如下：

Code	Description
C	Chinese Simplified（中文简体）
E	English（英语）

15. 称呼设置（Salutations）设置，可参考教材中相关案例，进行简单设置。具体要求如下：

Code	Description
Mr	Dear Mr.（先生）
Mdm	Dear Madam（女士）
Professor	Dear Professor（教授）

16. VIP 等级设置（VIP Level VIP），可参考教材中相关案例，进行简单设置。具体要求如下：

Code	Description
A	VIP A
B	VIP B
C	VIP C

17. 公司代码设置（Account），可参考教材中相关案例，进行简单设置。具体要求如下：

Code	Description
COD	Domestic Company（国内公司）
COI	International Company（国际公司）
LOA	Local Agency（本地机构）
INA	International Agency（境外机构）

18. 价格设置（Rate Management），可参考教材中相关案例，进行设置，设置模式参考下图。

市场总类（Market Groups） → 市场代码（Market Codes）

（1）市场总类设置（Market Groups）

Code	Description
LSG	Long Stay（长住房）
GCM	Group Corporate Meeting（公司团体会议）
PKG	Packages（包价房）
HSE	House Use（酒店用房）

（2）市场代码设置（Market code）

Market Code	Description
COA	Corporate A（公司 A）
COB	Corporate B（公司 B）
DAY	Day Use（日用）

19. 客源分析代码设置，可参考教材中相关案例，进行设置，设置模式参考下图：

客源代码总类（Source Code Groups） → 客源代码（Source Codes）

（1）来源总类设置（Source Groups）

Group Code	Description
AP	Asia Pacific（亚太地区）
EA	Europe and America（欧美地区）
WWW	Web/Internet（线上）
DM	Domestic（国内）

（2）来源代码设置（Source code）

Source Code	Description
CN	China（中国）
JP	Japan（日本）
ZJS	Zhejiang Province（浙江省）
WEB	Internet（网络）

20. 房价季节代码设置（Season），可参考教材中相关案例，进行设置，设置要求如下：

Season Code（季节代码）	Description（描述）	Begin Sell（起始日期）	End Sell（终止日期）	Rate Code
2016 Rate	2016 年房价	01/01/12	12/31/12	
FALL01	Fall Rate（秋天房价）	09/01/12	11/30/12	
HIGH01	Peak Rate（高峰期房价）	01/15/12	31/3/12	
LOW01	Low Rate（低谷期房价）	1/8/12	30/9/12	

21. 价格代码设置（Rate code）

Rate code	Description	Start Sell（起始日期）	End Sell（终止日期）
ROD2—B	Walk in Rate（上门散客）	01/01/12	12/31/12
CORAB	Corporate Rate（公司房价）	09/01/12	11/30/12

22. 房价等级（Rate Classes）设置，可参考教材中相关案例，进行设置，设置模式参考下图：

房价等级（Rate Classes） → 房价类型（Rate Types） → 价格代码（Rate Codes）

（1）房价等级设置（Rate Classes）

Rate Class（房价等级）	Description	Begin Date（起始日期）	End Date（终止日期）
GRP	Group（团队）	01/01/16	12/31/18
OTH	Others（其他）	09/01/17	11/30/18

（2）房价分类设置（Rate Categories）

Rate Categories（房价分类）	Description（描述）	Rate Classes（房价等级）	Begin Date（起始日期）	End Date（终止日期）
GRP	Group（团队）	GRP（团队）	01/01/16	12/31/16
COM	House Use（酒店用房）	OTH（其他）	09/01/16	11/30/17

（3）价格代码设置（Rate code）

Rate Code（价格代码）	Description（描述）	Category（类别）	Start Sell（起始日期）	End Sell（终止日期）
ROD2—B	Walk in Rate（散客价）	RAC（门市价）	01/01/12	12/31/12
CORAB	Corporate Rate（协议价）	GRP（团队价）	09/01/12	11/30/12

23. 包价类的设置（Package Element Groups）

Package Element Group 包价种类代码	Description 描述	Brief Description 简短描述	Package Category 包价类型	Package Subgroups 子包价内容
F&B	餐饮	F&B	Group	BFI，XBF
OTH	其他套餐	Others	Group	PAR

275

第三篇

理论篇

第十三章 酒店管理信息系统（HMIS）原理和应用

本章导读 本章是理论篇的学习，通过前面的学习和实操实训，我们对酒店管理信息系统的实际应用有全面的了解和掌握，在此基础上需要进一步提炼和提高，从理论的高度来认知酒店管理信息系统（HMIS），为酒店行业的发展不断扩大信息化的应用领域和提升应用内涵。如今数字化技术被不断推广应用，酒店行业面临着数字化转型的挑战与机遇。以酒店企业全面应用信息化为基础，不断推进酒店行业的数字化转型、智慧化引领。

本章介绍的主要内容有：管理信息系统的定义和工作原理、管理信息系统的发展方向、管理信息系统在酒店管理中的作用、酒店管理信息系统的发展趋势、酒店信息管理系统的前后台各项应用，最后介绍在"物联网+"大发展背景下的智慧酒店应用。

知识和能力目标

1. 知晓与理解管理信息系统的定义和原理。
2. 了解酒店管理信息系统的介绍架构。
3. 了解和学习管理信息系统在酒店中的各项作用。
4. 酒店管理信息系统应用与发展趋势。
5. 学习数字化技术在酒店的推广应用。

第一节 酒店管理信息系统原理

一、管理信息系统的概念

管理信息系统（MIS，Management Information System）是计算机技术较早应用于企业管理的系统（工具）之一，是各类企业信息处理的基本方法和途径。管理信息系统有各种定义，下面结合酒店行业对管理信息系统的定义做介绍。

从管理信息系统自身的存在客观角度定义为：是一个由人、计算机及其他外围设备等组成的能进行信息的收集、传递、存贮、加工、维护和使用的系统。管理信息系统的运行基础目标就是实测（映射）企业的各种运行情况（数据）。系统的主要任务是利用现代计算机和网络通信技术，对企业的经营各类信息进行处理，以求得相对应要求处理事务的正确、高效、存储、再使用等。企业通过对管理信息系统的投入，期望达到信息（事务）处理的科学性，提高企业的效率和效益。

从企业管理的需求角度可以定义为：管理信息系统（MIS）是企业或组织对要管理的事务、流程、产品等生产要素进行信息化处理，它通过程式化、架构化的程序从各种相关的资源（公司外部和内部的）收集相应的信息，为企业的运作提供各层次的需要功能和信息。这个表明管理信息系统（MIS）的本质是一个关于内部和外部信息的数据库，这个数据库可以完成企业对信息处理的功能性需求，因此管理信息系统是从信息收集、传递、运算、处理、保存、再使用、挖掘等一系列的行为过程，其中收集、传递是管理信息系统的基础。目标是处理复杂、烦琐的信息，期待提高企业的整体运行效率。

如果站在更全面的视角可以定义为：管理信息系统是以人为主导，利用计算机硬件、软件、网络通信等资源，进行信息的收集、传输、加工、存储、更新和维护，以企业提高效率和效益、竞争占优，为企业决策打基础的管理体系。这里的认识的提高，就是将最关键的人纳入系统中，成为系统的主角。由此管理信息系统不仅是一个技术工程系统，更是包括人在内的人机系统，它是一个管理系统，也是一个社会系统。从这个定义认识，可以把管理信息系统（MIS）最直接表示为图 13-1。

管理信息系统（MIS）是各种用户（人或组织）用设计好的计算机网络系统，为他们做信息服务的系统。

图 13-1　计算机管理信息系统（MIS）示意图

如我们前面学习的 Opera 系统就是管理信息系统应用的典型应用。我们酒店在预订时，就要建立宾客基本信息（profile），这个过程就是信息的收集。当预订完成后信息会自动传输（传递）到系统的服务器中，供前台等有关部门查询之用。经过预先设定好的程序，计算机系统会对刚收集的信息进行加工（运算），酒店管理信息系统的信息加工主要是指对该宾客个人信息存储的基础上，提供按各种方法的检索，即应用 Opera 系统进行宾客信息的查询。在宾客住店的过程中，系统会对宾客的服务信息进行实时的更新，最典型的就是对宾客消费记账，如客房小酒吧消费、拨打国际长途电话（IDD）的自动计费等，Opera 系统进行过房费（对宾客房费进行自动累加）等。这些操作从管理信息系统的定义层面上认识，就是对信息的加工、更新和维护。从对一个宾客的信息维护，到酒店层面对整体宾客信息进行维护、储存。有了这些基础信息，酒店销售部门可以对储存宾客的信息（尤其是客史）再使用，进行查询、统计，有的会对宾客历史数据进行挖掘等操作。这一系列的行为是符合企业的经营管理目标的，是构建酒店管理信息系统（Opera）运营的目标。

二、酒店管理信息系统工作原理

上面从各种视角表述了管理信息管理系统基本定义，但从用户（使用者）的角度，还必须具体认识管理信息系统的工作原理，从而为酒店企业的管理信息系统的建构和有效使用提供思路和方法。管理信息系统的工作原理可以从以下几个角度来认识。

（一）酒店管理信息系统的体系架构

酒店管理信息系统的体系架构是指我们要建立这个信息系统的组成成分以及组成成分之间的关系，有时我们可以称为信息系统的工作原理模型。这个是从酒店管理信息系统工作运行的目标高度来分析系统的工作原理的。如果是酒店企业构建管理信息系统的话，那么一定是最高决策层要认识的问题。酒店管理信息系统和其他企业管理信息系统一致，体系架构由五个部分组成：人员、管理、数据库、计算机软件、计算机硬件，如

图 13-2 所示。一个管理信息系统一定是由人员、管理、技术系统（硬件、软件）组成。有的专家提出，这个信息系统是一种全面反映社会—技术系统特征的系统架构体系。这样更全面地分析问题，强调人员和管理对系统运行最终的影响和效果。任何的管理信息系统都和人员密切相关，离开人员系统将一事无成或者效果极差。由此我们在管理上，尤其在高层管理上必须充分认识到这个原理。从这个原理可以引申出，一个酒店要应用好管理信息系统并创出效益，酒店企业的高层领导对管理信息系统的行为是成功与否的关键所在。应该认识到，管理信息系统是企业管理者进行经营管理最基本、重要的工具和手段。

在酒店应用中管理信息系统的体系架构也非常明确，这里以 Opera 系统应用为例。

图 13-2 酒店管理信息系统的体系架构

系统的使用人员：酒店的管理层人员，包括从总经理到部门总监/经理到领班主管，他们需要利用系统主要进行标准工作流程设计、管理控制（如房价、应收账款等）、查询经营状态（如房态、各种经营信息等）等。操作层人员包括预订、前台和餐厅等各营业点及提供服务保障的后台等部门的员工。他们使用系统进行日常服务工作，如为客预订、档案维护、排房、入住、消费记账、经营情况记录、结账和服务信息查询等。系统技术管理人员主要为电脑部或工程部的技术人员，他们主要进行系统日常正常运转的软硬件技术保障和根据使用部门的要求进行系统的参数设置维护。各类用户主要为客人，可以利用各类预订系统与 Opera 的接入直接进行预订、利用客房终端设备进行个人信息查询和自动结账等。

系统的管理体系：酒店的经营管理包括一线的服务操作，如预订、入住、客人服务信息传递、消费入账、结账、档案维护、营收管理、价格管理等都需要通过管理信息系统进行监控。项目管理可以进行诸如宴会、会议和大型活动等的运行管理。可以利用系统的项目管理功能进行统筹管理。进行项目的策划、计划安排、各部门协调的管理。数据管理主要是应用数据库的技术对企业经营活动数据进行有效的收集、存储、处理和应用。如通过档案资料中的客人的抵离日期、预订房间类型、人数、国籍、年龄、性别、公司、来源、消费等数据进行收集、存储和处理，可以提供客人入住信息，可以产生市场分析报告。又如通过客房的数据管理，如房型、位置、房价、房态等的数据收集、存储和处理，可以即时进行客房状态的报告，可以提供客房产品销售及效益分析等。安全管理是为数据处理系统所采取的技术的和管理的安全保护，保护计算机硬件、软件、数据不因偶然的或恶意的原因而遭到破坏、更改、泄露。一个管理信息系统可以说是企业运转的中枢神经系统。一旦出错，如客人预订和入住信息丢失或出错、经营信息丢失和出错、系统停运等，对酒店来说，都是灾难性的。因此，系统的安全管理是重要的。酒店常用的安全管理手段有：杀（防）病毒措施；权限设置和密码管理；屏幕保护措施；备份管理；安全日志管理；设备维护保养等。

管理系统的应用环境：酒店管理信息系统的应用环境和其他行业一样，是以硬件为基础，如包括服务器、各终端及输出设备、网络设备等。软件包括操作系统、数据库等。应用软件有 Opera 及其他一些与之接口的应用软件，如电话计费系统、门锁系统、预订系统、财务系统等。

只有在上述系统架构齐全的情况下，酒店管理信息系统才能运行。

（二）酒店管理信息系统的功能架构

酒店管理信息系统最直接的层面，就是描述系统的功能架构。这个也是使用者或企业最关心的问题。按照管理信息系统的一般规律我们可以把系统分为信息收集、信息存储、信息加工、信息交流、信息管理的功能架构，功能架构是从系统的工作功能上来描述其工作原理的。图 13-3 表达了这个功能模块。

图 13-3　管理信息系统的功能架构

通过上面的功能架构图，对管理信息系统的功能模块做一下简述。

1. 信息收集

信息收集是整个系统运行的基础，使用者不但向内部收集信息，还要向外部系统收集信息。信息的收集包括原始数据的收集、信息的分类、信息的结构等环节。信息的收集工作占信息处理全部工作量的很大一部分时间和成本。在信息收集的工作中，要充分重视人的作用，必须按照统一的规范、操作要求来收集和输入信息。收集信息的人员要参加相关的培训和操作达标。只有正确、及时的信息收集，才能使管理信息系统有效地运作。

以 Opera 系统为例，第一大类是客户资料的搜集，客人的各种信息，包括住店期间的消费特征都可以通过系统进行搜集，利用档案的功能进行搜集和处理。档案这对酒店来说是一个非常重要的资源和财富，可以提供酒店：市场的信息、针对性服务的信息等。第二大类是经营活动的信息收集，包括各类服务及其收入。通过各个营业点的终端，如前台、餐厅酒吧、商场、康乐部门及电话总机等的终端的服务信息录入，将是形成经营成果报告的基础资料。

2. 信息存储

信息存储是信息系统的特征，是区别于手工管理的最优特性。计算机工具能大容量地存储信息，并通过搜索技术（工具），快速找到我们要的相关信息。随着计算机技术的发展，存储技术得到空前的发展，我们的存储、检索手段不断进步。这个是信息管理系统的最大优势。

以 Opera 系统为例，在系统中，有档案的庞大数据库，这个数据库可以是集团共享的中央数据库，所有集团下属的酒店提供的客人资料都统一进入这个集团中央数据库，在世界各个角落的集团下属酒店都可以分享此数据库的客人资讯。

3. 信息加工

信息加工是计算机系统替代人加工的最有效工具。信息加工包括：信息查询、检索、分析、计算、提炼、优化、预测、评价、报表处理、综合等工作。信息加工是管理信息系统的核心，是业务运行的关键所在。信息加工涉及数据收集、模型、方法、经验、知识等要素。信息加工对各个行业有着不同的侧重点，这个是行业特征所决定的。加工的要求是使用者提出的，如企业各个层面的管理者，更确切地认为，行业管理软件的要求（需求）是该行业管理者要求的集合。加工的方法可以由使用者和 IT 技术人员通过软硬件系统来完成。

以 Opera 系统为例，一个最基本的信息加工的成果是酒店的营业报告，可以反映酒店经营情况。由于计算机超强的信息处理能力，这种反映可以是即时的。另一个重要的信息加工成果是市场分析报告，反映各个细分市场的经营表现。这是酒店进行经营决策的重要依据。与酒店的财务系统的连接，可以产生酒店的 P&L 报表（损益表）等。

4. 信息交换

信息交流对任何管理信息系统而言都是基本的需求，没有交流功能，就没有使用者。信息的输入、输出是面向广大的使用者（特别是一线的操作者），由此信息交流的界面要清晰、简练、具体、易懂、方便。管理信息系统的最终用户就是各类管理人员、操作人员，对于计算机技术，他们是非专业人员。由此一个良好的管理信息系统，一定要具备功能强、易操作的特点。随着计算机技术的发展，信息交流能方便、正确地输入、输出文字、图像、声音、影像。网线网络技术的发展，在信息交流上更加突破时空的限制，可以通过各种手段、渠道、空间向信息系统交流信息。信息交流最大的表现力是经营管理过程中的信息实时查询和报表输出，一个好的管理信息系统会输出有价值的各种表报，该系列报表是信息系统有效性的显现。

以 Opera 系统为例，我们可以在相关服务岗位的终端上查询客人及服务信息。如客人预订预测、客人入住情况、客人服务要求、客人消费情况等。可以在相关运营管理岗位上查询运营信息。如出租预测、实时房态、营业报告等。可以在经营决策管理岗位上查询市场分析报告、损益表（statement of profit and loss）等。

5. 信息管理（用户）

信息管理（用户）是管理信息系统的使用者和组织结构，负责制定和实施管理信息系统的各项操作规程、标准和制度，并对该系统的运作进行监督、操控、协调等工作。信息管理者（用户）和对应用系统的完善也是管理信息系统发展的原动力，他们的需求可以驱动信息系统的发展和完善。在企业中，为了实现企业的整体目标，信息管理已经成为企业管理者的重要工作之一。在目前网络经济大发展的状况下，信息管理成为许多企业营销的手段和销售工具，信息资源的管理成为了企业战略资源的管理。这可以说：管理信息系统诸多要素中用户是最重要的要素。

第二节 酒店管理信息系统应用

酒店业是较早应用管理信息系统的行业，特别在高星级酒店，由于服务内容和方式的宜变性、动态性、实时性等，对管理信息的要求和依赖也要求高。酒店的服务和经营信息又很庞杂，所以类似 Opera 系统这样的酒店管理信息系统一经问世，就被酒店业普遍使用，并不断完善提高。现在在酒店业，无论国际品牌酒店还是国内管理酒店，从大型酒店到民宿等都会使用酒店管理信息系统来经营管理。下面我们讨论酒店计算机信息技术的应用。

一、酒店计算机技术应用环境

酒店要应用计算机信息技术进行管理，首先要构建酒店企业的综合布线网络。其中综合布线系统是基础。综合布线是一种模块化的、灵活度极高的建筑物信息传输通道。它既能使语音、数据、图像设备和交换设备与其他信息管理系统彼此相连，也能使这些设备与外部相连接。综合布线还包括建筑物外部网络或电信线路的连接点与应用系统设备之间的所有线缆及相关的连接部件。综合布线系统由不同系列和规格的部件组成，其中包括传输介质、相关连接硬件（如配线架、连接器、插座、插头、适配器）以及电气供电和保护设备等。这些部件可用来构建各种子系统，他们都有各自的具体用途，不仅易于实施，而且能随需求的变化而平稳升级。

综合布线系统最早由美国电话电报公司的贝尔实验室，于20世纪80年代末期率先提出，后由计算机工业协会、美国电子工业协会和美国电信工业协会一起制定了ANSI/EIA/TIA568即《商业大楼电信布线标准》，国际标准化组织（ISO）标准出相应标准ISO/IEC/IS11801。制定这些标准的目的是：首先建立一种支持多供应商环境的通用电信布线系统；其次可以进行商业大楼的结构化布线系统的设计和安装；再次建立各种布线系统设置的性能和技术标准。在国内，2000年国家标准化委员会颁发了国家标准GB/T50311—2000，对布线系统规定了各种国家标准，并将其命名为综合布线，2007年又以GB 50311—2007的新标准替换了原标准，以适应日新月异的计算机技术发展以及互联网技术的发展。

综合布线系统虽然进入中国的时间不长，但是应用范围广泛，从酒店到医院、写字楼、机场、政府办公大楼，几乎所有的大楼在设计建造时都会考虑综合布线系统。特别是酒店业，一直以来都是站在新技术应用的前沿，对于综合布线系统的应用也更广更深。

（一）酒店综合布线系统的需求分析

酒店综合布线是属建筑综合布线的范畴，也就是说酒店的综合布线是建筑综合布线在行业中的具体应用。综合布线同传统的布线相比较，有着许多有点，是传统布线所无法相比的。它的特点主要表现在兼容性、开放性、灵活性、可靠性、先进性和经济性等六方面。而且综合布线在设计、建造和维护方面也给人们带来了许多便利，维护成本也远比传统布线低。

1. 兼容性

综合布线的首要特点是它的兼容性。这是指综合布线系统本身是完全独立的一套系统，与应用系统相对无关，可以适用于多种应用系统在这个平台上应用。

过去，为一幢大楼的语音或数据线路布线时，往往是采用不同厂家生产的电缆线、配线插座以及接头等。如语音交换机（通常是指电话交换机）通常采用双绞线，计算机系统通常采用粗同轴电缆或细同轴电缆。这些不同的设备使用不同的配线材料，而连接这些不同配线的插头、插座及端子板也各不相同，彼此互不相容。一旦需要改变终端机或电话机位置时，就必须敷设新的线缆，以及安装新的插座和接头。

综合布线系统将语音、数据设备的信号线经过统一的规划和设计，采用相同的传输媒体、信息插座、连接设备、适配器等，把这些不同信号综合到一套标准的布线中。在使用时，用户不需要事先定义某个工作区的信息插座的具体应用，而只要把某种终端设备（如个人计算机、电话、视频设备等）插入这个信息插座，然后在管理间和设备间的交接设备上做相应的跳线操作，这个终端设备就被接入到各自的系统中了。在综合布线过程中也无须考虑以后用户采用哪个厂家的交换设备，使用哪种品牌或不同型号的终端设备，因为各厂家提供的设备，接口都是统一标准的，都可以直接与布线系统相连接。

2. 开放性

对于传统的布线方式，只要用户选定了某种设备，也就选定了与之相适应的布线方式和传输介质。如果更换另外的设备，那么原来的布线就要全部更换。对于一个已经完工的酒店建筑来说，这种更换是十分困难的，不但增加了投资，也影响了酒店的正常运行。例如：如果酒店采用小型计算机作为计算机管理系统的主机，但一旦更换成服务器，那么就得重新布线。

综合布线由于采用开放式体系结构，符合多种国际上现行的标准，因此它几乎对所有著名厂商的产品都是开放的，如计算机、交换机、打印机设备等；并支持所有通信协议，如 ISO/IEC8802-3，ISO/IEC8802-5 等。

3. 灵活性

传统的布线方式是封闭的，其体系结构是固定的，若要迁移设备或增加设备是相当困难而麻烦的，甚至要变动整个体系的架构。

综合布线采用标准的传输线缆和连接硬件，采用模块化设计。因此所有的通道都是通用的。每条通道不但支持语音终端，也支持数据终端以及视频终端。所有设备的开通及更改均不需要改变布线，只需增减相应的应用设备以及在配线架上进行必要的跳线管理即可。另外，组网方式也灵活多样，甚至在同一房间可有多用户终端，以太网工作站、令牌环网工作站并存，为用户组织信息流提供了必要条件。

4. 可靠性

传统的布线方式由于各个应用系统互不兼容，因而在一个建筑物中往往要有多种布线方案。因此建筑系统的可靠性要由所选用的布线可靠性来保证，当各应用系统布线不当时，还会造成交叉干扰。

综合布线采用高品质的材料和组合压接的方式构成一套高标准的信息传输通道。所有线槽和相关连接件均需要通过 ISO 认证，每条通道都要采用专用仪器测试链路阻抗及衰减率，以保证其电气性能。应用系统布线全部采用点到点端接，任何一条链路故障均不影响其他链路的运行，这就为链路的运行维护及故障检修提供了方便，从而保障了应用系统的可靠运行。各应用系统往往采用相同的传输媒体，因而可互为备用，提高了备用冗余。

5. 先进性

综合布线一般都采用光纤与双绞线混合布线方式，极为合理地构成一套完整的布线。所有的综合布线均采用当前最新的通信标准，主干部分采用光纤进行传输，以保证速度。水平链路目前按照 6 类双绞线带宽可达 200MHz，可以实现百兆到桌面或者千兆到桌面，对于特殊用户的需求甚至可以实现光纤到桌面。语音干线部分用铜缆，数据部分用光缆，为同时传输多路实时多媒体信息提供了足够的带宽容量。

6. 经济性

综合布线比传统布线具有经济性优点，综合布线可适应相当长时间的需求，一般都要求在 10 年左右的寿命。传统布线的改造不但浪费时间，还会影响到酒店的正常运行，由此造成许多酒店不愿更换新的计算机系统。

通过综合布线的 6 个特点可以看出，综合布线较好地解决了传统布线方法存在的诸多问题。随着现代科学技术的迅猛发展，人们对信息资源共享的要求越来越迫切，以电话业务为主的通信网正逐渐向综合业务数字网过渡，人们越来越重视能够同时提供语音、数据和视频传输的集成通信网。综合布线系统可以把整个酒店（大楼）的所有线路集成在一个布线系统中，统一设计、统一安装，这样不但减少了安装空间、改动费用、维修和管理费用，而且能够轻易地以较低的成本及可靠的技术接驳最新型的系统。因此，综合布线取代单一、昂贵、复杂的传统布线，是"信息时代"的要求，是历史发展的必然趋势。

（二）酒店综合布线六个子系统

按照综合布线标准，行业专业人士把酒店综合布线系统划分为六个子系统，分别是：

1. 酒店工作区子系统

工作区是一个独立的需要设置终端的区域（图 13-4），如酒店的一个客房、商务中心、办公室等就是一个工作区。工作区子系统由水平子系统的信息插座，信息插座到终端设备处的连接电缆及适配器组成。工作区子系统中所使用的信息插座必须具备有国际 ISDN 标准的 8 位接口，这种接口能接受大楼智能化系统所有低压信号以及高速数据网络信息和数码音频信号。工作区是综合布线使用面和应用点最多的区域，如酒店客房就是一个使用点或者工作区。

图 13-4　酒店综合布线工作区子系统示意图

2. 酒店综合布线水平子系统

水平子系统由使用点的信息插座（如酒店的客房或销售部等），楼层配线设备到信息插座的配线电缆，楼层配线设备以及跳线等组成（图 13-5）。也称为配线子系统。水平子系统由 8 芯网线组成。某些特殊需要高带宽的场合，如酒店会议中心，也可以由光缆来组成，即实现光纤到桌面的布置，用光缆还需设置相应的光端机。

图 13-5　酒店综合布线水平子系统示意图

3. 酒店综合布线垂直子系统

垂直子系统由酒店设备间的配线设备和跳线以及设备间至各楼层配线间的连接电缆组成（图 13-6）。也称为干线子系统。他用于实现计算机设备、程控交换机（PABX）、监控或者消防控制中心等与各管理子系统间的连接，常用介质是大对数双绞线电缆、光缆等。酒店会使用垂直走光缆的方案，小型酒店可以根据自己的需求，垂直使用六类线的技术方案。这种方案经济上投资少，但对于一个层面较多客房的酒店而言，宾客在客房使用网络的速度会比较慢，尤其是在高峰时段。

图 13-6　酒店综合布线垂直子系统示意图

4. 酒店综合布线管理子系统

管理子系统设置在楼层配线内（图13-7）。管理子系统由交连、互连配线架组成。交连和互连允许将通信线路定位或重定位到建筑物的不同部分，以便能更容易地管理通信线路。它是垂直子系统和水平子系统的桥梁，同时又可为同层组网提供条件。一般包括双绞线、配线架和跳线等。在有光纤需要的布线系统中，酒店还应有光纤配线架和光纤跳线。当终端设备位置或局域网的结构变化时，只要通过管理子系统改变跳线方式即可解决，而不需重新布线。如果是一栋性的酒店建筑，该系统主要分布在酒店的各个楼层，然后汇总到酒店计算机网络机房，即设备间。如果是庭院式，或者分布式酒店建筑群，管理子系统分布在每一个建筑单元内和每单元的楼层中，最后汇总到酒店的计算机网络机房（设备间）。

图 13-7　酒店综合布线管理子系统示意图

5. 酒店综合布线设备间子系统

设备间主要设置酒店综合布线的进入电缆、设备的工作区，一般设置在建筑物适当的进线、通信入口端设备、酒店技术人员值班的工作区域（图13-8）。设备间子系统由综合布线系统的建筑物进线设备、程控电话交换机、网络交换机、计算机设备、防雷击保护装置等各种主机设备及其保安设备等组成。酒店典型的设备间就是放置在计算机机房和程控交换机房。

图 13-8　酒店综合布线设备间子系统示意图

以上酒店综合布线水平子系统、垂直子系统、管理子系统和设备间子系统的日常技术管理、维护、更新等工作，一般有酒店的计算机技术人员运维。一旦这些子系统遇到故障等，酒店工作人员会报工程部进行处置。

6. 酒店综合布线建筑群子系统

当酒店的主体建筑在盖两个或两个以上的建造时，就形成建筑群子系统。建筑群子系统由连接各建筑物之间的缆线和配线设备组成（图 13-9）。通过它来实现建筑物之间的相互连接，常用的通信介质是光缆。如果是单建筑构成的酒店，该建筑群子系统会和当地的通信公司连接，日常的运维也由当地的电信部门负责，酒店的技术人员配合。这个子系统一般状况下，维护率并不高。

图 13-9　酒店综合布线建筑群子系统示意图

综上所述，酒店综合布线系统的各个子系统既相互独立，完成独立的功能；又相互有机链接，成为一体。其目标就是将酒店数据、语音、视频等信息在各个子系统内依次传递，最终完成宾客和酒店使用者对于业务的处理要求。综合布线是酒店信息化的基础，酒店综合布线将融入到酒店每时每刻、无处不在的信息处理之中。图 13-10 为某五星级酒店计算机机房内的综合布线配线机架，该机架安置在该酒店的计算中心内。酒店的综合布线和其他酒店工程设备一样，需要运维。运维的主体是酒店的计算机（IT）技术人员，当出现故障时，故障仅存在于本子系统内，不会将故障扩大到其他子系统，因而技术人员能够容易的将故障定位并加以排除。综合布线接入口之外是当地电信部门负责运维的。

（三）酒店综合布线系统的规划需求分析

酒店业对于综合布线系统应用具有该行业特殊性，我们在为酒店设计综合布线规划时，应该充分考虑到酒店综合布线系统的特殊需求。在系统设计上、布点密度、布点方式上做一些特殊处理，以满足酒店日常经营的需求。同时，酒店对于新技术的应用一般

图 13-10 酒店综合布线配线机架

较为积极，应充分考虑在综合布线系统生命周期内（一般为 10~15 年）的可扩充性，以满足酒店引进新技术时对综合布线系统的要求，避免重复投资。

1. 综合布线系统在酒店起到的作用

在酒店运行过程中，综合布线系统占据基础和关键的作用见图（图 13-11）。其他的系统，如计算机管理系统、通信系统等都依靠综合布线系统进行工作。如果综合布线系统出现问题，势必影响计算机管理和各种计算机应用系统、通信系统等系统的正常工作，给酒店的正常运行造成障碍。所以，综合布线系统必须是高质量和稳定可靠的，建议将 IT 系统预算的 10% 作为综合布线系统的投入。有的业主认为这种网线可以廉价，这为酒店今后经营埋下了工程隐患。酒店的综合布线是隐僻工程，要和其他隐僻工程一样，需引起高度重视，按工程规范进行设计、施工和验收。

图 13-11 酒店综合布线系统功能

2. 酒店综合布线系统的特殊性

酒店建筑区别于普通居民大楼。普通民宅大楼用户对象较统一，功能要求比较单

一，对综合布线系统的要求相对比较简单，而酒店则要复杂得多，在酒店的日常运行中，既有酒店员工对网络和通信系统的需求，也有住店宾客、参会人员对网络和通信系统的需求，并且随着科技的进步，宾客对于网络的依赖度越来越高，而酒店面临的网络安全风险也越来越高。所以，在为酒店进行综合布线系统设计的时候，应考虑到酒店日常办公和住店宾客对于网络的不同需求，既要确保各使用者正常使用，又要保证酒店内部各系统的运行安全。为确保酒店办公网络的安全，酒店办公网络和客房网络必须进行物理隔离，以避免酒店办公网络受到来自客房网络的攻击和病毒威胁。这就要求对某些既有客房，又有办公室区域综合布线的酒店，垂直子系统采用设置两套线路，管理子系统也需要设置两套，这样才能确保这些区域对于办公网络和客房网络的物理隔离。另外，对于某些区域，还需要考虑实际运行中会碰到的各种问题，酒店规划设计时，适当进行冗余设计，以满足日后运行需求。

3. 酒店各个关键区域的布点规划

酒店各个重要区域的数据点规划和设计，是根据酒店的经营管理而设定的，现分析如下。

（1）总台区域的布点。总台是酒店的门户，是住店宾客入住登记、结账离店、宾客服务信息交汇的地方，是酒店的重要岗位。总台的数据点设置是根据酒店的规模设定的，表13-1是根据酒店客房规模对总台数据点和语音点设置的建议，酒店设置时，可以根据自身类型（客源）进行调整。总台除了每个点位安装一个数据点（计算机终端）、一门语音（电话）的基本设置外，还要安装磁卡门锁系统制卡机、网络打印机、国内银行POS刷卡机、公安登入系统等设备。同时，为保证总台区域的网络和电话工作正常，设置一些备份点位也是必需的，备份数一般为前台数据点设置数，即备份翻倍，这是考虑到今后应用和业务发展的需求和维护的保障。当然前台也可以采用无线网络的设置。从系统稳定性认定，还是建议总台采用有线网络进行实施，无线网络作为辅助技术手段。酒店的总台是综合布线的重点区域，数据点相比普通区域密度应该更高一些，一定要按技术标准规划好。

表13-1 酒店总台数据和语音点的设置数

酒店规模（客房数/套）	前台数据点设置（点）	语音点设置（点）	备注
<100	2~3	2~3	包括磁卡门锁、公安登入
200~300	3~5	3~5	包括磁卡门锁、公安登入
400~500	5~8	5~6	不包括磁卡门锁、公安登入
600~800	5~10	5~8	不包括磁卡门锁、公安登入

（2）酒店会议室区域的布点。酒店承接的会议形式多种多样，既有一般的工作会

议、谈判会议，也有新闻发布会、视频会议、电话会议等。有的酒店在会议室还接待讲座、培训班、科研研讨会等各种活动。由此不同形式的会议对于会议室网络和语音的要求是不一样的，为了能确保大多数会议对于网络和语音的要求，会议室应该安装尽可能多的点位，不但周围墙面要安装，还应该在适当的地面也安装一定数量的地插，以备不时之需，来满足不同形式会议的需求。有的酒店为了满足视频会议或其他对于带宽要求较高的应用，在高标准的会议室，还应该一个座席设置一数据点。在通信电缆的规划上，必要的时候为宾客提供光纤到桌面的应用。

（3）酒店餐厅区域的布点。为酒店餐厅进行综合布线规划时，必须考虑到酒店餐厅的运行模式。根据不同的模式会有不一样的布点规划：

第一传统的点菜模式，该模式是餐厅服务到餐桌旁为宾客进行点单服务，服务生将完成的宾客点单提交餐厅收银台操作员，由收银台的服务员（收银员）将点单信息输入到餐厅计算机管理系统，该系统根据菜品进行分单并完成各个厨房（出品点）的出单打印，各个厨房工作人员根据打印出的单菜进行加工，出品。这里要求每个出品区域必须设置一台厨房打印机，一般包括：热菜厨房、冷菜间、点心间、酒水吧（台）等。这种模式数据点的敷设一般到各个餐厅的收银台。目前此模式应用较多，适用于高端西餐、中餐。

第二无线点单模式，随着无线网络的发展，许多餐厅采用无线点单机（PDA，Personal Digital Assistant），采用无线点单机（图13-12）进行点单服务会更加便捷和"时尚"，一般餐厅中每20~40个餐位就需设置一个无线点菜器（PDA），在餐饮收银台附近架设无线路由器，这样一旦点单完成，服务生按点单最后确认键，点单信息就会通过无线路由器传入到餐厅计算机管理系统并进行后续的服务。

上述两个模式，要求厨房预设统一的打印机电缆井道，将信息电缆接入到一个电缆管道中，以便在设置打印服务器的时候综合利用，使得维护便捷并降低运维成本。

图13-12 酒店餐厅使用的无线点单机（PDA）

第三餐厅区域设置触摸屏电脑（图13-13），餐厅服务员到固定的触摸屏电脑上完成为客人点单、催菜、收银等工作。该触摸屏是餐饮管理系统的一个点，和餐饮管理系统连接在一起的。

上述三种模式，要求厨房预设统一的打印机电缆井道，将信息电缆接入到一个电缆管道中，也可以采用无线接入方式。

图 13-13　酒店餐厅设置的触摸屏电脑

以上餐厅运行模式的综合布线要求应该根据酒店的实际需要而规划和设计，具体的要求见表 13-2，供规划时参考使用。

表 13-2　餐厅不同点单模式数据语音点的设置要求

餐厅的运行模式	餐厅数据点设置（点）	计算机设置建议	技术说明
餐桌点菜单模式	2~3	PC 终端或触摸屏终端	各个出品点需设置厨房打印机并敷设从餐厅收银点到各个厨房的电缆
无线点菜单模式	2~8	PDA	需在餐厅收银点附近或合适的区域架设 AP
触摸屏点菜模式	2~3	触摸屏终端	餐厅区域需要设置足够的 AP，来满足客人的无线接入需求

（4）酒店客房内的布点。酒店的客房是宾客逗留较长的区域，现代酒店客房至少设置 1 个数据点和 1~3 个语音点。目前酒店数据点的设定有两种模式，第一方案为有线接入，数据点一般设置在写字台上即可。第二种方案是采用无线网络。这两种方案，到目前还存在着争论，有宾客认为无线接入设置在客房对人体有伤害，希望采用有线网络，这个目前没有定论，酒店根据自己需求而定。有的高星级酒店在电视机上增加一个数据点，以便网络电视（IPTV）与数据网络的相互联网，这个点位必须与写字台的数据点走不同的垂直主干线路，因为网络电视对带宽要求很高，如果和写字台的数据点共享同一条垂直主干线，将会影响客房内的网络质量，也会对网络电视的信号质量产生影响。

酒店语音点设置可以根据客房的等级进行规划，一般客房设置 1~3 个语音点，如每个房间设置在写字台、床头柜、卫生间的号码都是同号的，即把些点在房间里选择合适的位置进行并接，然后通过一根总线连接到楼层配线间。这样既节约了水平线缆的投资，也节约了楼层配线架的数量。如果是高级别的套房，则需要设置大于1个语音点的设置，可以是客厅设一个语音点，卧室配一个语音点，卫生间一个语音点。

酒店其他区域数据点的布点：酒店咖啡吧、酒吧、娱乐和康乐等场所，现在一般会使用无线网络覆盖并在收银点设置有线网络点，这样设置将满足宾客移动信息交换的需求。

4. 酒店无线网络

随着5G技术的推出和应用普及，各种移动设备不断更新和迭代，如手持终端、平板电脑层出不穷，如Ipad、Iphone、PDA等设备已经成为宾客的随身之物。这些终端设备需要使用无线网络接入。因此，对客房区域、会场区域和公共区域进行无线覆盖，为住店宾客营造良好的体验环境，已经成为现代酒店的必须设置。

在酒店架设无线网络环境，一般将其并入到客房网络拓扑网络中，这样可以利用原有的网关设备，对宾客上网账号等信息进行统一管理，既方便管理，又可以减少投资成本。无线网络的设备必须支持IEEE802.11a/b/g/n等标准，无线频段为2.4G或5.8G，无线网络的速度可以从11M到150M不等，传输距离从几米到100米不等。速度和传输距离受无线设备的发射功率、阻挡物（墙体）的材料、客房的布局等因素影响，所以，架设无线网络不能简单地凭经验，随意放置无线访问点（AP，Access Point），而是要对现场进行无线信号测试，确保AP能够覆盖到所需要的区域，信号强度能够达到正常工作的范围。

无线信号还存在干扰的问题，相邻的AP之间会产生电波串扰，导致接收设备无法正常连接AP，影响网络访问。所以，有必要在系统中设置无线控制器，通过无线控制器，可以对所有的AP设备进行统一管理、统一设置，在AP参数需要改动的时候，只需要在控制器上进行修改，由控制器通过网络将设置下发到所有的AP，无须对AP进行逐个修改，大大地减少了网络管理员的工作量。同时，无线控制器还能对AP的无线信号进行优化，适当调整AP的发射功率和频道，使得相邻的AP不会产生干扰现象，确保无线网络工作正常。为了方便宾客使用无线网络，酒店内的无线网络一般为开放式访问模式，而不设置访问密码。如果设置密码，要通过一定安全渠道告诉宾客。酒店还需培训会进行密码设置的服务生，提供这类的技术支持。

（四）酒店各区域网络拓扑图

这里主要介绍两个主要区域的网络拓扑图，一般在规划酒店网络系统时，设计单位会提交酒店各个区域的网络拓扑图，给酒店管理方（甲方）审阅，管理方根据拓扑图，提出自己的意见。由此学会看懂网络拓扑图成为技术交流的工具。

1. 客房区域网络拓扑图

酒店客房区域网络的规划，既要设置传统的有线接入方式，又有无线网的入口端。这样可以满足宾客各种智能手机、平板电脑、笔记本电脑、台式电脑等设备的网络接入，并通过网络处理各种事务。目前在客房区域网络设置中，一般会有线与无线两套系统同时设置，这样才能满足不同层次的宾客的不同需求，为宾客提供网络的服务。另外为了满足一些宾客对特殊的网络访问需求，如访问虚拟专用网络（VPN，Virtual Private Network），不得设置防火墙设备（Firewall），避免防火墙拦截这些特殊的网络访问，给宾客带来不便。根据相关部门和酒店自身的对网络管理的需要，酒店会设置专用网关设备。网关设备将完成动态主机设置（DHCP，Dynamic Host Configuration Protocol）的管理功能，同时为宾客提供即插即用功能，宾客计算机设备无须更改网络设置，即可以通过网关设备访问外网。网关的设计既可以对客房网络端口进行管理，也可以对宾客的上网账号进行管理。网关设备还可以对客房网络活动按照预先定义的计费规则进行计费，并实时传送到酒店管理信息系统（PMS）中，计入到宾客费用数据库中，以便在退房时统一结账（要收费的酒店）。同时，网关设备还能够对所有端口的网络活动进行日志存档，以便在必要时调用日志，审核网络行为，确保其网络行为的安全性与合法性。下图（图13-14）是典型的客房网络拓扑图，该系统完成了客房的有线和无线接入，动态主机设置（DHCP）和客房日志记录等功能性管理。

图 13-14　酒店客房区域网络拓扑图

2. 办公区域网络拓扑图

办公区域网络与客房区域网络的设置要求正好相反，为了保障办公设备及各酒店管理系统的安全运行，必须在Internet访问前端设置防火墙，以避免来自网络（Internet）

的各种攻击。而内部办公无须计费，计算机设备大多也采取设置静态地址的做法，专用网关设备也可以省略。下图（图13-15）是一个典型的办公网络拓扑图，酒店会把面向宾客直接服务的网络分为前台区域，如总台、餐饮、娱乐、客房等。

图13-15 酒店管理办公网络拓扑图

酒店把财务、采购、人事等部门划归"后台"部门，这样在网络设置时可以进行域控管理，目的就是安全可靠运行各个计算机系统。

二、酒店管理信息系统的技术架构

酒店计算机管理信息系统是计算机技术的具体应用，我们可以和其他领域应用计算机类似，把酒店管理信息系统（HMIS）的构成分为：网络架构和软件两大部分。

（一）酒店计算机系统应用硬件基础

酒店计算机硬件是看得见的物品，包括网络结构、计算机服务器、终端（PC）和一系列基础设施，如网线（图13-16）、网络配线架、桥架（图13-17）、电源、管道、网络交换机（图13-18）等。这些构成了计算机系统的硬件，同时也完成了上述酒店计算机应用环境，即酒店计算机综合布线，为酒店信息化打下了基础。

图 13-16　酒店计算机机房中的网络电缆（网线）

图 13-17　某酒店计算机网络机架、桥架

图 13-18　通信器件（网络接口、网络交换机、无线路由器）

软件包括操作系统、桌面软件、数据库、各种应用的专业软件等。

（二）酒店计算机系统组网模式

从计算机网络的组网模式上，目前一般采用客户机/服务器（Client/Server，C/S）模式和浏览器/服务器（Browser/Web Server，B/S）两种模式，下面结合酒店应用做介绍：

1. 客户机/服务器（Client/Server，C/S）模式

客户机/服务器（C/S）模式是目前酒店应用比较多的管理信息系统的架构模式。酒店网络架构上，计算机系统分成客户机和服务器两类。其中服务器是运行的关键部件。图 13-19 是典型的 C/S 模式的酒店计算机网络结构图。

图 13-19 酒店计算机网络 C/S 模式的结构图

酒店常用的 C/S 模式有两层结构和三层结构。两层结构相对比较简单（图 13-20），适应一些小型酒店，一台服务器既承担应用软件的运行，又承担数据库的运行。对于容量大，有一定规模的酒店，需要把应用软件和数据库运行分开，这样就形成了三层结构（图 13-21）。所有这些结构的形成，一定是为系统高效的运行而产生的。当然具体的技术方案，要根据酒店的实际情况而定。

图 13-20　C/S 两层结构　　图 13-21　C/S 三层结构

2. 浏览器/服务器（Browser/Web Server，B/S）模式

随着互联网技术的发展，技术上和使用上有了新的需求并产生了新的模式。

浏览器/服务器（B/S）架构由此产生（图13-22），这里客户端是采用浏览（器）方式登入到服务器端进行一系列工作的。浏览服务器是以"页面"形式给浏览器（客户端）提供信息，在B/S三层和四层的架构中，浏览服务器与数据库服务器进行协议接口并实现数据交换。酒店应用B/S架构有下面的优点：

（1）由于采用基于超文本协议的Web服务器和可以对Web服务器上超文本文件进行操作和信息交换，使得酒店管理信息系统的信息交换实现了文本、图像、声音、视频信息为一体的交换功能；

（2）由于采用Web服务器，使得酒店客户端可以跨越更大的时空，进行登入，处理信息；

（3）对酒店应用端而言，整个系统的维护和更新，尤其是软件的更新或升级，变得方便，维护可以不到酒店现场进行，效率更高和便捷。

图13-22 B/S架构模式

上述的网络架构模式，或是网络架构模式下的两层、三层架构，在实际使用时，要根据企业的应用情况，采用相应的方案。我们提倡的选择原则是：只要合适就是最好的。

（三）酒店管理信息系统的软件架构

管理信息系统是依靠多种软件系统进行工作的，软件应用是全方位的，存在于数据的输入、处理、加工、输出、存储、显示等一系列工作中，是和硬件完全融合在一起工作的。

计算机软件总体上可以分为两类：一类是系统软件、另一类是应用软件。计算机系统软件是系统运行的软件基础，应用软件是针对具体任务目标的，可以说是专业或者说专用的。例如：我们前面学习和使用的Opera酒店（Hotel）管理信息系统就是典型的应用性软件，这款软件是针对酒店行业的。再如，餐饮管理软件就是针对餐饮业开发的应

用软件，在餐饮软件中，还分中餐和西餐管理应用软件，从这个案例清晰看出，应用软件针对性很强，就是同一行业的软件，也因经营模式不同而有所不同。系统软件要管理硬件资源（如，处理器、存储器、通信、输入输出设备等）；而应用软件则在系统软件提供的环境中工作。管理信息系统中，用户（使用者）会较高频率直接与应用软件进行"人机交互"。图 13-23 表述了系统软件和应用软件的关系。

图 13-23 系统软件和应用软件关系

（四）酒店计算机管理系统的硬件设置

酒店需完成各种经营管理业务数据处理的需求，在构建上述综合布线基础上，还必须设置各种计算机系统的硬件。

1. 酒店计算机系统的服务器设置

酒店计算机系统的应用经历了小型计算机、诺威尔网络（NOVELL）和服务器/客户端结构（Clients / Servers）的主要三个阶段。第一阶段是改革开放初期，我国引进了国外的酒店管理模式，在当时计算机背景下，应用最多的是小型计算机。这种架构简便、技术管理模式方便，但价格高、业务变动困难。第二阶段是过渡阶段，为诺威尔网络（NOVELL）的应用。这个阶段很短，运维也比较复杂。随着视窗（Windows）操作系统的普及，目前应用最多是服务器/客户端结构（Clients / Servers）。酒店企业的很多业务都在这个架构上运行（run），因此酒店的服务器的设置需要有一定的规划。表 13-3 是对不同规模酒店服务器设置的建议，供参考。

表 13-3 酒店计算机系统服务器设置

酒店规模	服务器设置	建议	特点
小规模	1	备用1台	投入少，但系统风险较大
中等规模	≥2 台	采用域控	要求稳定，服务器可采用冷备份或热备份技术方案
大规模	≥3 台	不同业务服务器分开运行	服务器应该采用热备份技术方案

在服务器选型上，建议采购机架式服务器（图13-24），将服务器统一安装在计算机机架内，这样既符合规范，又便于管理。当然小型酒店也有采用台式服务器作为主服务器。具体应该从酒店的规模和管理要求而定。

图 13-24　酒店应用较多的机架式服务器

随着计算机技术和运行模式的发展，酒店的管理软件也有了"软件即服务"（SaaS，Software-as-a-service）的运作模式，这种模式酒店业主不用购买计算机服务器，只要有网络就可以运行。许多酒店软件厂商推出了适合酒店管理的云平台软件，这个对酒店的硬件设置发生了变化，具体在下面章节中介绍。

2. 酒店应用点计算机终端的设置

酒店应用计算机的部门和业务点越来越多，根据酒店的业务特点，每个使用点的计算机终端设置会不一样，如总台使用台式PC，可以适应较多、频繁的数据录入，具体设置建议见表13-4。

表 13-4　酒店计算机终端采用形式

使用点	计算机终端的建议设置	特点
前台	台式PC	适应较多数据录入
餐饮	触摸屏终端	适应操作简便、快速
娱乐	触摸屏终端	适应操作简便、快速
客房	台式PC	适应较长时间使用
销售	笔记本	携带便捷
财务	台式PC	适应较长时间使用
人事	台式PC	适应较长时间使用

上面我们介绍了酒店管理信息系统的技术架构。作为酒店的管理层和技术人员一定要搞清楚管理信息系统的技术架构工作原理，使系统的投入获得高效的回报。

三、酒店管理信息系统在管理中的作用

随着社会向高度信息化方向的发展，酒店的"信息"价值成为继人员、物品、资金之后的第四个经营资源，其重要性迅速提升。众所周知，今天在管理能力及信息处理能力方面的差别是影响到产品及服务品质的重要因素。酒店必须掌握经营管理、统计分析以及信息处理等要素，酒店要应用信息技术，对包括信息在内的经营资源进行应用管理的能力。酒店行业是最早应用信息技术的行业之一，早在20世纪80年代，酒店行业较早引进酒店管理信息系统为本行业服务。正因如此，酒店行业无论在应用信息技术上，还是在信息技术建设的标准上，都是起步比较早的行业之一。下面我们就介绍一下，酒店管理信息系统（HMIS）在整个行业发展上起到的作用。

（一）酒店管理信息系统要解决的问题

酒店管理信息系统（HMIS）要解决的问题，是酒店企业要解决的问题。酒店企业要解决以下五大问题。

1. 极大地提升了酒店运营的效率和准确性

由于计算机信息管理系统，在管理上处理速度快，对酒店行业每天重复的预订、登记、结账、信息查询等工作，尤显突出优势。信息交换和加工是计算机系统的强项，用计算机管理系统处理酒店信息，是目前最好的工具和方案。例如，我们用Opera系统处理酒店的宾客预订、接待、结账、查询等，是典型应用计算机管理信息系统提高范围的成功案例。

2. 扩展酒店服务项目

酒店企业是以营利为目标的。不断扩大和增加新的服务项目是最求利润的手段之一。在这个过程中，无论在管理上，还是在新的项目应用上，往往会涉及IT技术，特别是酒店管理信息系统，因为酒店管理信息系统会管理（项目的录入、营运的数据等）项目的运行，由此一定会和管理信息系统关联。例如，酒店会经常增加新的服务项目（增加娱乐项目等），减少不符合酒店发展的项目（减去VOD点播系统等）。这些项目的增减在酒店MIS系统中要做相应的操作（初始化等）。

3. 拓展了客源与销售市场

酒店业之间竞争是激烈的，怎么样才能在市场中增加自己的客源，提高市场的占有率，是每个经营者要思考的问题，而旅游电子商务的发展，为每个酒店提供了新的途径和方法。有些酒店在这方面很有作为，取得了骄人的成绩，有的酒店还没有在这方面下功夫，需要进一步跟上这个应用领域的发展。例如，计算机网络的兴起，使得销售手段发生了变化，相对的酒店MIS系统要适应销售渠道、销售员、市场分析上的变化。为酒店企业的统计提供新的统计方法和报表。有的网络预订系统可能会和酒店MIS系统做相应的预订接口。这些都是酒店MIS系统应用的新的任务和课题。

4. 提高酒店的经济效益

应用计算机管理信息系统，会提高管理的效率和准确性，也可以控制资金和物资等资源要素，因此管理信息流已经成为各级管理层的最主要手段（图13-25）。经营管理酒店需要对各种信息进行处理，如：酒店资金信息、客源信息、人才信息等。在没有计算机技术的时代，也要管理和控制上述信息，但手段是落后的，速度是慢的、信息查询是不方便的，数据统计正确性不高并且慢，服务往往是跟不上宾客和市场需求的。信息处理上只有到了信息时代，用计算机网络处理，才充分解决了这个问题。

图13-25 酒店管理信息示意图

由此酒店的管理层，特别是高层管理人员，一定会和掌握运用信息技术来为自己服务，在这个层面上，才能管理欲掌控的资金流、物流、人流等企业经营要素。这样才能提高管理水平、提升经济效益。

5. 完善酒店经营决策水平和对市场的综合分析能力

酒店经营管理的今天，各种信息很多。有外部和内部的，有市场经营数据、也有很多管理的数据。在众多数据中，怎么样给经营管理层提供有力和有用的决策数据，这个一直是学术界和技术人员思考和探索的课题。计算机技术发展到今天，有很多这方面的解决方案，如：智能（BI）系统、决策支持（DSS）系统、收益管理（Revenue Management）等。在这里要强调，信息技术的发展一方面为运用层提供了引领性的理念、思路、方法，另一方面应用者也应该积极提需求。需求驱动是科研的原动力之一，酒店行业要完善经营决策水平和对市场综合分析能力要靠多方努力，使整个行业的综合分析和决策能力有较大的提高。例如，集团（连锁）酒店，应用计算机管理信息系统后有大量的数据（特别是客源的数据），这些数据可以用智能系统（BI）进行数据挖掘，为酒店集团提供高层次的决策数据。这方面的工作需要科研人员努力，更需要酒店集团的高层领导提出需求。

上述的酒店需要解决的问题，往往就是经营管理者一直要解决并为此努力的方向，酒店管理信息系统就是为解决这些问题而产生和发展的，酒店管理信息系统就是经营管理者最好的工具，是最好的支持系统之一。我们要会使用和应用这个系统来为我们的酒店经营管理服务。

（二）酒店管理信息系统应用领域

酒店管理信息系统（HMIS）的应用，一般是从应用的功能模块上进行描述的。在整个酒店行业的发展过程中，酒店的 MIS 系统应用范围和应用模块也是不断的发展和扩大的，下面我们从软硬件两个方面，来描述酒店行业 MIS 系统的应用。

酒店计算机管理信息系统（PMS）的应用模块：按照酒店行业管理划分的惯例，我们把酒店管理分为前台和后台，根据目前酒店应用 MIS 系统的情况，一般会有下面的功能模块（图13-26）。这些的功能模块，会在其他文献或课程中表述、学习，由此在此不在重复。这里要说明的是，随着信息化的提升，酒店管理信息系统会和很多的信息系统有接口，这个发展趋势使得酒店管理信息系统（HMIS）越来越和外部网络结合，应用的范围在扩大，数据交换变得频繁，酒店管理信息系统也会因此而不断地发展。

图 13-26 酒店管理信息系统功能模块

四、酒店管理信息系统的发展趋势

管理信息系统是 20 世纪 80 年代才逐渐形成的、由人和计算机网络集成，能提供企业管理所需信息以支持企业的生产经营和决策的人机系统。管理信息系统在实际应用中逐步得到完善和发展。管理信息系统的发展很大程度上是需求驱动的。如 Opera（其前身为 Fidelio）就是适应酒店业管理的需要而开发的。酒店在经营管理的系统应用中，不断提出要解决的问题，软件开发商根据企业需要不断进行完善提高。并在适应企业应用的基础上，综合各企业的管理精华，将先进的管理方法体现在系统中。从某种程度上也提升了酒店行业的经营管理水平，起到了先进管理理念和方法的引领作用。管理信息系统从目前的应用层面看，有下面几个方向：

（一）数字化方向发展

数字化转型的最大特征，就是应用网络化技术，使计算机技术使用的范围扩大，使行业快速膨胀，目前已渗透到各个领域。管理信息系统作为计算机应用领域之一，也不能远离这个互联网发展的大环境。在过去管理信息系统应用，有过与外网分离的技术管理模式，其中原因之一就是为了避免计算机病毒和网络攻击。但到了今天，我们不仅用微软产品，更使用谷歌、百度。前几年有线网还没有普及，但今天不仅有线网普及到家庭，无线网络更是在迅速扩张，智慧小区、智慧城市在不断涌现。出现了微信、抖音等新型网络交流方式等，更有第三方平台（销售、支付等）产业的兴起。网络（有线和无线）势不可挡地迅猛扩张和渗透，因此管理信息系统必须和网络连接，这个连接不仅在软件上，更在功能上。作为 Fidelio 升级版的 Opera 就是应用网络技术，适应酒店业集团化管理的新一代酒店管理信息系统。它可以将分布在世界各地的本集团的酒店通过 Opera 这个网络化的信息系统，进行信息交流共享，集团通过系统即时掌控集团各酒店的经营动态。

管理信息系统要迎合、拥抱网络技术的发展。在这个方面管理信息系统要完成计算机系统的各种接口，这些接口主要是针对功能性的。例如，企业要和外部交换信息，有的信息会直接录入到企业管理信息系统中，进行后续的工作。同样企业的管理信息系统会把加工后的信息向外输送。例如，有的酒店管理信息系统（如西软、中软等）会和当地公安住店录入系统做接口，将客人入住信息的传递当地的公安部门。再如，酒店管理信息系统（Opera 等）会和酒店的程控交换机（PABX）做接口，完成对酒店所有电话的计费任务。与集团的全球销售系统做接口，以高效地销售酒店产品。在系统接口领域必须注意计算机系统的安全，这个是永久的工作。由于管理信息系统与外界交流信息，因此比过去安全问题更加突出和重要。管理信息系统的安全包括：计算机病毒的防范和清除、防攻击、数据备份（灾备）和恢复、硬件维护和恢复等。

图 13-27 表示管理信息系统在目前的状况下，和外部网络链接（接口）的情境。该应用场景，显现出酒店管理信息系统在当今网络化的时代下，再也不是一个封闭系统，该系统会和外部链接，和许多系统做接口，和更多的第三方平台进行数据交换。这种趋

势会不断的加强，系统任务更加繁重，因此，维护和安全任务更加重要。

图 13-27　管理信息系统数据交换示意图

（二）向智能化和非结构方向发展

上面我们从网络化的发展趋势来讨论管理信息系统的发展，这是横向的扩张应用，随着计算机技术和经营管理的结合，许多新的计算机应用领域被开拓，如：计算机智能技术（BI）、决策支持系统（DSS）等。这些可以认为：管理信息系统纵深发展的结果。下面我们就管理信息系统纵深发展的决策支持领域做介绍。

计算机问世不久就被运用于管理领域，开始人们主要用它来进行数据处理和编制报表，其目的是想实现办公自动化，通常把这一系统所涉及的数据由计算机进行运算，人们把该系统称作数据处理系统（EDP，Electronic Data Processing）。EDP 系统虽然大大提高了工作效率，但是任何一项数据处理都不是孤立的，他必须与其他工作层面进行信息交换或资源共享，因此有必要对企业的信息进行整体分析和系统设计，从而使整个管理工作协调一致。在这种情况下，管理信息系统 MIS（Management Information Systems）应运而生，使信息处理技术进入了一个新的阶段，并迅速得到发展。信息管理系统应用到各行各业，产生了较好的社会效用和经济效益。MIS 系统发展过程中，出现了封闭式、数据利用率不高的状况，要突破，必须有新的应用和需求，在这种状况下，酒店决策支持系统应运而生，为酒店经营提供了科学支持。

1. 决策支持系统（DSS）产生的背景

20 世纪 70 年代，美国麻省理工学院的学者 Michael S.Scott Morton 和 Peter G.W.keen 首次提出 "Decision Support System" 这一概念，经过 20 多年的发展，决策支持系统（DSS）已经取得了巨大的成绩。国内外许多专家、学者的不断探索和研究，DSS 的概念内涵和理论基础以及与其相关技术的关系已经明朗并走向成熟。正是因为如此，DSS 越来越被广泛地应用到各行各业中，并为各行各业的决策者提供了一个崭新的决策辅助工具。但应用 DSS 系统有一个前提条件；就是一个企业有可供决策的数据，数据积累是决策支持的基础，特别是经营数据。目前有些领域或者企业在管理信息系统的应用基础上，开展决策支持的工作。

2. 酒店计算机决策支持系统

所谓决策是人们为实现一定目标而制订行动方案，并准备组织实施的活动过程。这个过程也是一个提出问题、分析问题、解决问题的过程。

例如某酒店在一年中已知前几个月的数据，想进行对下一个月的数据进行预测，在预测过程中要用到前面真实的经营数据，也要选择具体的数学模型，这里我们用较简单的加权平均模型来运算和说明。加权平均预测方法是一种简单、实用的趋势分析法之一，它考虑到客观事物的近期变化趋势，而且所取的数越多，对实际变化的反应越灵敏，因此准确度较高。它适用于稳定而略有变化的市场类型的预测对象。

具体预测过程如下：

已知某一个酒店 2021 年 1 月，2 月，3 月，4 月的客房出租率的情况分别是：78%，85%，80%，87%。将 4 月，3 月，2 月，1 月的出租率分别乘以 1.3，1.2，1.1，1 的权数，再除以权数之和。利用不同的权数强调"重近轻远"，权数必须为等差数列（即前后两个数的差是相等的）。则预测 5 月份的客房出租情况为：

$$Y（5月出租率）=（1.3\times87+1.2\times80+1.1\times85+1\times78）/（1.3+1.2+1.1+1）$$
$$=82.74\%$$

权数的选择可以根据预测者的需要自行任意选择制定，只要体现"重近轻远"即可。我们把上面的决策过程进行提炼和抽象，可以用图 13-28 来形象地描述。

图 13-28 酒店决策支持系统过程控制

在上述过程中，一旦目标确定，分析问题就成了关键，把问题分析清楚了，解决问题就容易了。企业经营中决策的主要任务就是经营目标的确定以及为达到这一目标所确立的管理模式，因此我们把复杂的经营问题，用支持系统帮助分析，以达到较理想的决策结果，最终目标是帮助企业追求最大的利润。鉴于此，决策支持系统就是帮助或支持决策者用系统提供的各种工具和企业自身的数据来预测经营走势、确立管理模态，从而提高决策者的决策质量。

决策问题的分类一般用"结构"这个概念来区分。目前学术界普遍能接受的提法是：把问题分成结构化，半结构化和非结构化。这是对决策问题结构化程度的三种不同描述。所谓结构化程度是指对某一决策问题的决策过程、决策环境和规律，能否用明确的语言（数学的或逻辑学的、形式的或非形式的、定量的或定性的）给予说明或描述清晰程度或准确程度。

结构化问题是指相对比较简单、直接，其决策过程和决策方法有固定的规律可以遵循，能用明确的语言和模型加以描述，并可依据一定的通用模型和决策规则实现其决策过程的基本自动化。例如：酒店工程年度维修计划、酒店客房服务员用工计划等。

非结构化问题是指那些决策过程复杂，其决策过程和决策方法没有固定的规律可以遵循，没有固定的决策规则和通用模型可依，决策者的主观行为（学识、经验、直觉、判断力、洞察力、个人偏好和决策风格等）对各阶段的决策效果有相当影响。往往是决策者根据掌握的情况和数据临时做出决定。例如，聘用高级管理人员，为酒店企业制作广告等。

半结构化问题介于上述两者之间，其决策过程和决策方法有一定规律可以遵循，但又不能完全确定，即有所了解但不全面，有所分析但不确切，有所估计但不确定。这样的决策问题一般可适当建立模型，但无法确定最优方案。例如，酒店市场预测，酒店开发市场经费预算等。

上述结构化的描述，正是企业应用计算机管理发展过程的写照。企业应用计算机进行管理，经历了 EDP、MIS 系统的发展阶段。这两个阶段给企业带来了很好的社会效用和经济效益。这些系统的应用模式往往是结构化的，操作规程也是程式化的。这一操作模式是必须的，它把大量客观的管理数据记录到计算机系统里，为酒店经营运转起了关键的作用。但随着管理需求的发展，酒店必须对未来的经营进行预测。也就是说，企业欲知在当前的市场环境和目前的管理模态下，预测下个月或明年的各种经营数据，通过这些数据来进行人事、资金、设施、设备等等的控制、调配和组合，以实现企业经营的最大经济效益。这一过程往往是半结构化或非结构化的。

操作者在一般情况下应该是企业的高层管理人员，他们必须学会用系统提供的各种数学模型并用酒店积累数据和自身经验来预测，根据不同的数学模型和被预测对象的不同，预测的结果往往是不同的。根据不同的结果来指导我们实际工作流的调配，以达确立的目标。

3. 酒店决策支持系统（HDSS）的系统结构

决策支持系统（DSS）可采用如下图的三角式结构，如图 13-29 所示。这种结构是把 DSS 的三大构件组成一个三角式的网络结构。这里用户通过对话管理部分，以各种对话形式直接与数据管理和模型管理部分对话，查询或操作数据库，或运行模型来获得结果。在查询数据库时，根据对话管理部分送来的命令信息，由数据管理部分进行查询，然后再把结果经由对话管理部分送回用户。在运行模型时，或者直接从外界（用户）获得输入参数，或者从数据库中查出数据作为输入，模型运行后产生的结果通过对话管理部分直接送给用户，或先放入数据库中以便继续处理，或作为其他模型的输入。所以，三个管理部分都有直接联系，而且两两之间应有互相进行通信的接口。

图 13-29　酒店决策模型的三角式结构

下面对酒店各系统部件作一下介绍：

（1）酒店对话管理。DSS 的环境最常见，最基本的单元是人，对话管理部件体现了系统与用户交互所必需的特殊功能。酒店管理者与系统间的对话确立了既有输出又有输入的交互框架结构。这样可以设定三个不可缺少的对话管理能力：用户接口，对话控制功能和设定请求交换器。数据管理部件保持了 DSS 的事实基础，它反映了 DSS 作用的基本特点，所用决策层次都基于数据集的存取。

（2）酒店数据管理。所需要的特殊功能包括以下几方面：DBMS 与数据库，提供存取库中数据的机制；查询设施，它解释数据请求，确定如何满足这些请求。

（3）酒店模型管理。功能需从 DSS 执行的任务性质来得出，这些任务只是部分可结构化的，因此需要处理，可以不断提出新的模型。调用、运行组合和检查模型的能力是 DSS 中的关键能力，也是他的核心技术应用。以上三大部件如图 13-30 所示。

4.关于酒店决策支持系统应用几点说明

酒店决策支持系统（HDSS）的应用还刚起步，一个应用较成功的 DSS 系统应该具备

图 14-30　酒店决策支持系统部件结构

几个基本条件，首先已较成功地应用企业管理系统（MIS），其次酒店企业自身应积累了一定被决策对象的数据，再次酒店高层管理者有这方面的意识和需求。

酒店决策过程是一个对今后管理模式思考、设计的过程，是对今后酒店管理的启发过程。最后要说明的是酒店决策支持系统是：帮助管理者在半结构化或非结构化的任务中作决策；支持管理者的决策，显然无代替管理者的判断力和决策的意图；改进决策效能（effectiveness），而不是提高它的效率（efficiency）。

例如：酒店集团要对下一年度的经营指标进行决策，如年营收、年平均房价、出租率等。要计算机系统进行决策支持，首先是已经应用了管理信息系统，并且该酒店集团已经运行了一段时间（新建酒店只能用市场数据进行分析），有一定量的数据积累，酒店集团老总也要有这方面的需求。在这个前提下，计算机决策系统通过对数据挖掘和数学模型运算进行决策支持，由于决策的数学模型不止一个，决策输出是半结构化的，最后要酒店集团老总作判断和选择，这个过程是提高了酒店集团最高领导层决策的效能，非效率。

酒店决策支持系统（HDSS）的推广和应用还有较长的一段路，这个领域的应用会对酒店经营管理有较强的科学支持。

（三）新业务层面需求的变化

我们这里说的业务层面的变化，是指酒店管理信息系统的供应商们。过去酒店要搞酒店计算机管理系统，只有一个模式，那就是购买计算机硬件的基础上，购买相应的酒店管理软件，如：Opera系列产品、西软、中软产品等。但今天的计算机软件的服务模式发生的变化。云计算的兴起，使得许多公众计算机平台进入了"百姓家"。所谓的云计算，是分布式处理、并行计算和网格计算等概念的发展和商业实现，其技术实质是计算、存储、服务器、应用软件等IT软硬件资源的虚拟化，云计算在虚拟化、数据存储、数据管理、编程模式等方面具有独特的技术。

个人和企业将享受各种公众云的服务。我们的酒店管理信息系统不例外，酒店管理软件的供应商们在运行模式上发生了变革，他们推出了软件即服务（SAAS，Software-as-a-Service,）的经营模式。所谓的SAAS模式：它是一种通过Internet提供软件的模式，用户不用再购买软件，而改用向提供商租用基于Web的软件，来管理企业经营活动，且无须对软件进行维护，服务提供商会全权管理和维护软件。对于许多酒店而言，SAAS是采用先进技术的最好途径。例如，有公司推出的基于SAAS模式的酒店管理软件（图13-31），已经在许多地区的许多酒店应用。

图 13-31　SAAS 模式下的酒店管理信息运行原理图

（四）向集团化管理模式方向发展

酒店业的发展，在经营管理模式上，有着向集团化迈进的快速进程。国内外高端的酒店集团（雅高、万豪、锦江、洲际、金陵等），商务型的连锁酒店（如家、7 天等）无不向集团化的经营模式扩张。酒店管理信息系统是为这样企业服务的，由此必定向这个领域推进。酒店管理信息系统的集团运行模式（图 13-32）。有着重大的突破，突破主要表现为规模效应，如集团预订平台、集团采购、集团的人才管理库、集团财务预决算中心、集团会员管理、集团收益管理等。

图 13-32　酒店集团管理信息系统的运行模式

针对酒店集团（连锁）管理上的新需求，酒店管理信息系统必将走上集团化管理的运行框架和运行模式，我们主要从酒店集团管理的功能模块进行讨论，见图13-33。功能模块分三个部分，第一是酒店集团的营销模块，该模块包括中央预订管理系统、集团会员管理系统、集团决算管理系统、集团客户关系管理系统，该模块主要构建了酒店集团直销的营销体系和客户关系管理系统（CRM）。第二是集团数据分析系统，该模块是通过对市场的数据分析，运用数学模型进行科学的决策的模块，该模块包括基本市场面的分析、收益管理、预订分析等，这个模块是集团酒店应用的发展趋势。第三是集团数据接口系统，该模块主要是酒店集团针对第三方的在线预订和在线支付系统，在线预订和支付包括有线和无线网络。上述系统是酒店集团运行和市场竞争必要手段和工具。国内集团酒店已经在应用这些系统，这样系统的投入运行，为酒店集团的发展起到了关键的作用。这样的酒店集团数据处理中心有几个特点：数据处理量大，具备了大数据处理的标准；数据需求实现实时处理的要求；数据运作在集团统一的平台上；数据存储的科学管理；为数据挖掘和商务智能打下基础。

图13-33 酒店集团计算机运行数据中心平台

（五）向数字资源管理型方向发展

过去开发的酒店管理信息系统，主要是满足基本的日常管理，是事务性的，如：收银、房务处理、电话计费等。但酒店的经营和发展，更依赖于对各种资源的调配和管理，也就是说，酒店的管理信息系统要把客户资源、技术资源、信息资源、人文资源、社会环境资源等等建成在一起以发挥信息资源的综合效益。新的酒店管理信息系统能更好地重视信息资源在组织管理决策中的作用，可以更好地支持酒店管理决策层在经营过程中作出决策。酒店管理信息系统会向资源管理发展，可以改变人们对信息资源作用的认识、理解，帮助酒店进一步提高管理效率，增强对市场的反应能力，使信息资源得到有效和充分的使用。酒店行业近几年的发展，表明在集团的运行模式上，越来越依靠对信息资源运作的依赖。例如，上海的某酒店连锁集团每天通过集团预订平台的客房数为1万间次/晚，下属酒店对预订平台有一定的依靠，这样提高了整个集团的数字资源利用率，使集团的竞争力得到了提高。

（六）向物联网（The Internet of things）技术应用方向发展

物联网就是把所有物品通过射频识别等信息传感设备与互联网连接起来，实现智能化识别和管理。在酒店方面的应用，更是前景广阔，使用物联网技术更能体现优势，如：RFID停车管理系统、具有物联网技术的酒店监控系统、带电子标签（RFID）的酒店库存管理系统、具有无线射频识别的磁卡门锁系统（如杭州黄龙饭店应用的宾客磁卡模式引路系统）等。在酒店应用无论是高星级宾馆还是经济型连锁宾馆，应用将是全面的、全方位的。物联网的应用将和酒店原来的计算机网络联网，形成新的经营管理系统。这里再举例，酒店中的客房保险箱，安装上传感器与酒店管理信息系统链接，这样宾客使用保险箱的状态完全在可控范围内，如果宾客在离店时，忘记了把保险箱中的物品拿走，收银员可以马上提醒宾客，这种服务状态的提高是新技术带来的。物联网可以应用到对宾客的服务，也可以对酒店实施和设备的控制和管理。由此酒店管理信息系统将进到新的一轮的发展空间，是和物联网结合，控制酒店的实施和设备，为服务质量提高和酒店节能减排做出贡献。

五、酒店后台综合计算机管理系统

酒店行业习惯将为宾客直接服务的部分，称之为前台，如餐饮、房务等，与此对应把间接为宾客服务的部门称为后台。前台的计算机技术应用，起始于为宾客服务的前厅、客房，构建在以宾客收银的主干业务上。随着酒店行业管理的发展，酒店企业逐步开始后台应用计算机进行管理，后台管理的核心业务是企业的财务管理，人事管理等。从表现形式看后台的管理系统，既要满足部门之间的文档流转，还要完成每个职能部门管理的信息化。其目标就是：减轻事务性重复性的工作，提高效率，更为企业整体效益提高服务。目前酒店会在下面几大领域使用计算机系统：财务管理系统、人力资源管理系统、仓库成本管理系统、酒店工程信息系统，下面介绍这几大系统。

(一)酒店财务计算机管理信息系统

我国酒店财务管理信息系统起步于20世纪80年代末,随着国家财政部推行新的会计制度,会计电算化得到迅速发展。先后经历了单机版、网络版,到目前多人多部门协作处理的系统。系统也经历了从DOS操作系统,到Windows平台下C/S结构,再到集团层面应用的的B/S结构的发展历程。经过20多年的发展,已经形成了一个标准化、通用化、商品化、专业化的酒店财务管理软件产业。酒店行业的财务管理信息化和其他行业一样,迅速普及并向智能化和数据挖掘方向发展。

最初的财务管理系统是为了解决财务工作人员工作量大、重复劳动、易出错等问题而出现的,功能单一而简单,只有记账和报表处理等功能。经过软件技术人员对系统的不断深化和新功能的开发,目前酒店财务管理信息系统具有:总账、报表、工资、固定资产、现金流量表、资金管理、应收账款、应付账款、成本核算、存货核算、预算控制、财务分析和相关的采购管理、库存管理、销售管理等近20个功能模块。现在的财务管理系统,是以财务控制为核心,进行销售、客源、成本控制等管理要素设置的系统。酒店财务系统可以帮助酒店完成从部门级应用向企业级应用的跳跃式发展,实现财务业务一体化管理的要求,在酒店管理中实现事中预警控制、事前预测,帮助酒店有效地降低财务风险,进行收益管理,以获取最大效益。

目前市场上的财务管理系统品质繁多,大部分都是以生产制造企业为模板,虽然能够满足酒店财务运行中记账、凭证、报表、固定资产、应收应付等方面的需求,但是真正能够满足酒店个性化应用的产品不多。究其原因,财务管理系统主要还是以账务管理为基础的,多数功能的设计开发都是围绕着账务来进行的,如工资模块,虽然可以很方便地进行工资计算、发放、统计等账务方面的操作,但是对于酒店更关心的"人力资源"管理方面并没有涉及。又比如库存管理,通用的财务管理系统更关心存货的账面金额,而酒店运行中则更关心物品的采购比价、领料的审批流程、使用部门的最终成本核算。在日常使用中往往会出现捉襟见肘的现象,所以,酒店在选择财务管理系统的时候一般仅选择一些常用易用的模块,而通过另外的系统来进行补充操作,再通过数据接口将需要的数据导入到财务系统中,以完成最终账务集中管理的需求。酒店财务管理系统主要模块设置和与相关酒店管理各个系统的信息交换见图13-34。随着酒店管理的集约化、网络化、协同化、平台化的推进,酒店财务管理信息系统与其他管理信息系统的信息交流在不断增加,财务管理系统会实时性、预见性、全局性和精准性地为酒店管理高层管理和决策服务。

图 13-34　酒店财务管理系统常用管理模块

（二）酒店人力资源管理系统

酒店之间的竞争，往往是酒店人才的竞争。再好的酒店产品设计、服务标准，如果没有人去执行、管理，那将不可达到预期的目标。对于酒店来说，一直存在着专业人员缺少，人员流动率高的困境。那怎样才能在现在这种现状下找到好人才，留住好人才，并且根据不断变化的人力资本市场情况和投资收益率等信息，及时调整管理措施，从而获得长期的"人才投资"价值回报呢？这就要求酒店能够对各部员工进行统一管理，各员工信息在部门之间进行共享。以实现对员工的优化管理，择优使用，充分发挥专业人员的特长。为此在酒店（集团）层面建立人才库，整合、调用专业人员的资源，是高层管理者的所需。由此酒店人力资源管理系统能在这个领域，帮助和支持酒店的高层管理者。

酒店行业最初使用人力资源计算机管理系统是为了解决手工管理存在的烦琐、劳动强度大、易出错等问题而设计的。随着技术的进步，管理理念的更新，现在更多地加入了"人才经济"的管理概念，以实现对"人力资源"这类特殊资源的优化管理和综合利用。酒店人力资源管理系统应该包括以下这些功能：招聘管理、员工管理、薪资管理、考勤管理、培训、知识管理等。这样整个系统才能涵盖员工在酒店工作期间各个环节，为酒店人力资源的调配发挥作用。

1. 招聘管理信息模块

使用部门在员工离职或者因为岗位调整，需要增加员工时，通过招聘管理功能，进行人员申请。使用部门发出人员申请时，应根据系统设定，对于员工岗位描述、岗位职责、学历要求、定编人数、拟招聘人数等逐一进行说明。

人事部门在收到使用部门的招聘申请后，对岗位、部门定编进行核定，如果是正常的招聘申请，则审核通过，发布招聘信息，进入市场操作。如果是特殊的招聘申请，则需要上级部门对招聘申请进行再次审核。在系统中进行同意或拒绝的操作。

人事部门在收到应聘者发来的求职申请时，也需要将其录入到系统中，一方面可以通过系统进行初步筛选，另一方面也可以让应聘者公平竞争，避免暗箱操作。同时，对于未录取者还可以建立备用人才库，下次需要相关人员时可以直接从备用人才库中选取，而无须进入市场操作，降低了招聘成本。

2. 酒店员工日常管理模块

这是日常使用最多的功能之一。在员工进入酒店开始工作之时起，人事部门就应该将员工信息录入到系统中，建立起员工档案，从而将其纳入到日常管理中。在这里可以对员工信息进行基本信息修改、员工入职、试用期转正、劳动合同签订、职位工资调整、离职等操作。同时，还可以录入奖惩记录、考评记录、年假、调休等信息的输入，对这些信息进行跟踪管理。

员工管理是为了共享、完善和实现对人员信息的跟踪管理而建立的。人事部门应当授权各部门经理查看本部所管辖人员的适当信息，以方便使用部门了解员工的动态。同时，各部门也可以根据需求生成各种系统自带的或者自定义的报表，必要时可以导出到 excel 表进行二次加工利用。

在员工管理功能中，还可以根据酒店的需要，配合不同的打印设备，调用预先设计好打印格式，实现员工铭牌、员工卡等的套打设计。这类的设计，不但可以调用固定的文字字段，还可以调用员工照片、酒店 LOGO 等图片资源，既美观又方便快捷。

3. 酒店员工薪资管理模块

在薪资管理模块中，人事部薪资管理专员可以对酒店薪资项目进行增加、修改、减少等操作，对工资计算过程可以自行定义计算公式进行计算。计算公式要简易明了、易懂，能够符合酒店的运行需求，满足日常操作要求。所有的修改都是立即生效的，也不影响过去已发放月份的薪资。系统对上月及以前的薪资数据是锁定的，一旦薪资生成报表，进行发放后，就禁止任何形式的修改，避免产生漏洞被非法利用。并且系统还要能够满足酒店要求的工资单、工资统计表、银行划账电子报表、个人所得税报税表、社保缴纳明细表等，以减轻工作人员的工作量，保证计算准确。所有对员工薪资相关的修改，都要保留电子存档记录，记录操作时间，操作人，操作过程等信息，以便在需要时对这些记录进行检查、审计，确保数据的安全。

4. 酒店员工考勤管理模块

作为对员工上下班时间的管理措施之一，打卡考勤制度是酒店通行的做法。利用非接触式 IC 员工证，配合考勤机，就可以实现电子打卡。考勤机必须是离线式的，打卡数据可以存储于考勤机内，记录数可以达上万条，不会因为掉电而丢失数据，也不会因为与系统的通信线路故障而不能正常工作。考勤机的系统时间由系统统一管理，现场不能修改，确保员工打卡时间的准确性。人力资源管理系统通过接口程序定时采集员工打卡数据，并将之存入到考勤数据库中，形成考勤数据，从而实现系统数据采集、计算、存储的自动化运行，无须管理人工干预，大大减小了工作人员的工作量。通过与预先设定的排班信息的对比，系统还可以计算出员工的加班、缺勤、请假、迟到、早退等信息，并实现与薪资模块的挂接，自动计算出加班费、缺勤扣款等信息。

5. 酒店企业培训和知识管理

酒店的员工流动频繁，培训部门的工作量巨大。新员工进店不但要进行入店培训、酒店基础知识培训，使用部门还要对其进行岗位培训。进入到工作岗位后还要不断地进行各种技能培训，知识更新的培训等。据统计，酒店员工的培训量每年为 50~100 小时。通过培训管理，建立起培训体系，可以清楚地了解到每一位员工参加培训的记录，以及未来的培训计划，以方便使用部门管理人员掌握员工的技能掌握情况。

另外一方面，员工的流动同时也意味着知识的流失。这里的知识指的是各种工作经验、操作技能、程序规范等。这些信息大部分来自操作人员的日积月累，来自于日常工作，多以个人的形式保存在员工心目或者计算机中，不能很好地进行管理、分享、归档，也容易由于员工的流动而失去，从而导致酒店资源的损失。如果酒店建立起一个所有员工都能访问的知识库，将知识进行集中管理，不但可以避免由于员工流失而造成的知识流失，还可以让更多的员工分享好的经验，提高经验、技巧的利用率，提高服务质量，减小培训部门员工的工作量。同时，员工拥有了自主学习的平台，不但可以学习本岗位的知识，还可以跨岗位、跨部门进行学习，给员工提供了"择优而栖"的机会，提高了员工对酒店忠诚度。

人力资源管理系统解决了人事管理过程中烦琐、易出差错、档案寻找困难等难题，大大地便捷了酒店管理者对于员工的管理。在选择系统时，应方便酒店管理层、用人部门及人事部门的使用。计算机系统以 B/S 结构较为合理，各种申批程序应设置合理，操作简单，必要时可以设置导航图，以向导形式带领操作者完成操作。

（三）酒店集成化的成本控制系统

酒店成本控制系统的建立并不仅仅是用计算机替代手工操作，而是要借助信息技术对传统的成本管理模式进行科学的改革。通过成本控制系统，一方面可以构筑起合理的管理架构、优化的业务流程和完善的管理制度，另一方面也可以把管理科学的各种方法如运筹学、控制论等运用到管理决策和实际中去，以帮助酒店有效地控制采购成本，增加企业效益。

成本控制系统可以帮助酒店实现事前控制、事后分析的要求，自动比价体系可以帮助采购经理选择最有竞争力的供应商进行下单；各种预警功能可以帮助仓库管理人员对物品进行有效管理，保证常用物品的不缺货，易变质食品不过期，确保对客服务部门的服务质量；丰富的统计报表可以帮助各营运部门及时掌握部门的运行成本，及时调整经营策略，保证效益。

酒店成本控制系统一般由这些模块构成：酒店采购管理、酒店库存管理、部门申购管理、酒店供应商管理、酒店成本核算管理等。

1. 酒店采购管理

酒店采购部是成本控制的源头部门，物品的采购价格直接影响到酒店的运行成本。通过采购管理，可以对多家供应商的价格进行对比定价，选择最优报价，还可以根据使用部门的采购申请单和供应商的报价生成订单，通过EFAX（电子传真系统）或者Email直接将订单发给供应商。在设计采购流程时，既要考虑到常用物品的定价，也要考虑到非常用物品的比价、报价问题。

对于酒店日常采购的物品，如蔬菜、水果等物品，一般通过每月2次的定价来决定采购价格和供应商。酒店将物品清单和要求以电子文档形式发给供应商，供应商根据清单进行报价。采购部经理对收到的报价单进行审核，选定供应商及定价。整理成电子格式，直接导入到系统中，从而形成新的采购定价。电子文档导入功能可以大大减少采购部输入定价的工作量，同时也可以保证输入正确。而对于非常用物品的采购，一般采用一单一定价的策略。采购部收到使用部门的"物品采购申请单"后，就向意向供应商发出询价函，进行报价，所有的报价都应该输入到系统。通过比价系统，决定供应商及价格。再由财务部和总经理对价格进行审核，形成最终定价。为保证公平性，应选择2家以上的供应商进行报价。采购部在确定供应商和价格后，可以通过系统直接生成订单，完成采购过程，减少工作量。

2. 酒店库存管理

酒店仓库是物品流通环节的中心，供应商送来的物品都是先要经过验货然后进仓，使用部门再从仓库领走所需要的物品。仓库日常管理中需要用到的功能是"入仓"和"发货"。通过入仓功能，将供应商送来的物品输入到系统中，其中包括供应商、价格、数量、批次号、生产日期、有效期等信息，最后打印出收货确认单，反馈给供应商，作为供应商向酒店进行结算的凭据。发货功能，则是首先调出使用部门的"物品领用申请单"，在申请单上填写各领用物品实际的领用数量，再打印出发货单，由领用者签字确认实际领用的物品数量。通过程序化的操作流程和相关的单据，配合仓库盘存，可以严格控制物品的进出，确保实物和账目的一致性。

仓库管理的另一项重要工作就是确保常用物资的备货，这些工作可以通过系统的相关报表来协助完成，如超低库存物品统计表可以列出已经低于常规储备数量的物品清单，以及时补货。而物品的保质期报表，则可以列出即将超过有效期的物品清单和相关信息，从而及时将物品进行使用或处理，避免物品浪费，也避免使用部门由于使用过期物品而引起服务质量事故。

3. 酒店部门申购管理

这是提供给各个使用部门的功能。在这里，使用部门可以提交"物品采购申请单""常用物品日常采购申请单""物品领用申请单"等申请单，而部门负责人则通过审批程序对本部门提交的申请单进行复核和批准，只有经过部门批准的申请单才会进入到下一个流程。

各使用部门特别是餐饮部，每天都需要采购数量不小的原材料，如果每天的原材料采购都从空白申请单开始填写，那势必会影响工作效率。这时候，使用部门可以建立日常采购模板，将日常采购的物品清单加入，这样每天填写采购申请单的时候，只需要填写一个数量就可以了，从而可以大大减少使用部门的工作量。

使用部门可以根据需要打印出相应的报表，以掌握本部门的物品采购和使用情况，了解运行成本。这样才能切实帮助使用部门控制成本。

4. 酒店供应商管理

凡是与酒店有物品往来的单位都需要建立供应商档案，以方便了解供应商的供货、付款等情况。为方便管理，对供应商应进行编码管理，并且还要具有历史物品供应跟踪功能，可以清楚地知道每一批次的供货物品清单，其中包括价格、数量、批次号、生产日期等信息，还可以查询出这些物品的领用情况和库存情况。

5. 酒店成本核算

这是系统最重要的功能之一，所有的采购单、领料单等单据最终将汇总到成本核算，以便财务部门最终核算出各使用部门所领用物品的成本，计入到使用部门的运行费用中。还可以计算出各供应商的应付账款。由于同一种物品是滚动采购和领用的，不可避免地存在价格变动，对于这些价格变动，系统提供两种核算方式，即：先进先出法和移动平均法。

（1）先进先出法：用此方法进行核算时，使用部门在申领物品时，系统根据先入库的物品先出库的原则，将最早入库的物品优先出库，同时将本批次物品的进货价作为出库单价。这样保证每次领出的物品肯定是存货中最先进货的物品。对于食品等有保质期的物品，宜采用此方法进行核算，防止过期后造成损失。

（2）移动平均法：用此方法进行核算时，物品领出时，系统根据现有存货的总价和数量，计算出单件物品的价格，以此价格作为领出物品的价格。

两种核算方法，各有优缺点，酒店选用哪种核算方法，应由酒店财务部来进行选择，只要选择的方法适合酒店自身的运营状况即可。

酒店成本控制模块，在酒店集团层面应用更具有经济和社会效应，对集团的成本控制、产品质量、供需时间节点的管控、采购商品的性价比等均达到很好的效果，同时对规范供应市场也起到很好的作用。

（四）酒店现代工程管理信息系统

酒店的工程技术管理是行业的管理的"弱项"，虽然酒店使用的为较高端的工程设备和系统（高星级酒店更是如此），但在管理上并不展现"高明"之处，这和酒店的经营氛围有关，随着酒店集团化，集约化的发展进程，酒店的工程管理也应该走上信息化、规模化、集约化的发展之路。

1. 酒店工程的日常技术管理

酒店的日常管理主要是为完成对酒店硬件设备设施的维护保养，确保酒店正常运行，这个领域的技术管理是必须的、传统的、被动的。当各部门使用报修时，工程部分配相对应的技术员工进行维修。这个工作量在传统的工程技术管理中占90%。但随着酒店行业的发展，这种被动的模式将被更好的管理模式取代。但现场维护和维修是必需的，怎么样使现场维修质量提高，速度更快，值得探究。

2. 酒店工程的运维计划管理

酒店的所有设备设施和工程系统，都有自身的运行规律，酒店工程部应该用产品生命周期、酒店营运规律、工程控制理论、项目管理等理论，来实践酒店工程技术管理的新模式。新的模式应该充分应用信息化和物联网技术（见图13-35），来管理酒店的设备设施，做好酒店年度维护保养计划，使得酒店工程技术管理具有预计性、计划性、科学性和前瞻性，在酒店经营管理上具有主动权。在此酒店工程技术管理应用信息化是必由之路。酒店工程信息部，应该规划好工程管理信息系统的应用，完成对酒店工程系统的实时监控、运维预见报点、工程维护计划、设备设施更新规划、工程技术人员培训、技术更新等新型酒店工程管理模式。

图13-35 酒店工程技术部运维应用信息和物联网技术的新模式

3. 酒店综合能耗管理

酒店能耗主要管理部门是工程（信息）部，酒店的运行每时每刻消耗着大量的能源，酒店的运行是靠能源的耗费来维系的。由此酒店的节能减排任重道远。酒店可以从各种渠道和方法,来实现酒店的节能减排,但酒店能耗的重点是能源的消耗。为此工程部是担负此责任的关键部门。工程部应该应用信息技术来完成酒店的能耗监控,为酒店的节能减排服务。

4. 集团连锁酒店的工程技术管理

集团性连锁酒店的工程技术管理,要靠规模化、集约化的运行模式来管理。集团层面将监控每个酒店的运维状况。第一可以对集团酒店的重要设备进行实时监控,掌控其运行状况,做到集约化管理的效应。第二实施酒店工程系统的预警机制,做好控制点的维修和维护。第三与酒店工程技术支持厂商联动,做到维护的及时性、预见性和可靠性的同步化管理。

❓练习题

以小组为单位,规划以下计算机运营平台。

1. 为酒店前台经营构建运营信息平台。
2. 构建酒店后台运营管理平台。
3. 网络架构设计(有线与无线)。
4. 软件应用的选择(品牌和功能)。
5. 酒店应用计算机经营管理创新流程再造。

第十四章 智慧酒店

本章导读 近些年以数字化技术为代表的高新技术发展迅猛，影响和改变着世界，推动和冲击着各个行业前行。在数字化应用领域，我国加快了智慧城市的科技构建与应用推进。作为国民经济支柱产业之一的旅游业，我国旅游业正在向高质量的转型发展，智慧旅游和智慧酒店应用是最好的契机。

以计算机科技、现代通信技术、物联网（IoT）、人工智能（AI）、5G技术、云计算、区块链等为代表的高新技术应用，将在旅游与酒店行业发展中发挥重要的基础性作用。数字化的各项技术的应用，会改变酒店行业的营销渠道、管理模式、运营体制，向集约化和低碳运行方向转型，最重要的是全面刷新与极大地提升宾客的体验、智慧地展现全新的智慧服务场景。

本章介绍的主要内容有：智慧酒店概念、智慧酒店的社会需求、技术框架、功能和应用发展的探究等。

知识和能力目标

1 了解智慧旅游与智慧酒店的概念、发展历程；
2 理解智慧旅游的应用领域；
3 初步了解智慧酒店的工程技术架构与技术框架；
4 理解智慧酒店的应用与发展趋势；
5 初步学习了解高新技术在酒店的应用。

第一节　智慧旅游与智慧酒店

一、旅游与酒店业发展

近些年我国旅游业快速发展，根据联合国世界旅游组织对中国旅游发展的统计测算显示，中国旅游产业对国民经济综合贡献和社会就业综合贡献双超10%，远高于世界平均水平。旅游业全面融入国家战略体系，走向国民经济建设的前沿，旅游产业链的发展成为我国的战略性支柱产业。旅游业发展不仅仅体现在对国民经济的贡献度上，更成为衡量新时代生活水平的重要指标之一，成为人民幸福生活的刚需。旅游业列"五大幸福产业"之首。我国每年近50亿人次的旅游市场，年均增速9.86%。旅游市场成为文化传承、提升国民综合素养、促进人们互动、情亲交流、经济循环的重要渠道和途径。我国连续多年保持世界第一大出境旅游客源国和全球第四大入境旅游接待国地位。

在旅游产业链上，酒店住宿业有着不可替代的地位与作用。在上述旅游亿级人次的规模效应中，旅游住宿是很重要一个环节。中国酒店住宿业经过40多年的发展，大部分国际顶端品牌的酒店在我国落地经营，国内酒店品牌也跃居世界前列。但旅游与酒店行业的发展也面临着新技术与跨界竞争的严峻挑战，将从规模型发展转型到高质量发展。科学技术、文化创意、经营管理和高端人才对推动旅游业发展的作用日益增大。云计算、物联网、大数据等现代信息技术在旅游业的应用更加广泛。产业体系的现代化成为旅游业发展的必然趋势。旅游行业面临着前所未有的数字化转型发展期。

智慧旅游、智慧酒店高新技术的出现是新技术赐予行业转型发展的极佳机遇。互联网、物联网、人工智能、云计算、5G、区块链等技术应用推广正影响和改变着旅游与酒店行业的业态，尤其是智慧旅游、智慧酒店创新与应用的迅速推广，使传统的旅游和酒店住宿业面临着前所未有的挑战。旅游业发展必须大力推动旅游科技创新，推进旅游互联网基础设施建设，加快机场、车站、码头、酒店、景区、目的地、乡村旅游区域等重点涉旅区域的无线网络建设。并做好物联网技术在这些区域的设施建设。构建全国旅游的产业运行监测平台，建立旅游与公安、交通、统计等部门数据共享机制，形成国家、省市等不同层面的旅游产业大数据平台。实施"互联网+旅游"创新创业行动计划。建设一批国家智慧旅游城市、智慧旅游景区、智慧旅游企业、智慧旅游乡村。支持"互联网+旅游目的地联盟"建设。规范旅游业与互联网金融合作，探索"互联网+旅游"新型消费信用体系。我国已经或正在建设在线旅游消费市场，4A级以上景区实现免费

Wi-Fi覆盖，酒店提供全空间的无线网络服务，智能机器人已经进入酒店服务领域，第三方提供的网络服务平台将更智能、智慧化。

二、智慧旅游与智慧酒店概念

移动互联网技术的普及发展，物联网、大数据、云计算、区块链、人工智能等技术的兴起。使旅游产业链上，不断产生新的技术、新的方法、新的渠道和新的运行模式。智慧旅游概念也随之产生，并迅速得到提升和应用。与此同时智慧酒店也呼之欲出，谈及智慧酒店要先介绍智慧旅游。

1. 智慧旅游概念

"智慧旅游"是正在探索和不断深化的一个应用性课题或领域，智慧旅游是以互联网、通信网、物联网三网为技术应用基础，应用高新技术在旅游体验、产业发展、行政管理等方面的应用，使旅游物理资源和信息资源得到高度系统化整合和深度开发激活，并服务于旅游公众、旅游企业、政府等的面向未来的全新的旅游业态。

智慧旅游是以应用数字化等高新技术为基础，以极大提升客人的体验、改变旅游服务模式、创新旅游产品、实现低碳旅游为目标，使整个行业融入时代的发展、融入智慧城市与智能应用场景、融入社会和大众不断求新的各类应用体验，为幸福的旅游产业提供基础性、前瞻性、引领性创新场景。

从应用层面，"智慧旅游"的发展是以游客互动体验为中心，借助各种终端上网设备（包括移动终端），主动或被动感知旅游相关信息，让游客与网络实时互动，使旅游过程进入触摸时代。同时实现旅游业一体化的行业信息管理，激励产业创新、促进产业结构升级，使旅游业进入信息化大发展的时代。这些新技术包括云计算、大数据、高性能信息处理技术、智能数据挖掘、物联网技术等，这些技术的应用将会不断被发展并会随时加入新的技术应用。其中移动端已成旅游重要的销售渠道，旅游管理、运营和消费等都发生了巨大变化。如何利用人本数据实现旅游行业洞察，了解用户喜好、行为特征及个性化需求，成为加速旅游业由传统服务业向现代服务业转变的助推力。

2. 智慧旅游的推广

我国于2010年开始"智慧旅游"应用性试点，选择一个城市开展"智慧旅游"项目建设，2012年初，我国一些旅游城市进行"智慧旅游"项目建设，并取得初步成果。游客在移动端可下载App，在移动平台上获得旅游资讯、线路、景区、导航、休闲、餐饮、购物、交通、酒店等服务，集合了创新的旅游信息、景区介绍和活动信息、自驾游线路、商家促销活动、实时路况、火车票等信息。旅游者可以根据个人需要实现：在线查询、预订、安全报警、投诉等服务。国内很多著名景区都推出旅游景点手机端的智慧旅游服务，游客可以在移动端下载相关的应用端软件（App），即可得到相关的信息和服务（图 14-1）。这种移动平台的智慧服务，可以实现和游客互动，提供实时的信息。同时旅游景区的后台监管服务平台，可以提前、主动、持续地改进经营服务方式，为游客带来全方位的良好旅游体验。

图 14-1　景区智慧旅游在移动手机端的应用

3. 智慧旅游应用领域

智慧旅游在应用层面上主要体现在三大领域：智慧营销、智慧服务和智慧管理。

（1）智慧营销。智慧旅游通过旅游市场数据分析和舆情监控，挖掘旅游热点和游客兴趣点，引导旅游企业策划对应的旅游产品，制定相应的营销主题，推动旅游行业的产品创新和营销创新。旅游企业可以通过智慧营销的应用，量化分析和判断营销渠道，筛选效果明显、可以长期合作的营销渠道。智慧营销还可以充分利用新媒体传播特性，吸引游客主动参与旅游的传播和营销，并通过积累游客数据和旅游产品消费数据，逐步形成自媒体营销平台。智慧营销受众粘性较大，在线上进行了无时间限制、地域差异的交流互动。使营销进入每家、每人（移动端），任何时候、任何环境都能成为下单旅游产品的理由。"说走就走的旅行"必须有以强大的"智慧旅游"为技术支撑的网络平台提供保障。

数字化统筹酒店销售渠道的公共流量、私域流量，使得酒店的营销智慧化、数据分析智能化、应用便捷高效、决策科学化是智慧营销的目标。

（2）智慧服务。智慧旅游从游客出发，通过信息技术提升旅游体验和旅游品质。游客在旅游信息获取、旅游计划决策、旅游产品预订支付、享受旅游和回顾评价旅游的整个过程中都能感受到智慧旅游带来的全新服务体验。智慧旅游通过科学的信息组织和呈现形式让游客方便快捷地获取旅游信息，帮助游客更好地安排旅游计划并形成旅游决策。智慧旅游通过基于物联网、无线技术、定位和监控技术，实现信息的传递和实时交换，让游客的旅游过程更顺畅，提升旅游的舒适度和满意度，为游客带来更好的旅游安全保障和旅游品质保障。智慧旅游还将推动传统的旅游消费方式向现代的旅游消费方式转变，并引导客产生新的旅游习惯，创造新的旅游文化。

（3）智慧管理。智慧旅游将实现传统旅游管理方式向数字化管理方式转变。通过互联网等信息技术，可以及时准确地掌握游客的旅游活动信息和旅游企业的经营信息，实现旅游行业监管从传统的被动处理、事后管理向过程管理和实时管理转变。智慧旅游通过与公安、交通、工商、卫生、质检等部门形成信息共享和协作联动，结合旅游信息数据形成旅游预测预警机制，提高应急管理能力，保障旅游安全。实现对旅游投诉以及旅游质量问题的有效处理，维护旅游市场秩序。智慧旅游依托信息技术，主动获取游客信息，形成游客数据积累和分析体系，全面了解游客的需求变化、意见建议以及旅游企业的相关信息，实现科学决策和科学管理。智慧旅游还鼓励和支持旅游企业广泛运用信息技术，改善经营流程，提高管理水平，提升产品和服务竞争力，增强游客、旅游资源、旅游企业和旅游主管部门之间的互动，高效整合旅游资源，推动旅游产业整体发展。

4. 智慧旅游发展空间

在旅游产业链上，智慧旅游涉及智慧城市、智慧景区、智慧酒店、智慧购物、智慧旅途等，更可以拓展到与旅游相关的所有空间和产品的跟踪等。在网络时代，传统旅游的六要素，将向N要素演变（图14-2），传统的线下旅游，将向线上和线下融合的旅游模式转变，智慧旅游可以向这些领域推进各项应用。

图14-2 旅游产业市场要素的变革

5. 智慧酒店

"智慧酒店"在应用范畴上是属于"智慧旅游",是一种以互联网、通信网、物联网三网为基础,运用不断创新的数字化技术,在酒店体验、产业发展、经营管理等方面的应用,使酒店企业的各种资源都高度信息化,在酒店各种服务应用平台上进行整合,并服务于宾客的新型的酒店业态。

智慧酒店的应用将渗透和融合在各经营管理、服务产品环节中,以提升客人良好的体验并实现低碳运营。"智慧酒店"的建设与发展最终将体现在酒店智慧经营、酒店智慧控制、酒店智慧服务的三个层面,从而推进酒店业全面转型发展,使宾客有新的体验、感知,舒适度提高,酒店的综合能耗和成本科学地减低,为大旅游发展做出重要的贡献。

第二节 智慧酒店工程技术架构

一、智慧酒店技术应用基础

智慧旅游和智慧酒店的兴起和初步发展,离不开计算机科学及其应用的大发展,离不开通信网络(有线、无线)不断发展,离不开电子商务的迅速普及。智慧旅游与酒店大的环境结构如图 14-3 所示。"智慧旅游""智慧酒店"以互联网、通信网、物联网三网为基础。这三个网络的建设依靠国家和大型运营商科学地构建,旅游行业则在此基础上运行应用性业务。较早构建的通信网以国家级大型通信企业为基础形成的综合通信网络,互联网的发展和普及使得各个行业、各个应用领域在此网络上运行各类业务,如电子商务、网络营销、采用云端技术的管理运营等。物联网正在发展中,各个层面的应用也在探索中,还有许多技术问题需要解决。这个三个网络未来将相互融合、相互支撑,为智慧地球、智慧城市构建技术性框架。

图 14-3 智慧旅游与智慧酒店技术架构

上述三个基础性网络使得智慧旅游具有可行性。目前许多旅游企业提出许多新应用和设想，技术厂商不断推出新的应用，各地政府也大力支持智慧旅游的拓展，游客正逐步享受到这些高科技的应用成果。图14-4是智慧旅游所展现的三个层面，其中网络层是关键，在不断发展的同时日趋成熟，这个层面主要是大家熟悉的互联网和现代通信技术，其中包括5G技术。感知层正在逐步形成，即目前逐步广泛应用的物联网。物联网通过三大技术：传感器技术、标签技术和自动控制技术，在现代自动控制技术，物与物数据传感技术等领域得到渗透式应用。在网络层、感知层的基础上，智慧旅游可以逐步得到推广应用。在此基础上，创新地提出智慧旅游和智慧酒店的各种新应用。

图14-4 智慧旅游三个层面

二、智慧酒店的技术框架

智慧酒店技术架构的建设是智慧酒店的基础，企业内部的技术框架构建是多个网络建设的结果。智慧酒店的技术框架需要各种系统的配合、联网和功能性的对接。就技术层面而言，将涉及网络技术、计算机技术、通信技术、控制技术、传感技术、视音频技术、能源控制、交通控制及建筑等相关技术。在此技术框架上，可以推出智慧酒店的各类应用。由于酒店相关其他技术应用比较广泛，也比较成熟，下面重点介绍酒店网络技术框架。

智慧酒店首先必须构建内部局域网，该网络建设是基础，通过酒店内部网络的建设完成酒店局域网（有线、无线）、内部通信（有线、无线）构建。在这些基础网络结构上，酒店可以运行与自身业务相关的各种业务和应用（图14-5）。具体包括：酒店管理信息系统、酒店网络营销、酒店客房智慧控制、酒店能源系统（电力、给排水、燃气等）控制、酒店设备控制、酒店宾客服务信息系统、酒店磁卡门禁系统、酒店安防系统（消防报警、安防监控等）、酒店视频（电视）系统、酒店音响（视频）系统、酒店经营数据分析等。当然，酒店的每个系统有各自的技术方案，但智慧酒店最大的特点就是资源整合，做到信息交换、实时控制、传感信号等技术要素的有效配置，最大限度为酒店提供先进的服务平台，最终为宾客提供良好的服务。

在这个技术框架构成的基础上，需要对酒店应用的各种工程系统进行整合，形成信息交换（接口）、控制系统的构建、业务应用的设计等，来完成智慧酒店的框架建设。

图 14-5 智慧酒店技术（网络）架构

第三节 智慧酒店的应用

智慧酒店应用主要是引领行业发展，依据酒店的业务需求而逐步推进的，智慧酒店在实践推广过程中，不断提升酒店的竞争力和运营能力，使宾客有更好的体验。智慧酒店的应用可以归纳为三个应用领域：即智慧经营、智慧控制、智慧服务（图14-6）。这三大应用领域正在酒店行业得到非线性式增长与推广。智慧经营的核心是旅游电子商务的应用，旅游电子商务是以酒店企业内部的PMS为核心的数据处理与分析，通过酒店企业流程管理为表象形式呈现。酒店（集团）的直营网站、第三方OTA、酒店移动电子商务和微营销等应用是智慧经营的线上应用，并且发展迅速，专业人才匮乏。智慧经营涉及酒店的数据分析：即应用数据分析进行的收益管理，控房（排房）等。智慧服务应用涉及酒店前台、房务、餐饮、宴会管理及酒吧等经营领域，目前主要体现在酒店移动端和智能机器人的应用，如将客房管理服务应用到PDA移动端，使面向客人的服务更加便捷。智能机器人的研发与应用，正在替代许多重复、低端的人工服务，使得酒店人力成本降低，服务更加快速。智慧控制是酒店现代工程系统技术新应用，酒店工程技术的应用面比较广，具有综合性、先进性。智慧控制是酒店应用发展空间最大的领域，其技术基础是物联网应用，核心是与原先酒店各个工程系统的结合，通过数据采集、分析与反馈控制，使酒店能实时控制工程系统的运行，环境更加符合客人的需求，尤其是个性化需求。使得供给侧（酒店）能在应用数据分析、物联网技术的基础上，对酒店工程系统进行控制，达到最优或次最优；使得需求侧（客人）体验更佳、更符合个性特质。酒店工程系统也因此可实时调整控制，可执行区域性微调控制等。智慧控制更能使酒店营造科学的体验环境，也为低碳运营提供科学的保障。

图 14-6 智慧酒店应用领域

一、智慧酒店营销

智慧酒店营销是以经营数据分析，计算模型构建为基础的经营决策支持综合网络平台，智慧经营给酒店决策者、营销经营者一个新的经营环境，即智慧营销的核心就是以数据分析为基础，应用大数据和智能技术，为酒店的市场分析、布局提供高效的决策支持。智慧营销将构建全覆盖、多渠道的营销模式。从较早的网络营销到网上订房；从酒店直销网站到第三方订房平台；从有线网络订房入口到移动手机终端销售。酒店的智慧营销将是立体的、全天候的、多渠道的。

1. 酒店（集团）自主网站营销模式

酒店（集团）的直销模式是网络营销的方式之一，许多大型酒店集团具备网络销售的能力，为酒店的客源市场构建起了营销平台，如洲际酒店集团的自主网站，是酒店很好的销售渠道。自主网站配以电话预订达到了很好的效果。酒店发展私域流量，建设好自营网站是很好的营销途径与方法。

2. 酒店第三方营销平台

目前的酒店第三方营销平台占市场份额很大，这是市场细分的结果。酒店企业从第三方平台得到市场份额，是渠道销售途径之一。酒店与第三方的信息交换，在网络技术架构上比较简单，只要酒店具备上网条件就可以进行操作。酒店预订可以通过人工智能和部分自动化技术进行信息登记。国内比较典型的第三方酒店平台有携程、美团、飞猪等（携程网首页如图14-7所示）。这种营销平台在桌面端和移动端切换自如，应用普及而广泛。

图 14-7 携程旅行网

上述几个渠道的整合形成了酒店（集团）营销渠道的领先优势，许多酒店集团会在数据和技术分析基础上，采用渠道销售分析，结合收益管理，来调配渠道销售（图14-8），达到智慧营销的目标。

图 14-8 酒店集团销售渠道分析与配置

3. 新媒体智慧酒店营销

这里的新媒体主要是移动终端的普及带来的变化，人们使用移动终端已经到了无孔不入的阶段，只要有创新想法，就能实现移动终端的应用（App），如 App 移动服务、微信、抖音、美团的传播等渠道（图 14-9）。这些新媒体的传播渠道最大的特点就是，在各种移动终端上的应用，如移动手机、平板电脑等。只要有 Wi-Fi 信号，这些移动终端就能与酒店的营销平台交流信息，进行各种互动。移动终端最大的优势就是人们可以利用"碎片时间"进行阅读和信息交流，随意性强（图 14-10）。对宾客而言可以随意下单订房，酒店业可以将"剩余的客房"进行碎片销售。

图 14-9　酒店营销新媒体渠道

图 14-10　酒店移动端应用（App）

二、智慧酒店服务

智慧服务应用涉及酒店前台、房务、餐饮、宴会管理及酒吧等酒店经营领域，目前主要体现在酒店移动端和智能机器人的应用，如将客房管理服务应用到 PDA 移动端，使面向客人的服务更加便捷。智能机器人的研发与应用，正在替代许多重复、低端的人工服务，使得酒店人力成本降低，服务更加快速。

在智慧服务的领域酒店已经初步推进到贴身服务和个性服务的领域，如移动客房、移动点菜、移动客人入住、结账、客房送餐等。许多酒店（集团）都具备了移动入住、自主登记入住的设备和设施（图 14-11）。移动结账将会迅速发展，特别是阿里信用住的推广应用大大促进了移动结账的发展。高星级酒店（集团）也已经完成技术改造，在酒店各个收银点使用支付宝、微信等支付应用程序。

图 14-11　酒店自助入住机器人

三、智慧酒店控制

　　智慧控制主要是酒店应用各种控制技术，如智能控制等，应用这些数字化高新技术来控制酒店的各类工程技术，达到为宾客提供智慧服务，让宾客获得优质体验。这些系统的应用主要是酒店的现代工程系统技术新应用，酒店工程技术的应用面比较广，具有综合性、先进性。智慧控制是酒店应用发展空间最大的领域，其技术基础是物联网应用，核心是与原先酒店各个工程系统的结合，通过数据采集、分析与反馈控制，使酒店更加实时控制运行的工程系统，环境更加符合客人的需求，尤其是个性要求。智慧控制的应用使得供给侧（酒店）能在应用数据分析和物联网技术应用的基础上，实现对酒店工程系统的可控，达到控制的最优或次最优；使得需求侧（客人）体验更佳、更符合个性特质。酒店工程系统也因此可实时调整控制，可执行区域性微调控制等新型驱动。智慧控制更能使酒店创造科学的体验环境，也能为低碳运营提供科学的保障。

　　酒店智慧控制发展比较迅速，可以展现多个应用场景：

1. 客房智能控制

　　酒店客房控制可以是客房服务与管理的智能化。宾客入住酒店过程中能享受到更便捷的服务，如当客人上网或电话订房时，酒店就可以通过远程订房系统完成对该房间的定时预留，并及时的按照客人的特殊喜好做好准备，等候客人的到来。当客人到来后，只需要在酒店大堂出示身份证，就可以立刻入住酒店预订好的客房；来到客房门前，用身份证或预先获取的会员卡就可以打开电子门锁；打开客房的门，房间走廊的照明灯自动亮了，客人把卡插入取电开关，房间根据客人入住的时间，适时地选择了相应柔和的夜景模式，床头灯亮了，小台灯亮了，电视自动打开了，背景音乐放着柔和的音乐，客人愉快地享受着沐浴，然后轻触床头的触摸开关，选择睡眠模式，走廊的小夜灯亮，其他灯随着客人也熄灭了；愉快的入住时光结束了，客人来到大堂，刷了一下会员卡，自动在卡中扣除了费用。有的酒店采用客房机器人服务，可以通过语音来控制客房的窗帘、灯光、背景音乐和电视播放等。也可以提供客房送餐、送六小件服务、客人在客房选购特定的物品等服务。

客房的智能控制应用在不断地发展。宾客在酒店停留时间最久的区域是客房，由此客房的体验是酒店产品的核心之一。目前酒店可以通过无线终端进行客房设备设施的控制，这些设备设施的控制包括客房区域的温度湿度控制、照明控制、客房视频音频的控制、服务的响应（叫醒、洗衣）等。

2. 酒店智能控制

酒店智能化系统包括酒店安防系统（监控、消防、门禁和公安入住登记）、楼宇自动控制系统、客房智能化控制系统、智能通信系统、酒店视频音频系统、智能商务系统、酒店交通系统（电梯）、设备能源管理系统、智能会议系统和娱乐控制系统等。这些酒店工程系统在前面章节做了介绍，这里重点介绍其智能控制应用和发展趋势。

（1）酒店安防系统。这些系统的智能控制，主要体现在安防数据挖掘、智能识别、智能跟踪、云计算的数据比对等领域，这些新技术的应用大大提升了酒店安防的智能化程度，对酒店的安防起到积极作用。

（2）酒店楼宇自控系统。该系统用于酒店客房及公共场所的环境参数自动控制，如温度、湿度、新风、气味、除菌等自动控制，目的是为宾客创造一个舒适、温馨的住宿环境，给宾客提供优质体验环境。

（3）客房智能化控制系统。酒店客房管理系统在行业内通常也称为酒店客房控制系统、酒店客房智能控制系统、酒店客房控制器等，系统主要用于房间的照明、音响、电视控制、服务请求、免打扰设置等。如当宾客进入客房，室内灯悄然开启，音乐如流水般缓缓播出，智能房卡上显示室内的二氧化碳含量，判断屋里的空气清新程度。

（4）智能通信系统。该系统用于客人对外通讯、酒店内部通信交换。良好的通讯网络使客人可以进行语言、图像、数据等多媒体信息传递，可开网络会议、视频电话、上网等。使宾客处在一个开放的、便捷的信息社会，即使旅行在外，也和在家一样，有所谓宾至如归的感觉。

（5）酒店视频音频系统。和传统的酒店视频音频系统不同的是，该系统将是综合信息系统的特点，可以处理各种需求，如录像、回放、编辑和数字处理等。该系统除了有传统的卫星、有线节目外，还能为宾客提供及时新闻和娱乐互动节目。该系统还可以向宾客提供智能商务系统，和酒店管理信息系统对接，宾客可以在酒店进行各种信息处理，如预订（订房、订餐）、消费查询、公众信息查询、邮件管理等。

（6）酒店电梯设备。该系统是综合电梯控制技术和其他系统技术，对酒店交通进行控制，使宾客在酒店移动更加安全和便捷，宾客进入客房区域更加私密和通畅。酒店交通系统会和酒店的门禁系统、管理信息系统交换信息，为宾客提供更好的服务。

（7）设备能源管理系统。该系统既要保障宾客的舒适度，又要做到智能节能，使酒店的综合能耗得到很好的控制。让酒店既能满足宾客的需求和体验，又能使酒店做到低碳高效。

（8）智能会议系统。这个系统的特点就是提供会议声光像智能服务，以及通过系统运用现代化的声光像技术将会议资讯资料及时传递、存储等现代一流的服务。

智慧控制正在创新实践中，酒店企业会有许多新的思路和想法，技术厂商会不断推出新的智慧产品、系统和各种运用模式，政府部门会对新技术的应用加以扶植和推广，其目标就是推进旅游行业的发展。

3. 智慧酒店应用目标与发展趋势

从 2009 年智慧地球概念的提出，到各个行业对智慧的创新与应用，正是社会发展的外部环境与行业应用自身发展不断结合的过程。旅游业需要可持续发展，要进行符合或引领市场需求的改革，如新生代的需要、新的业态、模式创新、流程变革、新技术应用等。作为旅游产业链上重要的行业，智慧酒店的应用将影响或者改变行业的发展。通过研究，智慧酒店高新技术的应用可以得出以下几个结论：

（1）智慧酒店的应用内涵。智慧旅游实质是推进我国旅游业转型升级，服务于旅游的战略发展需求，不断满足客人的体验，满足行业自身发展的需求。就智慧酒店而言，智慧的应用就是基于新一代信息技术，尤其包括互联网+、物联网、大数据、智能控制等。应用与整合好这些技术来使酒店提供高品质、高满意度的服务，不断满足客人个性化的体验要求，从而实现酒店资源应用和社会资源利用最大化。

（2）智慧酒店的应用方向。智慧酒店的应用包括三个领域，即智慧经营、智慧服务、智慧控制。三个领域相互支撑，相互互补。智慧经营集中体现在网络化、规模化、数据化的经营营销，智慧经营的技术手段是应用互联网技术、数据分析与不断更新的商业模式；智慧服务体现在与客人面对面贴身服务的各个环节，其技术应用主要是移动互联网、智能技术（机器人）等；智慧控制主要应用于酒店对内部的环境科学把控，通过物联网技术对酒店运行的各类工程系统进行控制，在数据分析与控制模式的基础上实现，对工程系统实时地可测与可控，为客人提供个性化的环境和舒适的服务，提升客人的良好体验。智慧控制担当的另一个目标是酒店企业的低碳运行，使企业进入可持续发展的良好模式。

（3）智慧酒店应用的机遇与挑战。经研究，可以得知酒店对新技术应用存在着认识与实际应用的差异，如酒店管理信息系统 PMS 系统 100% 的应用与高层管理者的满意度存在着差异，效果认可逻辑上的反差显现出酒店管理层对系统工具缺乏足够的相信与科学手段，在应用上也有着边际效用的差距。不过年轻人对智慧酒店的服务认可度高的事实明确告诉我们酒店企业的市场方向。

智慧酒店的应用需要企业内部的动力，但今天的新技术应用，往往是来自跨界的打压，OTA 的迅速崛起就证明了这一点。智慧酒店的应用是未来酒店的发展标志，社会受众的需求和第三方的技术应用与推广会大大加速智慧酒店应用的普及与创新。

第四节　酒店高新技术应用

近些年以数字化为代表的高新技术发展迅猛，互联网、物联网、人工智能（AI）、区块链（Block Chain）、大数据、5G、云计算等为代表的一大批创新技术应用，不断把应用推进到各个领域，推动了各个行业的发展。旅游行业作为我国国民经济的支柱产业之一，其发展正在处于转型时期。由此应用好这些高新技术对行业的数字化转型发展非常有必要和有益。而智慧酒店的应用与推广也是应用了各类高新技术，极大赋能旅游酒店行业的发展。

一、酒店物联网技术应用

酒店的行业发展，始终和新技术在行业的应用相关联。物联网技术正在迅速推广应用中，尤其在智慧酒店的控制领域。酒店将物联网的新技术融入到运营中，能够更好地提升客人体验。

1. 物联网概念

物联网（The Internet of things）的概念是在 1999 年提出的，定义是把所有物品通过射频识别等信息传感设备与互联网连接起来，实现智能化识别和管理。就是把感应器嵌入到要控制的物品中，然后将"物联网"与现有的互联网整合起来。某种意义上认为，物联网（The Internet of things）就是"物物相连的互联网"，它是通过一定的技术手段把任何物品与互联网连接起来，进行信息交换和通讯，实现智能化识别、定位、跟踪、监控和管理。从技术角度简单地说，物联网就是"传感器"加"互联网"，也就是说通过传感器把要控制的物品与互联网联系起来，其本质就是让物体"开口说话"，"表达"被控制物品的状态和参数，只有这样才能实现网络化控制和管理。这样的网络技术运用到设施、设备控制和服务产业上将产生一系列变革,因此很多领域希望应用该技术。这个需求也引发技术公司去研发推广该技术。酒店行业作为一个应用广泛和管理领先的行业之一,已经和正在面向这个新的技术应用,有的酒店正在涉足此技术的应用,以期待给本行业(企业自身)带来新的管理模式、方法和效益。酒店经营管理和信息化、物联网的融合,能带来新的管理形式和流程,该技术在酒店行业应用的目标就是为行业发展服务。

2. 物联网的三个技术层面

物联网是在互联网基础上发展起来的,对物联网的应用,我们首先必须搞清楚物联网的三个技术层面,从图14-12中我们基本上能够看出和理解物联网的基本技术框架。应用层是我们平时经常应用的一个层面,是最早发展起来的,表现为强大的计算机技术的桌面功能,如文档、图像、音频、视频的处理,数据库的发展和各种应用软件等。当然这个层面包括了各种工业控制技术的应用。应用层的迅速普及和第二层面的互联网密切相关,互联网的发展使应用层有了强大的生命力,我们可以应用网络进行交换数据,使我们的生活、管理、娱乐、控制等方面离不开互联网。

图14-12 物联网(The Internet of things)三个技术层面

物联网的网络层是发展最快的信息网络。无论有线网还是无线网,都为物联网的发展打下了基础。如中国移动网已经进入了5G时代,5G基本解决移动通信的带宽问题,好比在城市与城市之间建造了高速公路,这个不仅能解决通讯(移动通讯)的应用问题和网络的无线信息交换的速度问题，还能为数字和信息技术的发展解决战略发展问题，其中就有为物联网的应用打下基础的底层架构。如汽车的智能驾驶，需要足够的移动带宽，来解决控制的数据传输、运算和反馈的速度难题，必须在极短的时间（规定的时效）内，完成所有的数据处理、传输，从而完成控制的指令与执行。

物联网就是在上面两个层面的基础上，加了感知层。感知层目前的应用技术有：标签技术（无线射频识别，RFID）、传感器、M2M技术模块和控制（器）技术。

（1）无线射频识别（标签）技术。无线射频识别（RFID，标签技术）就是给普通物品带上无线网络化的标签。通过无线视频识别，来完成物品的管理。RFID是Radio Frequency Identification缩写，Radio Frequency是无线射频的含义。ID代表英文Identity或identification即身份，ID是身份标识号码的意思，就是一个序列号，也可以称之为帐号，是一个唯一编码。在生活中ID其实是很常见的，比如你想找个纸条分别贴在同类的事物上用以区分他们，这个就可以叫做ID，如产品的型号、生产序列、设备的注册号等。

标签技术应用面非常广，如每当人们在商场或超市购完物时，往往被收银台前排队结账的人群拦住，大家必须非常耐心地等待结账。如果采用了RFID技术，只要推着购物车从收银台前一过，即可完成所有的结算。再如给每瓶红酒附上无线射频标签（RFID），这样红酒从装瓶开始就开始进行跟踪，给物流应用提供了最可靠的工具。我们就可以用网络知道红酒最原始的资料（何时出厂、什么品牌、原料配方等），更可以知道它们在运输途中的状况（何时、何地），到了商场（超市）更知道库存情况、销售状况，超市结账的时候，进入扫描区便马上记入结账（不像现在要用条形码扫描每件商品）。买下红酒的主人，通过网络可以随时知道，这瓶红酒的"历史"。目前的标签技术（无线射频识别）有三种形式：

被动式。被动式标签没有内部供电电源。其内部集成电路通过接收到的电磁波进行驱动，这些电磁波是由RFID读取器发出的。当标签接收到足够强度的讯号时，可以向读取器发出数据。这些数据不仅包括ID号（全球唯一代码），还可以包括预先存在于标签内电可擦拭可编程只读内存（EEPROM）中的数据。简单地说，被动式是等待外界来读他的存储信息。由于被动式标签具有价格低廉，体积小巧，无需电源的优点。目前市场应用的主要是RFID标签，为被动式。

半被动式。半被动式是相对被动式而言的，它需要发出信息，由此它带有天线来接收和发送信号。被动式标签的天线有两个任务：第一，接收读取器所发出的电磁波，藉以驱动标签IC标签回传信号时，需要靠天线的阻抗作切换，才能产生0与1的变化。想要有最好的回传效率的话，天线阻抗必须设计在"开路与短路"，这样又会使信号完全反射，无法被标签IC接收，半主动式标签就是为了解决这样的问题。半主动式类似于被动式，不过他多了一个小型电池，电力恰好可以驱动标签IC，使得IC处于工作的状态。第二，天线可以接收信息号后，回送信息号。有的RFID的天线可以不用管接收电磁波的任务，充分作为回传信号之用。比起被动式，半主动式有更快的反应速度和更高的效率。

主动式。与被动式和半被动式不同的是，主动式标签本身具有内部电源供应器，用以供应内部IC所需电源以产生对外的信号。一般来说，主动式标签拥有较长的读取距离和较大的内存容量，可以用来储存读取器所传送来的一些附加信息。

（2）传感器技术。传感器（Transducer）是控制领域关键技术之一，物联网时代的到来，将使这类技术发挥关键的作用。传感器是一种物理装置或生物器官，能够探测、感受外界的信号、物理条件（如光、热、湿度）或化学组成（如烟雾），并将探知的信息传递给其他装置或器官。用个比喻，就是在一定的环境下，能替代人的感觉、知觉、视觉等，并能更胜人类测试的"精度"和"速度"。传感器在实际应用中更是将工业产品状态、各种参数输出。在物联网中，传感器通过M2M模块，将信号传到网络上，通过网络可以对工业产品进行控制，这个使网络控制技术发挥到了极点。传感器是物联网技术发展的关键要素，传感器涉及各个应用领域，由此成为各国研发投入的重点关键技术。近些年，我国在这个领域的研发和创新走在了世界前列。

（3）机器与机器智能控制技术。机器与机器（M2M，Machine-to-Machine）技术模块是物联网的衔接技术，简单的解释就是机器之间信息交流的桥梁。它和控制模块一起，完成了对机器的信息采集、翻译、传递、处理和控制的完整过程。在这个框架下，我们就能完成我们想要做到的控制任务。例如，安装在汽车上的轮胎气压传感器，把气压的数值传递给M2M模块，M2M模块把它转化（翻译）为电子信号，传送到互联网上。通过互联网，我们就可以在任何地点任何时候进行检查，对一定数量组的汽车轮胎压力的数据进行汇总、分析、处理。这个将会给大型出租车公司在管理上带来不可估量的效益（因为汽车轮胎的压力和油耗是有关联的）。

中国互联网信息中心第47次（CNNIC）报告指出：2018年全球物联网连接设备达到90亿台。物联网发展主要包括RFID、M2M、传感器三种技术形态。在RFID方面，2009年伊始中国RFID产业市场规模达110亿元，相比2008年增长36.8%，已用于物流、城市交通、工业生产、食品追溯、移动支付等方面，特别是随着5G网络开始运营，各运营商推出了移动支付方式，如中国移动推出的采用RFID技术的SIM卡，在某些旅游景区内将可以通过手机近端刷卡消费。在M2M方面，许多国内的技术运营商积极开展了M2M应用，其在智能楼宇、智能监控等方面得到广泛应用。国内在传感器网络方面则处于发展初级阶段，基本上还是依托于科研项目、科研成果的示范，使用的协议也还是专用协议，技术标准还没有形成，但这些将来会有突破并形成产业规模。

3. 物联网技术在酒店行业引领性的应用

（1）物联网在酒店业中创新应用。在上述的物联网框架下，旅游业的应用该技术将大有可为。利用无线射频识别（RFID，标签技术），可以开发、研制旅游景点的标签技术应用，一旦景点应用标签技术，将大大改善景点的管理，为检票管理提供便利；游客手持带标签技术门票通过率将大大加快、旅客的安全也将在网络的控制范围内，景点的客流分布可以实现网络监控从而获得的景点的数据统计不但正确率提高，而且游客的数据分析将实现信息化、网络化。物联网在酒店标签技术的应用是多方面的，目前已经在酒店投入使用或将普及的无线射频识别（RFID，标签技术）技术的有：VIP宾客自动提醒系统、RFID智能会议系统、楼层导航服务系统、RFID资产管理系统、员工制服（定位）管理系统等。

酒店业可以应用网络化的传感技术，对我们需要管理的设备或设施进行控制，例如，用智能化的"物联网空调"，进行该空调的网络化控制，现在许多经济型连锁酒店，往往采用分布式独立空调，宾客在总台登记（Check-in），到房间后，室温要过会儿才能满足需求。如果应用物联网，那么在宾客登记的同时，就可以控制空调开始启动工作，等宾客进房，室温已经调控了一段时间了，具有一定的舒适感。再有，通过物联网的M2M（machine-to-machine）模块，实现了酒店通过互联网、固定电话等工具与客房中灯光、窗帘、报警器、电视、空调、热水器等电器设备的沟通与控制，这给酒店管理带来了许多变化，使服务在更加可控范围内，提高了服务质量，节约了能源。

物联网技术在酒店其它方面的应用，更是前景广阔。如RFID停车管理系统、具有物联网技术的监控系统、带电子标签（RFID）的库存管理系统、具有无线射频识别的磁卡门锁系统等。无论是高星级酒店还是经济型连锁酒店，物联网技术的应用都将是全面的、全方位的。物联网的应用将和酒店原来的计算机网络联网，形成新的经营管理系统。如酒店中的客房保险箱，安装上传感器与酒店目前的前台计算机管理系统联网，这样宾客使用保险箱的状态完全在可控范围内，如果宾客在离店时，忘记了把保险箱中的物品拿走，收银员可以马上提醒宾客，这种服务状态的提高是新技术带来的。由此酒店业应该认识和迎接物联网时代的到来。

（2）物联网在酒店行业应用的案例。数字化转型应用在生活和企业经营管理尚处于起步阶段，但已经给我们的生活带来了变革。这个变革对各个行业的发展也产生了很大的影响，带来了各种的效用。互联网的应用就是信息的处理（包括传递、储存、加工等），这些是面向人对人的信息交换，下一步就是延伸或者说扩张到人对物的信息交换，这里指的物是人们想通过互联网去控制它的对象。物联网的基础是互联网，在互联网技术层面上开发和发展起来的物联网，开始得到引领性的应用。例如，杭州的黄龙饭店，该酒店被称为中国第一家智慧型的酒店，在酒店信息化应用和物联网技术的引入方面确实花了很大功夫。黄龙饭店在2009年6月开始改造，当时它与IBM公司合作，提出并努力实现智慧型酒店的建设。其他的酒店也在逐步推广和实现物联网的应用，我们看下具体的案例。

案例一：酒店管理信息系统（Opera）与RFID（射频无线识别技术）系统结合。酒店管理系统（HMIS）与RFID（射频无线识别技术）系统结合，完成了入住时"智慧酒店"新的解决方案，这个解决方案最大的应用特点就是实现了入住登记的流程再造。通过入住系统细分了客流，缩短了入住登记时间。VIP宾客可凭酒店提供的智能卡，一进入酒店即可被系统自动识别，无需办理任何手续即可完成入住过程。杭州的黄龙饭店还在大堂内设置自助入住机，宾客可自行完成登记手续，这样可以更加便捷地完成宾客的入住登记，受到了年轻宾客的欢迎。

案例二：无线射频识别技术（RFID）系统和其他酒店工程系统结合。杭州的黄龙饭店，应用无线射频识别技术（RFID）系统和其他系统结合，完成了智慧指路服务功能。该技术的应用是三个系统的结合，即无线射频识别系统与电梯控制系统和酒店的指示系统结合，相互传递信息，从而完成宾客"引路的智慧识别功能"。当宾客进入电梯，宾客手中的房卡，就能通过无线网络传递信息。当宾客到电梯轿厢时，宾客可以使用手中的房卡（带有无线视频芯片），去控制电梯运行，当电梯到达指定楼层，打开电梯门的瞬间，楼层门牌指示系统会自动闪烁，指引宾客至其房间（图14-13），当宾客在走动过程中，引路系统会不断引领宾客，直到宾客进入客房。同样的原理，当宾客在酒店中移动时，不期而遇的陌生服务人员也会热情地向宾客提供他最熟悉而得体的服务，因为这些信息早已随着VIP宾客的智能信息系统通过手持机（PDA）传输到临近的服务生手中。

图14-13 智慧酒店采用无线射频技术的引路系统

案例三： 首旅如家集团的酒店集团工程管理智能控制系统。"和颐至尊"是如家集团和美酒店管理有限公司旗下的商旅型连锁酒店品牌。和颐至尊酒店追求中西文化艺术相融合，倡导视觉、听觉、味觉、嗅觉、触觉五感全方位体验，满足高品位商旅人士的社交情感需求，将人文关怀融入产品和服务之中。

自2018年开始，如家集团不断投入科研力量，加强高科技在酒店集团管理中的应用。他们将物联网技术应用于酒店工程部的集团化管理。应用物联网技术可以对酒店环境数据（如温度、湿度、光照度等）进行传感检测，各酒店的环境及设备监测点的数据将自动传输到酒店集团工程部智能控制系统。集团智能控制系统与原先酒店各个工程系统相结合，通过数据采集、分析与反馈控制，使酒店集团工程部能对下属酒店工程设施的远程数据传输与控制进行集中管理和实时控制。

集团先后对酒店的消防系统、暖通和中央空调系统、酒店给水等系统进行数据采集、传输、数据分析、智能模型构建、远程反馈控制、数据下限报警设置等，使酒店集团能在远程数据平台上，实时监控与控制下属各酒店的工程系统。集团通过工程系统的智能控制系统实现了明显的成效（图14-14）：第一，酒店重要设备的技术监控，如消防系统中水箱水位控制，达到了消防技术控制的要求，从人防转变成技防，再从技防提升至智能控制。提升了对各个区域的酒店管理质量控制。第二，提升了客人体验，降低了酒店的综合能耗。如通过远程控制酒店的中央空调系统，应用传感器无线传输数据（图14-15）和智能模型，远程控制（开启与关闭）中央空调，使酒店空调更适合客人的体验，同时也降低了空调系统的电力负荷，节能效果明显。第三，体现了酒店集约化管理的优势，

图14-14 首旅如家集团智慧控制远程数字监控系统

酒店集团在上海的总部通过数字技术，就能实时和远程控制分布在不同地区的酒店的工程系统运行。目前集团已经实现对上海、北京、青岛、杭州、苏州等地约40多家"和颐至尊品"和"和颐"品牌酒店的工程设施的远程监控管理，并仍然在推广过程中。总部通过对各地和颐酒店工程电力的数据采集，应用数据相关度的分析，就可知晓酒店的运营状况，设备的运行状态。第四，依据技术数据的分析，可以调度酒店集团的工程维修技术队伍，对各个酒店按照酒店出租率权重进行设备维护和维修，极大地提升了生产的集约化程度。减少低效的人工，中央空调系统运维一项每一家酒店可以节省2~3个技术工人。

二、区块链技术应用

图 14-15　酒店电力系统物联网技术应用

区块链（Block chain）新技术架构的提出（Satoshi Nakamoto 2008），并在金融领域加密基础技术中得到初步应用，很快得到各国政府、科技部门及金融机构的高度关注与重视。2015年被认为是区块链技术发展的元年。2016年美国、英国、日本等国迅速将区块链技术上升到国家战略层面，成立了区块链发展联盟。我国也快速反应，国务院印发的《"十三五"国家信息化规划》也将区块链列入我国国家信息化战略规划之列，并将其与量子通信、未来网络、类脑计算、人工智能、大数据认知分析等高新技术一起，作为超前布局的前沿技术、颠覆性技术。目前各国都将区块链技术提升为国家战略性的项目，对该技术进行研发与推进应用。

1. 区块链概念

区块链概念首次提出，是2008年11月出现在"Bitcoin: A Peer-to-Peer Electronic Cash System"的论文中提出的新设想：是一种基于点对点（Peer-to-Peer）互联网组网技术架构、数学算法、加密技术以及加盖不可篡改时间戳技术框架下的电子交易新系统。

区块链新的组网概念与技术是建立去中心化、透明性、公平性的点对点交易信息交换的新技术体制，其创新的特征就是无需第三方信用背书的金融认证体系。该体制建立在数学算法与加密技术等综合应用上，应用哈希（Hash）不可逆函数、加密技术、时间戳、分布式共识机制与经济激励手段，构建基于互联网框架下新的科研技术应用。也可以简单地理解为，在节点无需互相信任的分布式系统中实现基于去中心化信用的点对点交易、协调与协作。区块链点对点的数据交换结构如图14-16所示，区块链由块头、块主体和时间戳组成。区块头是信息链的基本单元，每个区块都会通过区块头信息链接前置的区块，其主要任务就是通过主链链接到下一个区块。区块主体是数据的集合，有关信息和交易记录被认为存储在里面。当区块和链路形成时，系统即刻自动生成时间戳，即按照加密技术为交换数据打上时间标签，为每个区块链烙上不可以篡改的时间戳。从这个架构出发，可以看出此项技术和传统线上交易截然不同，没有中心机构或者第三方的认证（CA Certification Authority）与背书信用，也没有中心机构的统一管理与技术支撑。这新的技术架构运作机理将是没有中心机构的管制，将原来线上系统中的交易信息和记录，全部分散到各个节点共同记录与维护，交易账本中的信息由所有用户（区块）共同核对担保。在网络硬件层面，逻辑上可以理解为没有处于中心地位的服务器、中心路由器、中心交换机等。网络上的交易点（区块）地位对等，与所有交易方的计算机系统进行对等交换信息。

图 14-16　区块链信息交易结构示意图

2. 旅游酒店业区块链技术应用探究

区块链技术与旅游行业发展的特征和需求的结合，是行业性应用的基础，也是旅游行业具有前瞻性、引领性应用的探究。区块链具有的分布式数据存储、点对点交易（传输）、共识机制、加密算法等计算机技术在互联网的创新应用模式，是可以也将为旅游行业所用。区块链技术在旅游行业的应用，可以从旅游行业应用的三个维度拓展，即对象维度、功能维度、属性维度。

对象维度是整个大旅游生态的参与者或者从业者，旅游产业链上的旅游企业、旅行者、旅行交通、第三方旅游平台、政府管理机构、旅游产业的各类供应商等。在此研究的主要对象是旅游狭义的最直接的参与方，如酒店、旅行者、景区、交通、会展和互联网平台等。

功能维度是大旅游生态期待互联网能给予的功能性的技术基本面，如网络预订、网络支付、网络营销、组织协同、信用认证等。主要是完成旅游市场功能性的运营与操作，也是日常运行最多的要素。

属性维度是旅游业与参与旅游大众（受众）去旅游的出发点和旅游的本质。许多学者把旅游属性从大视角划分为社会属性与经济属性。旅游的社会属性具有休闲属性、审美属性、文化属性等。不管属性怎么划分，就目前我国旅游业的发展状况看，应该具有这四个基本属性。

利用区块链技术，能将旅游价值链的各个环节进行有效整合、加速流通，缩短价值创造周期。在上述三个维度中利用区块链技术，可实现旅游创新市场营销，对营销的数字内容进行价值转移和广播，并保证转移过程的可信、可审计和透明。最后，基于区块链的政策监管、行业自律和民间个人等多层次的信任共识与激励机制，同时通过安全验证节点、平行传播节点、交易市场节点、旅行者等基础设施建设，区块链技术利用P2P组网技术和混合通信协议，处理异构设备间的通信，将显著降低各个中心化数据中心的建设和维护成本，同时可以将计算和存储需求分散到组成物联网网络的各个设备中，有效阻止网络中的任何单一节点的攻击或篡改，能有效防止旅游互联网中任何单节点恶意操控的风险。政府和旅行受众者，能利用区块链技术及时、动态掌握旅游网络中各种酒店、景区、交通和会展的状况数据，提高各个旅游节点的利用率，各个节点将提供精准、高效的旅游产品。

三、旅游酒店业高新技术应用

我国旅游业快速地发展和国家整体国力不断提高相关，就旅游业自身前景而言，要成为世界旅游强国，有许多领域需要提高与改善，其中对高科技不断地创新应用是传统旅游业发展的必然之路。旅游业要可持续发展，要进行符合或引领市场需求的改革，如新的业态、模式创新、流程变革、新技术应用等。而信息技术是全球研发投入最集中、创新最活跃、应用最广泛、辐射带动作用最大的领域，是全球技术创新的竞争高地，是引领新一轮变革的主导力量。旅游业发展不缺乏成功应用高新技术与网络信息应用案例，如旅游OTA、酒店信息管理系统（PMS）、景区与会展的微信公众号服务平台等。但许多这样的应用是来自外界的打压或跨界的竞争，而不是内化的产物。旅游业比较重视自身产品的建设，对于市场全局性的市场布局相对较弱。旅游业产品的核心要素是最适宜应用互联网技术的。旅游产品（景区、交通、酒店等）具有在线上展示、线上下单、线下消费、线上评价（反馈）的特征，在售前和售后环节中，只有消费这一个环节在线下实现。旅游行业以现场、当场制作为服务消费类的产品，其中往往没有物流这一环节。产品具有操作显现的特性，而做市场营销环节的三大环节都可以搬到线上完成。

这个特性给了旅游互联网极大的应用空间，而高新技术的应用，更是抢占旅游行业市场最好的工具与手段。

旅游酒店业已经在应用高速移动数据传输通信基础网络技术来为旅游各类产品提供服务（图14-17），如酒店、景区定位。酒店更可以用定位技术随时为客人提供不同楼层、区域的送咖啡等服务。在该技术平台上，更多地适应了旅游移动的特征。云计算、云存储技术给酒店行业带来了更多的计算机应用平台。在该技术支持下，酒店可以应用各类创新专用软件。在 SAAS 模式下，应用便捷、快速、高性价比和免维护的新型软件，如酒店预订转入住登记、酒店市场数据统计等。人工智能有更广阔的天地，目前酒店正在使用的有送房机器人。有科技公司正在研发酒店巡逻机器人，酒店安防巡逻机器人将替代原来酒店安保队员，比人工的巡逻更加科学、迅速。如可以移动人脸设别，对巡逻区域的人员进行督查。智能机器人更可以对酒店巡逻区域的安全环境进行监控，如煤气、天然气或者有毒气体的泄露等，也增加了酒店消防移动的监控区域。大数据技术的应用更能为酒店企业提供全新的决策模型、方法和途径。目前许多酒店应用收益管理软件来为酒店的市场定位、房价体系的制定提供科学依据，但目前的收益管理软件还没有应用大数据科学处理的方法，大数据科学处理方法将会给酒店房价体系的决策带来变革，决策数据的采集、处理将更大、更科学。

图 14-17　酒店高新技术的应用发展

总之，基于数字化的高新技术应用，将会给酒店的运营带来新的理念、方法和途径，会给酒店带来从点到线、从固定到移动、从区域到无限的空间、从单一的人工服务到智能机器和人工混合应用等方面的变化。酒店应用高新技术将会有非常美好灿烂的前景。

练习题

1. 智慧酒店有哪三大应用领域？具体可以融入到哪些应用场景中？
2. 酒店可以应用物联网进行智能工程控制，请描述物联网的三大关键技术。

规划题

以小组为单位，规划以下计算机运营平台。

1. 规划高端酒店数字化营销平台
2. 规划前台计算机运营系统（Opera）创新应用

责任编辑：谯　洁
责任印制：冯冬青
封面设计：正美设计公司

图书在版编目（ＣＩＰ）数据

酒店管理信息系统教程：Opera系统应用 ／ 陈为新，黄崎，杨荫稚主编． -- 3版． -- 北京：中国旅游出版社，2024.3（2025.3重印）

国家示范性院校重点建设专业酒店管理专业系列教材

"十四五"职业教育国家规划教材

ISBN 978-7-5032-7303-2

Ⅰ．①酒… Ⅱ．①陈… ②黄… ③杨… Ⅲ．①饭店－商业管理－管理信息系统－高等职业教育－教材 Ⅳ．① F719.2-39

中国国家版本馆CIP数据核字（2024）第064087号

| 书　　名：| 酒店管理信息系统教程——Opera系统应用（第三版） |

作　　者：陈为新　黄　崎　杨荫稚
出版发行：中国旅游出版社
　　　　　（北京静安东里6号　邮编：100028）
　　　　　http://www.cttp.net.cn　E-mail:cttp@mct.gov.cn
　　　　　营销中心电话：010-57377103，010-57377106
　　　　　读者服务部电话：010-57377107
排　　版：北京旅教文化传播有限公司
经　　销：全国各地新华书店
印　　刷：三河市灵山芝兰印刷有限公司
版　　次：2024年3月第3版　2025年3月第2次印刷
开　　本：787毫米×1092毫米　1/16
印　　张：22.5
字　　数：348千
定　　价：45.00元
ISBN 978-7-5032-7303-2

版权所有　翻印必究
如发现质量问题，请直接与营销中心联系调换